JEJU CULTURE KEYWORD

인문학적으로 본
제주문화 키워드

제주문화 키워드
제주기독신문에 3년간 연재된 제주 인문학의 주제

초판 1쇄 발행 2024년 9월 9일

지은이 문희주
펴낸이 장길수
펴낸곳 지식과감성#
출판등록 제2012-000081호

교정 이주희
디자인 서혜인
편집 서혜인
검수 이현
마케팅 김윤길, 정은혜

주소 서울시 금천구 벚꽃로298 대륭포스트타워6차 1212호
전화 070-4651-3730~4
팩스 070-4325-7006
이메일 ksbookup@naver.com
홈페이지 www.knsbookup.com

ISBN 979-11-392-2107-7(03380)
값 27,000원

• 이 책의 판권은 지은이에게 있습니다.
• 이 책 내용의 전부 또는 일부를 재사용하려면 반드시 지은이의 서면 동의를 받아야 합니다.
• 잘못된 책은 구입하신 곳에서 바꾸어 드립니다.

지식과감성#
홈페이지 바로가기

JEJU CULTURE KEYWORD

인문학적으로 본

제주문화 키워드

문희주 지음

**제주기독신문에 3년간 연재된
제주 인문학의 주제**

추천의 글

제주의 아픔과 눈물을 위로와 희망으로 풀어 낸 책

전 제주성안교회 담임·증경총회장 정영택

문화란 무엇인가? 많은 정의가 있고 여러 갈래로 설명할 수 있지만 나는 문화란 '삶의 총체'라고 이해한다. 즉, 개인적이든 공동체적이든 문화란 가지고 있는 삶의 총체라는 말이다. 문제는 '삶의 총체인 그 문화를 어떻게 설명할 수 있느냐?' 하는 것이다.

문화는 일상의 삶과 역사, 도덕적 사건에도 있다. 그 모든 것들이 얽히고설켜 삶의 모습으로 나타나 우리에게 문화라는 형태로 다가선다.

이번에 문희주 교수가 『제주문화 키워드』라는 책을 펴내게 됨을 축하하는 바이다. 나도 제주에서 10년 이상을 살았던 사람으로 제주문화를 상당히 독특하게 이해하고 있었다. 하지만 그 문화를 표현하는 데 상당한 어려움을 느꼈다. '키워드Key Word'란 단어의 의미는 '열쇠가 되는 단어'이다.

저자인 문희주 교수의 책은 바로 그러한 제주문화를 실감나게 접근하여 열어 주는 키의 역할을 하고 있다. 그래서 쉽고 친근할 뿐 아니라 그의 글에는 제주인의 삶에 대한 고뇌와 깊이가 있다. 짧으나 짧지 않고, 가벼운 듯하나 무게가 있고, 비판적인 듯하나 제주를 사랑하는 진정성이 느껴지는 책이다.

저자는 중국에 교수로 파송되어 오랫동안 중국에서 살았다. 그는 중국에서 살아가는 동안 조선 민족과 중국인, 또 탈북하여 중국을 떠도는 이들의 삶을 『두만강변의 슬픔』이라는 저서를 통하여 이미 세상에 알린 바 있다. 다시 말하면 저자는 민족의 아픔과 눈물을 뼈저리게 체험한 사람이다.

또한, 저자인 문희주 교수는 이미 수필과 평론, 시를 쓰는 사람이다. 그의 작품 속에는 제주를 사랑하는 마음이 담뿍 담겨져 있어서 그가 진짜 제주인임을 알 수 있다. 그래서 필자는 제주를 찾는 사람들과 제주를 알고자 하는 사람들에게 꼭 이 책을 읽어 보라고 강추하는 바이다.

저자는 『제주문화 키워드』에서 제주인의 눈물과 아픔뿐 아니라 그 아픔에 대한 이해와 그 너머에 담뿍 스며 있는 위로와 희망이 스며 있음을 본다. 필자 역시 제주를 사랑하고 그리워하는 제주도 팬 중의 한 사람으로서 문희주 교수의 『제주문화 키워드』를 기쁘게 추천하는 바이다. 저자의 수고에 존경을 표하며 감사를 드린다.

문희주는 돌하르방, 작은 거인이다

월간『길벗』발행인 안기성

문희주와 나는 늦바람 친구다. 나는 그와 한강이 내려다보이는 광나루 동산에서 같은 대학원을 졸업한 동기이다. 그러나 학교 다니는 동안에는 그를 잘 몰랐었다. 그 후에도 나는 빈민 사역과 장애인 및 노숙인 사역을 하였으며 문 박사는 중국을 비롯하여 해외 여러 곳에서 오랫동안 사역했기 때문에 만난 적이 없었다.

그러다 월간『길벗』에 매달 투고해 주면서 가까워지게 되었다.『길벗』집필진 중에 가까운 한 후배가 있는데, 그 후배가 제주토박이라는 문 박사를 나에게 소개해 주어서 다시 만난 친구다. 그 후 문 박사가 월간『길벗』에 매달 투고하면서 더 가까워지게 되었다. 매월 월간『길벗』을 발행하는 나로서는 정말 고맙고 반가운 친구이다.

문희주는 정말 박학다식한 박사다. 문 박사는 바람 타는 제주 섬에서 태어나고 자라서 그런지 전 세계를 바람처럼 날아다닌다. 나에게 추천사를 부탁할 때도 태국이라고 한다. 그의 글을 보노라면 그 작은 머리에서 어떻게 그렇게 많은 정보와 지식을 토해 내는지 놀랍다. 문희주 박사는 제주와 관련한 내용뿐 아니라 중국과 몽골을 비롯하여 세계문화에 대하여서도 다방면에 모르는 게 없다. 한시漢詩에도 능통하여 이백과 두보 형님도 혀를 잘 정도다. 문 박사는 입만 열면 끝

없는 파도처럼 열변을 토하는데, 그의 열정은 관 뚜껑을 덮어야 식을 것이다.

문희주 박사는 소신 있는 고집쟁이다. 문 박사의 고집은 대단하다. 제주오름을 죽어도 '제주오롬'이라 고집한다. '오름'은 한국어 동사 '오르다'의 명사형이고, 제주의 '오롬'은 제주도에서 예로부터 사용해 온 기생화산을 말하는 제주어이기 때문에 전혀 다르다며 절대 소신을 굽히지 않는다.

오랜 시간 문 박사는 방랑자의 삶을 살아왔다. 특히 중국에서 당한 숱한 고통이 간암이 되고, 간을 잘라 내는 아픔을 겪어도 물러서는 법이 없는 것은 그가 떠돌아다니는 것이 단순한 방랑이 아님을 실증한다. 그것이 곧 세계문화의 체험이며 그로써 제주문화의 키워드를 찾게 된 것으로 보인다. 그는 소신小身이나, 확고한 신념을 가진 소신小信으로, 돌하르방같이 속이 꽉 찬 거인巨人이다.

문희주 박사의 『제주문화 키워드』가 제주문화 이해에 큰 도움이 되리라 확신한다. 그의 밤낮 없는 뜨거운 수고와 노력에 큰 박수를 보낸다. 또한, 매달 월간 『길벗』에 대가를 바라지 않고 기꺼이 글을 기고해 주심에 아울러 깊이 감사드리며 문희주 박사의 『제주문화 키워드』가 제주를 넘어 세계 속에 길이 퍼지기를 바란다.

고난이 문화가 되고 설득으로 다가온다

브라질 거주 강성일 동문

나는 철들 무렵 피난민으로 제주도에 도착하여 제주시에서 초등학교를 다니며 새로운 제주문화를 접하게 되었다. 그리고 제주를 떠나서 육지로 나가게 되어서 제주는 마치 나의 고향과 같은 곳이다. 하지만 제주문화에 대해서는 아는 게 없었다. 그러나 『제주문화 키워드』를 통해서 뒤늦게 제주에 대해 이해를 하게 된다. 오랜 세월 브라질에서 살면서 느끼는 것은 제주문화에 대한 저자의 이해처럼 나 역시 어렸을 적 제주에서의 삶으로 인해 문화에 대한 적응력이 생겨서 브라질에서 반평생을 살아가는 것 같다.

한국을 멀리 떠나 브라질에서 살다 보니 낯선 문화를 마주하여 새로운 문화를 깨우치며 이해하게 된다. 또한, 그렇게 주어진 문화에 대해 적응해 나가면서 성숙해짐과 동시에 한편으로는 외로움을 느끼기도 한다. 그러나 이 모든 상황이 새로운 땅에서 살아가는 데 귀한 경험이 되었다.

문희주 동문의 『제주문화 키워드』는 제주에서 새 삶을 시작하는 이주민들이 제주문화를 이해하고 적응하는 데 좋은 자료가 되리라 본다. 아울러 문희주 동문의 문화 사역과 출판에 존경을 표한다. 앞으로도 하시는 문화 사역에 감절의 혜안을 빌며 멀리 타국에서 문희주 동문을 축복하며 축하드린다.

제주와 괌은 폴리네시안으로 공통 관심사

괌 거주 변성유 동문

나는 제주도가 고향인 사람으로 괌에서 살며 '괌과 주변 섬 사람들의 조상은 누구일까?' 하는 데 늘 궁금증을 가지고 있었다. 그러던 중에 문희주 선배님의 저서인 『제주문화 키워드』에서 폴리네시안과 제주 원주민에 대한 글을 재미있게 보았다.

문 선배님은 타이완에서 오랫동안 지내며 타이완 문화에 대해서도 잘 알고 계신다. 문 선배님의 글 중에서 본래 '제주도 원주민들과 타이완 원주민들은 같은 종족이다'라는 글들을 보아 왔는데, 이 말을 더 확대하게 된다면 타이완·제주도·오키나와·괌·마이크로네시아 등 내가 살고 있는 괌 주변 섬의 사람들이 다 같은 종족이라는 의미이다.

문 선배님의 『제주문화 키워드』는 일반인들이 잘 모르는 제주문화 스토리를 잘 전개해 나가고 있다. 나는 괌에서 30여 년을 살아온 사람으로서 문 선배님의 문화 이해와 그것들을 풀어 나가는 과정들이 너무 흥미로웠다.

나 역시 문 선배님과 같이 앞으로 『제주문화 키워드』의 내용을 좀 더 깊게 연구하며, 괌과 마이크로네시아 등의 조상들과 고향 제주와의 관계에 관해서 깊이 연구해 봐야겠다는 생각을 더 하게 되었다.

목차

추천의 글:

제주의 아픔과 눈물을 위로와 희망으로 풀어 낸 책: 정영택 • 4

문희주는 돌하르방, 작은 거인이다: 안기성 • 6

고난이 문화가 되고 설득으로 다가온다: 강성일 • 8

제주와 괌은 폴리네시안으로 공통 관심사: 변성유 • 9

제주 자연의 키워드

01. 제비들의 강남은 어디인가? • 16

02. 백 리에 퍼지는 향기 • 21

03. 고사리 열두 형제와 야곱의 열두 지파 • 25

04. 제주찔레 돌가시낭 • 28

05. 윤낭 꿀과 삼손의 꿀 • 33

06. 토끼섬의 양면성 • 37

07. 문주란이 전하는 히브리인의 메시지 • 40

08. 굴옷의 아픔과 역사 • 43

09. 뱀 전설의 오해와 자유 • 47

10. 자리돔의 추억과 베드로 고기 • 51

11. 봉덕 구이와 갈릴리 생선 • 54

12. 수염고래와 김녕리민의 눈물 • 57

13. 샤론의 장미와 제주황근 • 61

14. 제주도와 바꾸자는 서태후의 병풍 • 65
15. 갑인년 보릿고개 • 68
16. 한 많은 제주메밀의 전설 • 71
17. 제주인과 오름은 하나다 • 75

제주 절기의 키워드

18. 새철立春과 포수제砲水祭 • 80
19. 춘래불사춘春來不似春 • 83
20. 방앳불과 민오롬의 회환 • 86
21. 신구간과 출애굽 • 91
22. 영등할망의 도래와 풍요 • 94
23. 한식의 기원과 부활절 • 97
24. 잊혀진 명절, 우리의 수릿날 • 100
25. 광해우와 엘리야 • 103
26. 물징거와 무지개 약속 • 107
27. 백중제와 모세의 만남 • 111
28. 마가림 현상과 믿음의 표적 •115
29. 소분과 성묘 • 119
30. 추석秋夕과 초막절草幕節 • 123
31. 빈약한 제주도의 추석문화 • 128
32. 성탄절과 동지팥죽 • 132

33. 영광의 땅이 된 이방의 섬 • 135

제주 역사의 키워드

34. 삼별초난의 질문 • 140
35. 칼의 노래, 그 역사의 뒤안길 • 144
36. 상대적 접근으로 본 제주문화 • 148
37. 남방불교의 반면교사 • 152
38. 남방불교와 제주인의 종교성 • 156
39. 탐라왕국의 눈물과 애환 • 159
40. 바울의 난파와 인생 항로 • 165
41. 하멜의 제주도 난파와 귀로 • 171
42. 하멜의 생가 호린험 • 175
43. 녹산장과 어승생의 오류 • 179
44. 천고마비와 고수목마 • 182
45. 폴리네시안과 제주 원주민 • 186
46. 고려 시기 제주목사 행적(1) • 190
47. 고려 시기 제주목사 행적(2) • 193
48. 조선시대 제주목사 행적(1) • 196
49. 조선시대 제주목사 행적(2) • 200
50. 출륙금지와 한반도의 왕따정책 • 204

제주 생활의 키워드

51. 은광연세恩光衍世 거상, 김만덕 • 208
52. 군포막의 역사歷史와 성령의 역사役事 • 211
53. 열녀 김천덕과 룻의 이야기 • 216
54. 제주인의 절반이 죽은 목호의 난 • 219
55. 제주는 부부 중심 사회다 • 223
56. 삼무의 원인과 결과 • 227
57. 제주는 수렵사회다 • 231
58. 이어도와 설렁거스 • 235
59. 대낭 방장대와 머귀낭 방장대 • 238
60. 제주도 장례문화의 변화 • 242
61. 1795년, 갑인년의 흉년 • 245
62. 보릿고개와 제자들 • 249
63. 귀국선과 제주 흉년 • 253
64. 간 빼 먹는다는 오해와 호열자 • 256
65. 도비상귀盜匪商鬼의 속이는 저울 • 259
66. 제주 잔칫집과 돗괴기반 • 262
67. 애달픈 시절, 제주를 살린 것들 • 265

Epilogue: 문화는 자연·역사·삶의 바탕이다

부록 1. 역대 탐라 성주·왕자의 사적표 • 272

부록 2. 제주목사(방어사)의 사적표 • 277

제비들의 강남은 어디인가?

'정이월 다 가고 삼월이라네. 강남 갔던 제비가 돌아오면은 이 땅에도 봄이 온다네….' 어린 시절 여자애들이 노래하며 고무줄놀이하는 걸 보았는데, 조선시대 문신 심광한의 칠언율시 한 수를 살펴보자.

去年三月初三日
燕已歸巢花已開
三三九九年年會
舊約猶存事獨非
芳草踏靑今日是
淸罇浮白故人違

작년 봄 삼월 삼짇날처럼
제비 이미 돌아오고 꽃은 피었구나
삼진과 구구는 해마다 오건마는
옛 약속 남았는데 혼자는 아니로다
오늘은 논밭도 푸르러 웃는데
맑은 술을 떠도 옛 친구 멀구나

어린 시절부터 제비는 중구(陰曆九月九日)에는 강남으로 갔다가 삼월 삼짇날(陰曆三月三日)이면 돌아온다고 들었다. 필자는 그 강남의 실존에 대해 궁금하였다. 2013년, 20년 동안 대륙에서 사역하던 중에 시진핑이 올라오며 한국에서 중국으로 왔던 수많은 교수·의사·복지 사업가들이 추방당하는 사태가 벌어졌다. 그 결과 아무런 준비도 없이 대륙에서 보따리 하나 싸고 떠나온 사람들이 많았다. 필자 또한, 이 일로 인하여 20년 동안 중국에서의 교수 사역을 접게 되었다.

필자는 이처럼 도를 넘는 스트레스로 인하여 제 몸 하나 돌볼 여유도 없더니 결국, 간암이 발병하여 간 40%를 잘라 내는 대수술을 당했다. 그리고 간을 잘라 낸 자리는 주홍 글씨처럼 온몸에 크게 L자로 칼자국을 남겨 놓았다. 그러나 지금도 살아 있으니 그 정도는 오히려 다행이라 여겨졌다. 왜냐하면, 이러한 일련의 일들로 한 후배는 간이식 수술까지 받았으나 결국 세상을 등지고 말았다.

필자는 2013년부터 3년간 타이완 국제공항이 있는 타우옌시(인천 같은 곳) 외곽의 후깡이라는 곳에서 3년을 지내게 되었다. 저녁 시간 방에서 지지배배 하는 소리가 들려서 웬 소리인가 찾아가 보니 허름한 집 처마에 제비 집들이 가득 붙어 있었다. '이 겨울에 제비 소리라니….' 그러다 "아! 여기가 바로 한국에서 말하던 강남으로 떠나간 제비들이 겨울을 나는 곳이구나."라는 걸 알게 되었다.

<타이완 토우옌시 외곽 지역에서 찍은 겨울 한철에도 번식하는 제비들>

그 후 인도차이나반도 각지를 탐방하며 살펴보았고, 베트남·타이·캄보디아·라오스·미얀마 지역 등지에서도 제비 집을 찾아보았으나 찾을 수 없었다. 그래서 혹시나 해서 태국 현지에서 "겨울에 제비를 보았느냐?"라고 물어보았지만 역시 "보지 못하였다."라는 얘기였다. 그러고 보니 한국의 제비들이 강남으로 간 곳이 타이완임을 알게 되었다. 타이완은 여름에는 덥지만, 겨울에는 선선하여 한국 제비들이 강남으로 찾아와 겨울을 보내며 알을 부화하고 새끼를 키우는 곳임을 알게 되었다.

한라산 어리목 코스를 따라 밀림 지대를 한참 지나면 선작지왓이 나오고, 고원지대에는 '사제비동산'이란 곳이 있다. 한 제비 부부는 제주도가 너무 좋아 강남으로 돌아가는 것을 포기하고 한라산에서 머물다가 결국 동사하고 말았다.

<한라산 어리목 등산 코스 중에 들르게 되는 사제비동산>

그 후 이곳은 제비 부부가 죽은 곳이라 하여서 '사제비동산'이라는 지명이 생겼다는 것이다. 그러나 사제비는 '사死제비'가 아니라 제주의 텃새인 '새제비', 또는 '섭제비'라 말하는 작은 '새매'의 일종이다.

북아메리카에서 번식하고 겨울이면 아르헨티나 부에노스아이레스에서 월동하던 한 무리의 제비는 35년 전부터 아르헨티나에 정착, 번식하며 살아간다는 얘기를 최근 알게 되었다. 이전에도 제비류가 월동지에서 번식을 시도한 적은 있지만, 성공적으로 정착한 곳은 여기가 처음이라고 한다. 즉 철새이던 제비가 텃새가 되었다는 이야기다. 아르헨티나 제비들은 '사제비 부부'가 바라던 텃새의 꿈을 이룬 것이다.

"나의 왕, 나의 하나님, 만군의 여호와여 주의 제단에서 참새도 제 집을 얻고 제비도 새끼 둘 보금자리를 얻었나이다"84:3 Psalms 제주의 제비는 그래도 해마다 삼짇날이면 제주를 찾아오고, 중구 날이면 매년 강남으로 돌아간다. 제비는 오고 가지만 우리의 봄날은 속절없이 지나가 버린다. 정월, 영등二月달이 지나면 이 땅 제주에도 봄이 오겠지만 제주의 봄은 언제나 아픔을 잉태하고 슬픔을 낳았다.5:2 Psalms

백 리에 퍼지는 향기

　삼월이면 제주도 곶자왈에 천리향千里香꽃이 핀다. 제주도에서 자라는 이 꽃은 향기가 무척 좋은데 제주도 전역에 피지만 특히 조천·구좌·성산·한경 중산간 곶자왈에 많이 자생하는 제주 토종 상록수이다. 1.5m 좌우의 잎은 윤기가 나는데 이삼월에 별 모양의 꽃을 피운다. 꽃향기가 특히 강하고 향기가 천 리에 퍼진다고 하여 천리향이라 하고, 하얀 꽃이 핀다고 하여 백서향이다. 사전에는 다음과 같이 나온다.

　백서향은 향기가 좋아서 예로부터 가을에 꽃봉오리가 맺혀 이듬해 3월에 별 모양의 하얀 꽃을 피운다. 주로 그늘에서 자라며 열매는 살과 물이 많은 과실로 둥근 모양이다. 열매는 5~6월에 붉게 익는데, 곶자왈에 많이 분포한다. 제주도 곶자왈 지역에 많고 본래의 식물생태를 파악하는 데 중요한 가치를 지니고 있다.

　중학교 2학년 때 유일하게 배운 중국 민요가 있었는데 나중에 보니 그 노래가 「모리화茉莉花」라는 노래였다. 중국에서는 「모리화」가 「아리랑」만큼 유명한 노래다. 제주에서는 이를 '천리향'이라 불렀다. 1975년, 필자가 아프리카 항구에 정박했을 때이다. 그때 우연히 우리 배 옆에 타이완 상선이 정박하였는데 마침 그 타이완 배에서 동갑내기 항해사 친구를 만나게 되었다. 그때 필자는 중학생 때 배운 「모리화」 노래'를 한국어로 불러 주었다. 그러자 그 친구는 내 노래가 끝나기도 전에 중국어로 함께 노래를 불렀다. 그러고는 내게 「모리화茉莉花」라는 그 노래를 중국어로 가르쳐 주었다.

 好一朵美麗的茉莉花 好一朵美麗的茉莉花
 芬芳美麗萬枝椏 又香又白人人愛
 送給別人家 茉莉花啊 茉莉花!

 깊은 산 양지바른 산골짝이 한 송이 이름 모를 꽃 피었네
 찾는 이 없어도 벌 나비의 노래와 춤만은 끊이잖네
 얼음 녹아내린 시냇가에 향기가 흘러넘치네 사랑 없다 이름 모를 꽃

<하얀 꽃이 피고, 천리에 향기를 내뿜는 제주산 백리향꽃>

 48년 전 일이다. 1995년부터 20여 년간 중국 대학교 교수로 지낼 때이다. 하루는 학장실 비서실장(漢族)이 내게 대나무 통에 든 차를 선

물해 주었다. 비서실장은 "이 차가 무슨 차인지 아시겠어요?" 하며 대나무 통에 담긴 차를 꺼내어 내게 주며 향기를 맡아 보라고 하였다.

"이건 녹차도 홍차도 아닌데, 참 향기롭네요!"

"이 차는 중국의 유명한 화차花茶인 '모리화차'예요."

그 후로 아내는 차를 좋아하는 내게 종종 모리화차를 사다 주어 마시게 되었다. 20여 년 후 중국에서 학장직을 은퇴하고 타이완에서 한국어 교수로 있게 되었다. 타이완에서도 한국어를 배우는 젊은 대학생들과 함께 모리화차를 마시며 「모리화」 노래를 함께 불렀다. 「모리화」 노래를 부를 때마다 내게 「모리화」 노래를 가르쳐 준, 40여 년 전에 만났던 동갑내기 타이완 항해사인 그 친구가 그립다. 그러나 여러모로 그 친구를 찾았으나 아직껏 찾지 못했다.

한참 후, 은퇴하여 고향 제주도로 온 필자에게 중산간 송당리에 사시는 이모부는 고향에 돌아온 것을 축하한다며 화분 하나를 선물해 주셨다. 하얀 꽃의 향기가 익숙하였다.

"삼촌! 이거 무슨 꽃이지요?"

"이 꽃은 제주도 산간 곶자왈에서 피는 천리향이라는 꽃이지!"

그래서 나는 천리향꽃을 알게 되었다. 어느 해 봄날, 꽃을 좋아하는 아내는 세화 오일시장에서 꽃나무 한 그루를 사 왔는데 핑크빛 꽃이 피는 꽃나무였다.

"여보, 이 꽃 예쁘지! 재스민Jasmine이래!"

나중에 조카가 꽃을 보며 말한다.

"삼춘! 천리향이네요!"

"숙모는 재스민이라고 했는데."

"삼춘! 비교해 봅서. 색깔과 향기가 조금 달라도 꽃 모양이 닮았지요? 이 꽃은 서양산 천리향인데 꽃도 곱고 향기도 좋지만, 제주도 천리향이 훨씬 더 좋지요!"

지금도 봄이 오면 혼자서 「모리화」 노래를 흥얼거린다. 제주 곶자왈 속에서 오늘도 향기를 퍼트리는 백서향을 그려 본다. 필자에게 「모리화」 노래를 가르쳐 준 타이완의 그 친구, 이제는 돌아가셔서 뵐 수 없는 이모부가 그립다. 나에게 봄 향기를 가르쳐 준 고마운 사람들이다.

"항상 우리를 그리스도 안에서 이기게 하시고 우리로 말미암아 각처에서 그리스도를 아는 냄새를 나타내시는 하나님께 감사하노라 우리는 구원 얻는 자들에게나 망하는 자들에게나 하나님 앞에서 그리스도의 향기니"2:14-15 2Corinthians

고사리 열두 형제와 야곱의 열두 지파

4월은 바야흐로 고사리 철이다. 제주도 웃드르(마을 위의 들판) 곶자왈에서는 고사리 꺾기가 한창이다. 고사리를 꺾는 것은 마치 가시관에 찔리신 예수님의 아픔을 체험하는 일이다. 제주도 고사리는 이처럼 할퀴고, 찔리는 아픔의 산물이다. 1980년대 이전만 하여도 제주 웃드르에는 방앳불을 놓아서 그렇지 않았다.

방앳불을 놓으면 가시덤불과 억새가 타서 실하고 굵은 고사리가 솟아났다. 또한, 방앳불의 재는 화전농들에게는 거름과 비료가 되고, 목축하는 이들에게는 새 풀이 돋고 진드기를 방역하고, 도민들에게는 굵고 실한 고사리를 내주었다.

그러나 방앳불이 사라진 지 50여 년이 지나니 고사리 벌판은 가시덤불, 찔레 벌판이다. 외지인들이 구입한 땅에는 철조망을 쳐 면적은 날로 줄고 꺾는 이는 날로 많으니 고사리 벌판이 반질반질하다. 동내에서 웃기는 말이 떠돈다.

"고사리는 하나인데 꺾는 사람은 열이다."

제주도 제사상에는 한반도와 달리 반드시 고사리가 오른다. "고사리 어신 시께 어쪄(고사리 없는 제사 없다)!"라고 하듯이 선조와 자손들의 삶이 연결돼 있다. 그래서 고사리는 '조상이 먹던 나물을 올린다'는 단순한 뜻이 아니라 조상과 자손을 이어 주는 (외지인은 모르는) 끈끈한 역사가 있다.

'고사리 열두 형제'라는 말이 있다. '고사리가 나는 데 나고 꺾는 데 또 꺾는 것과 같이 선조가 살던 곳에서 살며 어떤 어려움에도 다시 솟아나겠다!'라는 다짐을 의미한다. 또 다르게는 '고사리처럼 자손도 번성하게 해 달라'는 뜻도 담겨 있다. 고사리 꺾을 때 허리 굽히듯이 조상을 허리 굽혀 섬기니 자손을 번성하게 해 달라는 의미이다.

또한, 제사상에 오르는 고사리는 반드시 손(싹)을 비벼야 한다. 즉 손을 비빈 고사리(자손)만 제사상에 오를 수 있다는 말이다. 고사리를 꺾을 때 손을 비비듯 조상을 향해서 빌며 자손이 잘되기를 빈다는 의미이다. 그래서 조상을 모시는 자손들은 자신이 허리 굽혀 꺾고, 싹을 비빈 고사리를 상에 올린다.

야곱의 열두 아들들이 광야를 떠돌 때도 질서정연하게 열두 지파의 깃발을 나부꼈다. 믿음의 조상인 야곱은 하나님을 대면한 후 '이스라엘(勝利者)'이라는 새 이름을 받는다. 열두 아들 중 레위 자손은 제사장 지파, 요셉이 애굽에서 얻은 에브라임과 므낫세는 가랑이 아래로 지나게 하고 두 지파의 조상이 되게 하였다. 이런 풍습은 오래전 한국에서도 있었다.

『고려사』 지리지에 "탐라현耽羅縣은 전라도 남쪽 바다 가운데 있다. 『고기古記』에 이들은 멀고 거친 땅을 사냥하여 가죽옷을 입고 고기를 즐겨 먹는다. 고씨 15대손 고후高厚·고청高靑·고계高季가 배를 만들어 타고 바다 건너 탐진耽津/오늘날 康津에 이르니 신라가 융성하던 시절이다."라는 기록이 있다. 그런데 제주목사 이원진은 660년에 백제가 멸망한 뒤 탐라가 신라에 항복한 것이라 하나, 그렇지 않다. 탐라는 신라와 싸우지도 항복하지도 않았다. 신라는 중국보다 가깝고 언어 소통이 수월한 제주를 외교국으로 택한 것이다.

신라는 마침 객성客星/新星이 남방에서 나타나 '태사太史가 이국인이 찾아와 조회할 상'이라 한다. 이후 도착한 세 사람이 조회하니, '임금이 이들을 가상히 여겼다'. 임금은 이들 중 장자를 성주星主라 하였는데, 이는 움직이는 별의 형상이라 함이고, 둘째는 왕자王子라 불렀다.

임금은 둘째 고청에게 자기의 과胯/사타구니로 지나게 한 후 자식처럼 사랑하였다(이는 야곱이 두 손자(요셉)에게 행하던 풍습과 같다). 막내아들은 도내都內라 부르고 읍호邑號를 탐라耽羅라 했는데 그들이 올 때 탐진耽津에 정박했기 때문이며, 각자에게 보개寶盖=帽子·冠와 의대衣帶를 하사하였다. 이런 기록을 이원진은 탐라가 신라에 항복하였다 했으니 온당치 않다.

제주인들은 어떤가? 일제 강점기에는 일본 오사카와 일본의 많은 도시에서 살았다. 지금도 제주 사람들이 제일 많은 곳은 오사카이고 재일 교포 중 65%는 제주인이다. 또한, 한반도의 서울·부산·경상도·전라도·강원도와 울릉도·백령도에도 흩어져 산다. 그러나 고사리를 상에 올리며 고향을 그리는 마음은 똑같다. 그것이 제주인의 풍습이기 때문이다.

제주찔레 돌가시낭

    제주도의 자랑은 이루 다 말할 수 없으나 특히 식물학적 가치는 무한하다. 제주도는 세계적으로 희귀한 식물학의 보고이다. 이는 북방식물의 남방한계선, 남방식물의 북방한계선에 있기 때문이다. 비자나무·구상나무·노가리나무·시로미 등은 북방식물로 남방한계선상에 있다.

    예로써, 비자나무는 내장산 서쪽 자락이나 전남 장성군이나 또 다른 곳에도 조금씩 자생한다. 하지만 구좌읍 평대리에 소재한 비자곶 자생지와는 비교할 수 없다. 제주도 비자곶은 비자나무 자생지로서 군락을 이루는 곳이며 또한, 북방식물의 남방한계선상에 있기 때문이다.

<일명, 제주찔레로 불리는 돌가시낭(질우리)은 땅 위를 기어도 반짝거리는 잎을 가졌다>

한라산 구상나무는 설악산·지리산 등 남한의 높은 산에도 소재한다. 그러나 점차 기후변화로 사라질 위기에 처해 있어서 복원 노력을 하지만 쉬운 일이 아니다. 또한, 시로미의 경우는 백두산·한라산에만 자생하는 귀한 품종이다. 우리는 40년 전만 해도 가을 한라산을 등반할 때 시로미 열매를 따 먹었었지만, 지금은 보기조차 어렵다.

또한, 제주도는 남방식물의 북방한계선에 있다. 섭고사리·홍귤나무·팔손이·문주란 등이 그런 식물들이다. 선인장·황근黃槿·육카 등은 제주도 기념물로 지정되었으나 아직까지 천연기념물이 되지 못하여 안타깝다. 제주도 아래 지역에는 북방식물이 없으며, 제주도 위 지역에는 온실이 아니고서는 산과 들에서 남방식물을 찾지 못한다.

제주도 식물 중에 '돌가시낭'이라는 가시덩굴 나무가 있다. 돌가시낭은 바닷가 근처의 들판·오롬에도 자생하나 바닷가 모래밭에 많이 자란다. 돌가시낭은 가장 제주인을 닮은 제주도 식물이다. 돌가시낭은 동제주어이고 서제주에서는 '질우리'라고 한다. 아마도 등재할 때 동제주어를 채용한 것으로 보인다. 돌가시낭은 '돌 + 가시 + 낭木'의 합성어이다. 돌가시낭은 모래밭·돌짝밭에서도 잘 자라는 일명 제주찔레이다.

사월의 아픔도
오월 눈물도
싸매지 못하고 닦지 못하더니
유월 용눈이 비인 자리에
말못할 서러움 기고 긴다.

뒹굴고 뒹굴었지
가시 가시 박힌 몸
메마른 바닥 뿌리내리고
그래도 이렇게 꽃 피웠노라.
아픔 닦은 잎사귀 반짝거려도
화알짝 피워 옛날 어디 잊을리야

타버린 설음 내색 않고
다시 돌틈 숨어서 기고 기는
피어도 한 어린 제주 돌가시낭

- 문희주 시집 『오롬 부르는 소리』 중 「용눈이 돌가시낭」 전문

제주 사람들은 돌가시낭에 박힌 가시만큼 한 많은 삶을 살아왔다. 눈물마저 말라 버린 삶, 땅심 없는 모래밭, 바람에 흙을 잃은 골짝에도 결코 환경을 탓하지 않는다. 일어서면 총 맞을까 기고 기며 살아온 삶. 그래도 돌가시낭의 잎은 찔레처럼 까칠하지 않고 이슬로 낯을 씻어 오돌똘기처럼 반짝거린다. 5월의 제주산과 바다를 하얗게 밝히는 돌가시낭이야말로 참제주인의 모습이다.

돌가시낭을 서제주 지방에서는 '질우리'라고 한다. 이때 '질'은 항상 恒常·질그랭이·지긋이·늘, '우'는 '울타리'라는 뜻도 있어 보이니, '울고 있을 것이냐, 울고 있을래?'로 보인다. '리里'는 제주 사람이 많이 쓰는 말로 '~ 안에, ~ 속에'라는 뜻이며, '마을'이라는 말이기도 하다.

모세는 시내산 광야의 떨기(가시)나무 속에서 '바로의 노예 된 땅(이집트)에서 민족을 구하라(건져 내라)'라는 명을 받는다.3 Exodus 그렇다면 오늘날 하얀 꽃을 피우는 돌가시낭 속에서 제주인은 무슨 명을 받았는가? 그것은 "삼별초의 난, 목호의 난, 일제 침략, 4.3의 아픔과 눈물을 달래며 미신迷信에 빠져 있는 제주를 구하라."라는 메시지가 아닐까?

필자의 부모님은 대대로 살아온 제주 토박이들이시다. 돌가시낭처럼 어려운 시기를 잘 버텨 오신 분들이다. 큰아버지는 들판에 황새를 베러 갔다가 불쑥 나타난 좌익(폭도)에게 겁먹고 오들오들 떨었단다. 그때 좌익들이 입에 손가락을 갖다 대며 '조용히 내려가라'는 신호를 주어 산에서 내려온다. 그러나 이 일로 겁을 먹은 뒤 병이 들었다. 그런데 그들이 이후 세화리 동네를 불 지르며 사람들을 죽였던 '김덕구 부대'라는 좌익들이었고 큰어머니도 그때 죽임당하였다.

또한, 필자의 외삼촌은 우익으로 연설을 하던 중에 좌익들에게 쫓겨 부산으로 거제도로 피하셨으나, 제주에서 온 좌익으로 오인당하여서 순경(우익)의 총에 맞아 돌아가셨다. 하나밖에 없는 이모는 시집도 가기 전에 좌익의 총에 맞아 돌아가셨다. 외할머니는 그런 외삼촌의 시신을 거제도까지 가셔서 수습하시고 후손을 세우시고, 처녀로 돌아가신 이모는 사후 혼까지 시키셨다. 그런 외할머니께 어린 나이의 필자가 물어보았다.

"할머니 어떵 살아집데가(어떻게 사셨는가)?"

그러자 할머니는 슬픔을 삼키시고 대답하셨다.

"살당 보민 살아진다(살다보면 살아진다)."

그런 우리의 할아버지, 할머니, 그런 우리의 아버지, 어머니들이야말로 무섭고 떨리던 위기의 시대를 살아오신 제주돌가시낭(제주찔레) 같으신 분들이시다.

윤낭 꿀과 삼손의 꿀

　제주에서 처음 따는 꿀은 유채꿀이다. 그리고 다량의 꿀을 생산하는 밀원蜜源은 봄의 유채꽃과 가을의 메밀꽃이다. 그렇다면 제주의 가장 고급 꿀은 무슨 꿀일까? 그것은 제주 한라산 고산지대에서 여름에 생산하는 잡꿀이나 윤낭꿀이다. 윤낭꿀? 제주도 사람들도 제주어를 잘 모르는 경우가 너무 많은데, 그런 이름들 중의 하나가 윤낭이다.

　그 이유를 추측해 보자. 육지인들이 제주어를 한자와 결합하여 쓰는 경우가 많다. 유식해 보이려고, 아니면 그 뜻을 정확히 하려고 했을까? 그것이 오히려 제주 본래의 말과 더 멀어진다. 또한, 한자漢字는 한국어를 빌려 표현했을 뿐으로 본뜻과 무관하다. 즉 한자를 빌려서(借用하여) 기록했을 뿐, 그 말의 뜻과 전혀 다른 경우가 많다. 또한, 비제주인은 제주어를 잘 모른다. 이러한 현상은 한국어만 교육하고 제주어를 배우지 않고, 사용하지 않은 결과로 빚어졌다.

　윤낭은 한국어로 때죽나무이고, 한자로는 종목鐘木이다. 그런데 대부분의 제주 사람들은 '종鐘 + 낭木 = 종낭'이라고 잘못 알고 있다. 고려 때부터 조선시대를 거치며 제주어를 한자로 표기하는 과정에서 생겨난 잘못이다. 이런 현상은 제주어 곳곳에서 나타난다. 그렇다면 이제 윤낭에 관해 얘기해 보자.

<늦은 봄(5월)에 별 모양으로 피어나는 윤낭(종낭)꽃은 제주 제일의 꿀을 만들어 낸다>

　윤낭을 한국어로는 때죽나무라 하나 본래는 '떼종나무'였다. 그런데 이를 한자로 표기할 때 종목이라 했던 것이다. 윤낭꽃은 종鐘 모양의 꽃이 가지 끝에 연달아 피어난다. 떼종은 '종이 떼로 달려 있다'라는 말이다. 그래서 북한에서는 '샹들리에'를 '떼불알'이라 말하기도 한다.

　'떼종'이 '때죽'으로 변한 데는 이유가 있다. 떼종나무 열매를 찧으면(짓이기면) 거품이 나오는데 물에 담그면 독성이 있어 '물고기가 떼로 죽는다' 하여 '떼죽'이라 하고, 그 거품으로 빨래하면 '때를 죽여 준다' 하여 '때죽'이라는 설도 있다. 윤낭(때죽나무)은 가지가 단단하여서 농기구 호미나 낫자루 같은 농기구 자루로 사용되기도 한다.

　제주도에서 유일하게 윤낭이 오름 이름으로 불린 곳이 있다. '구좌읍 종달리'는 본래 '윤낭 드르(들판)에 있는 오름'이라는 뜻으로 '윤드르오롬'이라고 하였다. 그런데 이를 한자로 표기할 때, 음차音借하여 종달種達이라고 써야 할 것을 종달終達이라고 잘못 표기하게 되었다.

그런데 '종달終達'이 행정명으로 쓰이며 '종달리終達里'는 제주시 동쪽 끝이라서 '종달終達(끝 종, 도달할 달)'이라는 엉뚱한 소리를 한다. 종달리 사람들조차 그 어원을 모르니 그 뜻도 알지 못하는 실정이다. 그러나 본래 종달리는 구좌읍이 아니고 성산읍에서 '별방진'이 생기며 구좌면에 속하게 된 곳이다.

윤낭은 제주도 고지대高地帶에 많이 서식하는 제주산 토종나무이다. 그래서 윤낭은 해변 쪽에는 잘 자라지 못한다. 지금 해변 가까운 곳으로는 개여기(백약이)오롬에 딱 한 그루밖에 없다. 종달리에도 거의 사라졌고 드랑쉬오롬에 몇 그루, 높은오롬에 몇 그루, 성불오롬에 몇 그루뿐이다. 이는 제주도가 점차 고온화된다는 말이다. 사람들이 오롬이나 곶자왈에 산전山田을 일굴 때 나무를 베고 불 지르고 남은 등걸은 모두 뽑아내어 버려서 농토가 된 곳에서는 볼 수 없다. 이런 이유로 윤드리는 농지로 변하여 사라져 버린 것이다.

"삼손이 여호와의 신에게 크게 감동되어 손에 아무 것도 없어도 그 사자를 염소 새끼를 찢음 같이 찢었으나 그는 그 행한 일을 부모에게도 고하지 아니하였고"14:6 Judges 나중에 보니 그가 죽인 사자 사체에서 야생벌들이 꿀들을 잔뜩 모아 놓았다. 그는 그것을 블레셋 사람들에게 수수께끼로 내놓는다. "무엇이 꿀보다 달겠으며 무엇이 사자보다 강하겠느냐" 삼손의 수수께끼는 엉뚱했다. 삼손이 사자 사체에서 꿀을 보고 먹듯이 세상에는 선악이 한곳에 있다. 그렇게 선악을 함께 먹고 마시는 게 우리의 실정이다. 우리는 이런 경우를 주위에서 너무 많이 보고 산다14:18 Judges.

윤낭은 농기구 자루가 되며, 그 꽃은 제주 1등 품질의 좋은 꿀을 만든다. 그러나 윤낭(종낭)의 열매는 독성을 가지고 있다. 그렇듯 삼손이 죽인 사자는 동물의 왕으로 군림하나 죽어서 뼈를 드러낸 사체가 될 때, 마침내는 그 사자의 사체가 꿀벌의 집이 되고 벌꿀을 만들어 놓기도 하였다.

벌들은 선악을 구별하지 못한다. 오직 자연을 이용하여 꿀을 만들어 낼 뿐이다. 이 세상도 선악이 함께 존재한다. 그게 선인지 악인지 분별하는 것은 우리가 해야 할 몫이다. 그것을 잘 분별하는 사람은 지혜자知慧者이며 잘 분별하지 못하면 우둔자愚鈍者가 될 수도 있다.

지혜知慧를 분별하는 것은 우리의 몫이며 우리의 선택에 달려 있다. 현대인이 세상에서 살아갈 때 가장 중요한 것은 지혜요, 인간은 불완전하기에 완전자요, 절대자를 믿는 것이 믿음이요, 믿음은 절대자가 주시는 선물이요, 우리가 세상을 살아갈 때 우리에게 옳은 선택으로 이끌어 준다.

토끼섬의 양면성

    제주도 구좌읍 하도리에는 토끼섬이 있다. 이 섬은 천연기념물 제19호인 문주란이 남방에서 떠밀려 와 자생하므로 문주란 자생지로 유명하다. 그런데 사람들은 토끼섬의 이름이 •섬 모양이 토끼를 닮았다. •토끼가 살았었다. •문주란 꽃이 피면 토끼를 닮았다 해서 붙여졌다고 하나 모두 아니다.

<천연기념물 제19호인 토끼섬은 제주목에서 묘시(卯時: 토끼시) 방향에 있다>

    •토끼섬은 제주목 성안城內에서 보면 묘시卯時토끼시, 오전 5~7시 방향에 위치하여서 명칭이 토끼섬이다. 즉, 12간지 시인 자子·축丑·인寅·묘卯·진辰·사巳·오午·미未·신申·유酉·술戌·해亥 등 12간지 시時 중의 네 번째 시간인 묘시卯時토끼시 방향에 있기에 '토끼섬'이라고 불린 것이다.

그러나 고문서에서 찾아보면 토끼섬의 원래 지명은 여의도汝矣島이다. 이곳은 작은 섬 바위로 국회가 있는 한강의 여의도와 같다. 그래서 하도리는 여의도를 품은 마을이라는 뜻에서 '여의리汝矣里'라 불렸다. 그런데 마을이 크고 넓어 '상도여의리, 하도여의리'로 나뉜다. 그러나 그 후에 상도여의리는 상도리上道里, 하도여의리는 하도리下道里로 불렸다. 이처럼 대부분의 사람들은 토끼섬의 원지명을 모르면서 토끼섬에 대하여 말한다.

옛 어른들은 상도여의리를 '도려道汝'라 하고, 하도여의리를 일컬어 '밸방別防'이라 하였다. 이는 김녕현에 있던 방어소에서 외적을 감당하기 어려워 하도에 별도別刀의 방어禦防를 위해서 진지를 구축했으니 '별방진別防津'인 것이다.
별방진이 만들어질 때 하도리는 네 마을이었다. 즉, 상도여의리·하도여의리(동동-창흥동·굴동)·별방리(신동·서동·서문동)·이탄리(면수동)가 있었다. 또한, 별방진이 면(행정 面)이 될 때는 ·ᄀ는곳(세화리), 정의현의 ·종달리와 ·연평리(현재 우도면)가 합해져 7개 마을里이 별방면이 되었다.

제주도에서는 토끼 고기를 접하기 어렵고 잘 먹지 않으나 육지에서는 흔히 먹는 고기다. 더구나 겨울철에 토끼몰이를 하거나 사냥하여 잡는 산토끼 맛은 꿩고기처럼 깔끔하여 맛있다. 그러나 집토끼는 생물학적으로 산토끼와는 염색체 수가 전혀 다른 종이다. 집토끼는 이탈리아 지방의 굴토끼가 개량된 것이다. 한국 시중에서는 토끼 고기를 쉽게 구할 수는 없으나 중국 시장에서 토끼는 닭·오리·비둘기 등과 함께 아주 흔하게 팔리는 식재료이다.

『별주부전』에서는 '토끼의 간' 이야기 때문인지 토끼는 깡충거려 가볍고, 부정하고, 정결치 못하다는 부정적 이미지가 있다.

성경에서 언급되는 토끼는 다음과 같다. 하나님이 모세와 아론에게 이스라엘 백성들이 먹을 수 있는 짐승과 먹을 수 없는 짐승에 대해 말씀하신다. "짐승 중 무릇 굽이 갈라져 쪽발이 되고 새김질하는 것은 너희가 먹되 새김질하는 것이나 굽이 갈라진 짐승 중에도 너희가 먹지 못할 것은 이러하니 … 너희에게 부정하고"11:3-4 Leviticus

이러한 율법은 오늘날 우리에게 '구별 $_{區別}$된 신앙생활을 통하여 영적으로 구별되게 살라'는 의미로 해석되며 이는 '하나님을 아는 지식과 영적 분별력을 가지라'는 비유적 의미가 있다. 베드로가 기도하는 중에 하늘로부터 큰 보자기 같은 것이 내려오는데 그 안에는 먹을 수 없는 것들이 가득하였다. 그때 하늘로부터 "베드로야 일어나 잡아 먹으라"10:13 Act라는 소리가 들린다. 베드로는 "주여 그럴 수 없나이다 속되거나 깨끗지 아니한 물건은 언제든지 내 입에 들어간 일이 없나이다"11:8 Act 하고 대답한다. 곧 두 번째 소리가 나는데 "하나님께서 깨끗케 하신 것을 네가 속되다 하지 말라"라고 한다10:15 Act.

오늘날도 유대인들이나 안식교 교인들은 구약의 말씀을 따르나 신·구교 $_{敎會·聖堂}$ 신도들은 신약의 말씀을 따라 먹을 수 있고 없고를 구별하지 않고 먹는다. 토끼는 우리 생활과는 좀 멀다. 그러나 어떤 일이나 짐승까지도 선악의 양면성이 있다. 그러므로 긍정적 이미지는 선양하고 부정적 이미지는 제하며 사는 게 중요하다11:2-8 Leviticus, 14:3-8 Lumbers.

문주란이 전하는 히브리인의 메시지

멕시코에서 구로시오 난류를 타고 제주에 정착한 것들로 •선인장 •유카 •문주란이 있다. 선인장은 멕시코에서 흔히 먹는 채소이고 중국 식당에서 요리로 판매하기도 한다. 또한, 선인장은 '제주백년초'라는 이름으로 산업화에 성공하기도 하였다.

육카는 억센 잎과 달리 꽃은 작은 초롱을 켠 모양으로, 제주도 바닷가에 외로이 버려졌다. 그러나 멕시코에서는 유익한 식재료 중 하나로, 뿌리 부분을 간추려서 막걸리 같은 토속주를 만들기도 한다.

7월 중순~9월 중순까지 꽃 피우는 문주란은 수선화과에 속하는 꽃이나 난과가 아니며 모두 흰색이다. 그러나 문주란 형제들은 자주색문주란·잎무늬문주란·붉은꽃문주란도 있다.

필자가 동남아·타이완에서 본 문주란은 잎이 가늘고 잎이 연약해 보였다. 아프리카에서 본 문주란은 잎이 넓어 백합꽃을 닮았다. 그러나 필자가 멕시코 쿠즈멜 섬에서 본 문주란과 유카는 제주산과 가장 닮았다.

문주란은 솜처럼 생긴 씨껍질로 멕시코에서 제주도에 도착한 것 같다. 문주란 씨앗이 하도리 토끼섬에 닿아서 터 잡고 싹을 틔운 것은 우연한 일이 아니다. 멕시코의 따뜻한 바닷가 모래언덕에서 꽃 피던 것처럼 문주란은 태평양 파도를 따라와 가장 무더운 계절에 꽃 피운다.

토끼섬은 국내 유일의 문주란 자생지로 천연기념물 제19호로 보호

된다. 문주란은 연평균 15℃가 넘는 곳에서만 자란다. 특히 해변가 모래땅에서 잘 자라며 3℃ 이하에서는 월동하며, 10~21℃에서 잘 자라니 제주도가 최적지다. 문주란 자생지인 토끼섬(960㎡)은 문주란의 북방한계선이다. 그래서 문주란의 보존·관광·산업화는 우리들의 과제이다.

<제주 해변에 흔한 문주란은 두툼한 잎으로 겨울을 나고 7월에 하얀 꽃을 피운다>

주락주락몬주그락하도바당모살왓

주락주락주란꽃피어남수다

모심키웡바당가게애기바당넘어가게

중군되곡상군되라니가바당주인이여

- 문희주 디카시 「주란꽃혼시절」 전문

문주란 꽃대는 50~80㎝, 지름 1.8㎝ 정도로 흰색의 짙은 향기가 있다. 6개 수술이 화관통에 붙어 있고 열매는 둥글고 회백색이다. 그 성분Alkaloid, Aminotks은 약용 성분을 함유하니 산업화가 요구된다.

이스라엘 민족을 '히브리인'이라고 하는 말은 유대인·이스라엘인이란 명칭보다 더 일찍이 쓰인 민족의 명칭이다. 이는 당시 가나안 Palestine 정착민들이 떠도는 유대인들의 호칭이다. 그 어원은 히브리어로 '건너편'을 뜻하는 '에베르eber·ever'에서 왔다고 보며, '강(바다)을 건너다'라는 뜻이다.

이스라엘은 이집트에서 광야로, 가나안으로 옮겨 왔다. 그렇게 세운 유대왕국은 로마 디토스 장군의 침략으로 멸망하여 2천 년 동안 세계를 유랑하는 민족으로 살아왔다. 그러나 어디로 가든지 문주란처럼 있는 곳에서 싹트고 자라는 강인한 민족이 되었다.

문주란이 우리에게 전하는 메시지도 이와 같다. 6.25 전쟁 당시 이북에서 내려온 피난민들에 의해 제주도에는 큰 변화가 나타났다. 그들이 무너져 가는 제주교회를 일으켜 제주기독교 역사를 바꾸었다. 물론 서북청년단의 부정적 영향도 크지만, 교회의 긍정적 변화도 있었다.

갈옷의 아픔과 역사

    제주의 대표적인 여름 생활·노동복인 감옷은 감물을 입혀 만든 옷이다. 그 재료가 감이기에 감옷인데, 색깔로 볼 때는 칡 색깔이어서 갈(葛)옷이라고도 했다. 그러나 우리 할머니 어머니들은 감적삼·감중의를 갈적삼·갈중의로 혼용하셨다.

    감옷을 만드는 시기는 감이 자라는 삼복 때이다. 어머니들은 풋감(팥감)이 막 커지는 여름이 오면 광목으로 감물 들여 감옷을 만드셨다. 감물을 들이는 일은 조밭에 두불 검질(두 번째 김매기)을 마치고 삼복을 맞을 때다.

<풋감: 팥만큼 작은 제주산 토종. 막게·도구리는 제주산 가시나무로 만든다>

    감옷(갈옷)을 만들 때 3요소는 풋감 + 도구리 + 덩드렁막게이다. 풋감은 팥처럼 작은 제주산 풋감이지 설익은 '풋감'을 말하는 게 아니다. 최근에는 홍반시로 유명한 경북 청도군에서 자기들이 감옷의 원

조라는 턱없는 소리를 한다.

　마치 재룟값이 싼 중국에서 김치를 만들어서 한국으로 보내기에 중국은 세계 제일의 김치 수출국이 되었다. 그래서 중국은 '김치가 중국 것'이라고 하는 얘기와 감이 생산된다고 해서 감옷이 청도군의 것이라는 주장은 비슷하다. 한국 부인들이면 누구나 김치를 만들 수 있듯이 제주도 부인들이면 누구나 감옷을 만들 수 있다.

　감물을 만들 때는 • 풋감 •덩드렁막게(망치) •도구리(함지박)가 필요하다. 도구리는 몽골어로 함지박이란 말이다. 도구리 재료는 제주산 상록참나무인 가시나무로 만든다. 감옷을 물 들일 때는 여러 번 물들이고, 빨고 말리는 과정을 거칠수록 색이 짙어지고, 질겨지고, 때가 잘 타지 않고, 언제 빨아서 말리든지 금방 풀한 것 같다.

　제주인이 감옷을 입는 까닭은 엄청 많으나 인문학적으로는 제주풍토·날씨·역사와 깊은 관계가 있다. 감옷은 제주 흙빛에 근접한 색이라서 당연히 감색이다. 감옷은 제주 섬처럼 바람을 타거나, 흙바람 불고 땀과 비에 젖어도 해 뜨고 마르면 바로 ㅅ락(사그락)하여 촉감이 좋아 실용적이다.

　2014년 미얀마를 방문했을 때 양곤에 소재한 세계문화유산인 '쉐다곤 파고다'를 방문한 적이 있다. 양곤에서 파고다 사원에 들어가려면 반드시 '롱지(통 옷감으로 몸을 감싸는 하의)'를 입고, 신발을 벗어야 한다. 사원에는 몸을 가리는 롱지라는 긴 옷을 빌어 입어야 입장할 수 있었다.

　미얀마에서는 학생이나 장관, 국빈을 맞는 자리에도 예복으로 입는 옷이 롱지다. 물론 색깔·옷감이 감옷과 다르다. 이들은 기후·건강·종교적 의미를 포함하나 제주 감옷은 노동·생활·평상복이며 종교적이거나 예복은 아니다. 그러므로 한반도의 흰옷이나 회색 옷과도 전혀 그 의미가 다르다.

<미얀마 양곤 거리에는 지금도 롱지를 입은 남자들을 흔하게 볼 수 있다>

제주는 난亂과 난亂이 그침이 없어서 평상·노동복이 곧 쟁란 중에는 도피복이었다. 감옷은 산·밭·숲에서도 보호색이다. 제주인의 감옷은 눈밭의 뇌조, 나뭇잎의 카멜레온, 초원의 얼룩말 같은 자기 보호를 위한 보호색이다. 결코, 눈표범이나 호랑이같이 적을 죽이려는 은폐 수단도 아니다.

선악과를 따 먹고 무화과 잎새로 몸을 가린 아담을 대신하여 하나님은 하얀 어린양을 잡아서, 양같이 죽어 간 예수님으로 인한 영생을 보여 주셨다. 즉, 양의 피는 죄악으로 죽을 자를 하얀 양털에 덮게 되어 의로워지는 비유를 보여 주신다.6:23 Romans

50여 년 전, 제주에서 집을 지을 때 상량식上樑式 날에는 도목수가 상마루에 올라가서 흰 광목천과 굵은 그물실을 아래로 내린다. 집주인은 하얀 광목천을 펼치고, 내려진 실에 퍼덕이는 생닭의 코를 꿰어 펼쳐진 광목천 중앙에 놓는다. 그러면 도목수는 조심스럽게 생닭을 잡아당긴다.

도목수가 상마루까지 당겨진 닭 머리를 도끼로 자르면 주인은 재빨리 피 흘리는 닭의 피를 문설주와 문인방에 발랐다. 이것은 곧, '유월절逾越節을 넘기던 밤에 이스라엘 백성들이 문설주와 문인방에 피를 바르면 죽음의 사자가 그 피를 보고 넘어갔던 것'과 같은 모습이다.

"이스라엘에서도 유월절에는 어린양을 잡아서 그 피를 문지방과 문인방에 발라서 재앙을 넘겼다(유월踰越하였다). 이전에는 짐승을 잡아서 제사 지냈지만, 이제는 예수님이 십자가에서 치르신 제사에 감사하여 예배를 드린다."라는 말에 필자의 부모님도 듣고 "정말로 성경에 그런 말이 있느냐." 하시며 신기해하셨다. 또한 "성경이 말하는 예수님의 속죄의 피를 이제 알게 되었다."라고 하셨다.

한자에서 옳을 의義자는 '옳다·바르다'라는 뜻으로 '사람이 행할 바른 도리·남과 맺은 혈연과 같은 관계', 즉 '의형제를 맺다'는 의미와도 통한다. 양羊의 피를 드리고 내我가 그 아래 엎드리면 그 양羊이 나를 대신하여 피 흘림같이, 양은 죄가 없으니 하나님 앞에 내가 양처럼 의로워진다는 것이 예수님에 대한 속죄의 도리다.

제주의 감옷이 우리에게 전하는 메시지는 무엇일까? 이제 제주인들도 사람을 피하여 아담처럼(죄인으로) 숨지 말고 평화를 전하는 사람이 되라는 것이다. 그리고 이제는 양의 피로 씻긴 옷을 입고 하나님과 세상 앞에 나서라는 것이다. 이것이 제주인이 나아갈 바 의로운 길이다12:1-14 Exodus.

뱀 전설의 오해와 자유

표선면 토산리에는 톨ᄆ루오름兎山峰이 있다. 톨ᄆ루오름은 토산리를 감싸는 아름다운 오름이요, 예전에는 용수를 제공해 주던 곳이다. 그래서 토산 마을을 대표하는 오름 이름이 곧 마을 이름인 토산리兎山里로 쓰였다. 토산오름의 남서쪽 송림 사이에는 솔내천松川이 흐르고 한라산 쪽으로는 거슬러 흐르는 거슨세미(송당에도 있음)와 노단세미泉가 있다. 이런 까닭에 물이 귀한 중산간에 토산리라는 마을이 생긴 것이다.

<표선면 토산리에서 정의읍성을 바라보면 토산리는 묘시(토끼시간)에 있다>

'토산오름'이라 부르기 전에는 '톨ᄆ루오름'이라 불렸는데 이웃 성읍리 영주산을 영ᄆ루오름이라고 부르던 것과 같다. 토산리는 1405

년에는 '동도정해진 토산현'으로 불렸다.

1431년(세종 12년) 『세종실록』에는 토산촌이 토끼 토兎자로 쓰여 토산촌兎山村·토산포兎山浦·토산봉兎山烽·토산망兎山望·토산천兎山川·토산리兎山里 등으로 쓰였고, 한두 곳은 흙 토土, 토할 토吐, 다리 끝 토塊도 쓰였으나 모두 한자를 음차하여 썼을 뿐이다.

•토산(톨ᄆ르, 톳산)은 토끼의 모양이나 토끼에 관한 설화와는 전혀 무관하다. •토산은 예로부터 뱀신蛇神을 섬긴다는 전설이 있었다. 토산리에서는 토끼를 섬겼다는 말은 없으나 토끼에서 유래했으니 토끼와 연관 지을 수밖에 없다. '톨산'의 톨은 몽골어 토끼(туулай토올래인: 蒙古語)와도 일치한다. 또한, 토끼는 12간지干支에 들어 있으니 방향을 찾아봐야 한다.

보편적으로 지명을 작명할 때는 제주목·정의현·대정현에서 보이는 방향에 따라 작명하였다. 정의현에서 12간지에 따라 작명된 곳은 지미子時쥐시 끝의오롬, 우도丑時축시/소, 개오롬戌時술시/개 등이다. 그런데 토산리는 '사시(巳時/뱀시간)'에 해당하니 옛날 토산 사람들은 '뱀을 섬긴다'라는 속설이 생겼다.

그렇다면 '왜 뜬금없이 토끼인가?' 하여서, 필자는 반대로 •토산에서 정의현성을 바라보니 묘시卯時 방향이었다. 토산리 아가씨들은 참하고 예쁘다. 그러나 '뱀을 섬긴다'는 오명을 가졌으나 이제, 그 수수께끼가 풀렸다. 토산은 뱀의 땅이란 말을 피하려 반대로 토산에서 성읍을 바라보니 묘시卯時토끼시에 해당하여 그 지명을 '토산'이라 불렀다. 몽골 치하에서 톳(제주어)이 몽골어 '톨'로 바뀌어 '톨ᄆ르'에서 '톨오롬'으로 불린 것이 토산 땅이요, 토산오롬이다.

최초로 여자Hawa를 유혹하여 선악과를 따 먹게 한 뱀은 성경에서 사단의 징표로 나온다. 뱀ןחש, nāḥāš히브리어: 나하시은 고대 이집트·가나안·메소포타미아·그리스 등의 종교문화에 중요한 역할로 나타난다. 그래서 지하 세계의 악한 힘, 혼돈의 상징, 다산·생명·치유를 상징한다(위키사전). 사막에서 뱀에 물린 자들이 보았던 놋뱀은 치료의 신神으로 병원이나 의사의 가운에 뱀이 그려진 것도 이런 연유에서다.

'뱀'은 점복·운세·관행을 의미하는 동사動詞로 에덴의 뱀을 '나하시'로 지칭한다. 또한, 광야의 악순환을 설명하는 데도 사용되었다. 용(龍dragon)은 괴물의 형태로 나타난다. 모세와 아론의 지팡이와 고대의 뱀은 사탄이나 악마(드래곤)로 나타난다.20 Revelation

어느 시대, 어떤 지역에서도 뱀의 인식은 별로 좋지 않았다. 토산리는 정의현에서 '사시巳時뱀시'에 해당하여 "뱀을 섬긴다."라는 오해를 받아서 마을 이름조차 '토끼'로 바꾸었지만 뱀에 대한 오해는 오랫동안 계속되었다. 그러나 예수님은 이 뱀의 전설에서 온전한 자유를 준다. 이처럼 신과 인간을 갈라놓는 이단들은 어디서든지 거짓으로 화평을 깬다.

평화가 이루어지기 위해서 어린양 예수님의 검(劍/眞理: 단군왕의 검도 같은 말)으로 하나님과 인간관계상에 바로 쓰여야 한다. 신약성경에서는 이렇게 얘기한다.

"또 내가 보매 천사가 무저갱 열쇠와 큰 쇠사슬을 그 손에 가지고 하늘로서 내려와서 용을 잡으니 곧 옛 뱀이요 마귀요 사단이라 잡아 일천년 동안 결박하여 무저갱에 던져 잠그고 그 위에 인봉하여 천년이 차도록 다시는 만국을 미혹하지 못하게 하였다가 그 후에는 반드

시 잠간 놓이리라"20:1-3 Revelation

　필자는 아름다운 톨ᄆ르오롬을 여러 차례 탐방하였다. 진리眞理는 변하지 않는다. 톨ᄆ르오롬의 아름다운 모습은 미래에도 변치 않고 후손들에게 전해지기를 간절히 바라는 마음이다. 오늘날 세상에서도 이단적 요소, 이교적 요소를 배제하는 것이 중요하다. 이것이 옛 시대에 외면당해 온 일들이 새롭게 해석되어야 하는 이유들이다.12:9 Revelation

자리돔의 추억과 베드로 고기

　제주인들의 싸움이 되는 두 가지가 있는데, "하나는 우리 동네에서 보는 한라산이 가장 곱다는 것이요, 또 하나는 우리 동네에서 잡히는 자리(자돔/자리돔)가 제일 맛있다."라는 것이다. 민물 유입이 많은 곳, 바위섬 해역들은 플랑크톤이 활발히 요동한다. 그래서 함덕 섬오름 아래 다려도, 수월봉 아래 차귀도遮歸島, 모슬포 절워리松岳山 아래 형제섬兄弟島, 남원 조배오롬 아래 지귀도는 유명한 자리돔 산지들이다.

<제주도의 유명한 자리돔 산지 중의 하나인 한경면 차귀도(사진 제공: 김남규 작가)>

　그러나 이 또한 몰매 맞을지도 모른다. "흥~!" 하며 콧방귀를 뀔 것

이다. 왜냐하면, 자기 동네에서 잡히는 자리가 가장 맛있다고 믿기 때문이다. 우리는 알지 못하지만, 그 지역에 사는 어부들은 자신들만이 알고 있는 여汝나 암초暗礁들이 있다. 즉 자기들만 아는 어장이 있다. "고사리 나는 곳도 며느리에게 알려 주지 않는다."라는 비밀이 있었던 것처럼.

탐라시대 후기는 제주도 수산·해양업이 자유롭지 않던 때이다. 고려 정부 때는 조공을 바치던 부속국이었지만, 조선 정부(태종 3년)에 들어서는 제주도민의 삶은 참혹히 제지당하게 된다. 조선 정부는 '탐라국'을 완전 접수하고 귀양지로 사용하였다. 그래서 제주 백성들은 죄인 아닌 죄인이 되어 버렸다.

이로 인하여 돛을 달고 배를 띄울 수 없었다. 그래서 돛을 달아 배를 띄우거나, 무역을 하거나, 고기를 잡을 수도 없게 되었다. 그래서 어쩔 수 없이 통나무를 엮어 터배(터위/뗏목)를 만들어 마을 해안에서 자리돔을 잡거나, 여름철에는 해안으로 밀려오는 작은 생선인 멸치·각재기(전갱이)·고들이(고등어 새끼)들을 잡았다.

필자가 어렸을 적, 여름에는 신시申時오후3~5시쯤에 뿔고둥을 불면 바다로 나가서 자리돔을 사다가 물회를 만들어 먹었다. 가을바람이 불즈음에는 알밴 큰 자리돔을 사다가 자리젓을 담갔다. 자리젓을 담글 때는 나무 도구리(함지박)에 단단한 덩드렁막게(나무망치)가 필요했다.

제주인들은 자리돔의 머리를 찍어 소금 뿌리고 젓갈을 담가서 1년 부식으로 삼았다. 또한, 가을에는 가시가 세어진 자리돔을 짚불에 구워 먹기도 하였다.

역돔은 원래 중앙아프리카가 원산으로 갈릴리 호수에서도 많이 번식하게 되었다. 베드로 고기로 알려진 이 고기는 틸라피아tilapia로 한국에서는 '역돔'이라 불리는데 뷔페에서 생선회로 나오는 놈들이다.

 필자가 동남아에서 한국어 교수로 재직할 때 시장에서 이 역돔을 사다가 조려 먹거나 매운탕을 끓여 먹곤 했었다. 태국에서는 속을 빼낸 뒤 향료를 채우고 소금 범벅을 만들어 구워서 판다. 구운 생선을 사면 그 자리에서 학독으로 고추와 향료를 갈아서 양념을 만들어 준다. 그러면 소금으로 범벅된 껍질을 벗기고 야채에 양념소스를 얹어 싸 먹는다.
 역돔은 사막의 오아시스·정글의 호수 같은 험지에도 잘 적응할 만큼 강한 생명력을 지녔다. 제주인도 무심한 역사 속에 강한 적응력으로 살아왔다. 뼈대가 센 것이 자돔·역돔을 닮았다. 시몬 베드로가 세상을 변화시켰듯이 이제, 제주인들의 강한 의지가 자리회처럼 먹힐 때가 되었다. 이것이 제주의 역사요, 남은 세기 동안 보여야 할 제주인의 모습이다.5:4-10 Luke

봉덕 구이와 갈릴리 생선

한국의 주거 형태를 몇 개로 나눈다면 •관북(함경도)식 •관서(평안도)식 •관동(강원도)식 •기호(경기 중부)식 •영남(경상도)식 •호남(전라도)식 •제주도식 •울릉도식 등 크게 8개 지역으로 나눈다. 각 지역에 따라서 그 지역의 특징이 있다. 제주도의 주거 형식은 육지와 전혀 다르다.

제주도에서는 상방·방·고팡·정지칸 + 젯간이 있는데, 방에는 군불을 때는 '굴묵'이라는 '구들목'이 따로 있어 육지와는 전혀 다르다. 제주도는 문화적으로도 북방문화의 남방한계선, 남방문화의 북방한계선에 있다. 그래서 •취락 형태 •군불 넣는 방식도 다른 곳들과 전혀 다르고, •구들(온돌)은 남북방 절충식이다.

제주에서는 거실의 역할을 하는 상방이 있다. 상방은 마루가 깔렸는데 굴무기(느티나무)·가시나무(상록참나무) 등으로 널판을 만들었다. 상방은 남방문화의 산물로 보인다. 특히 상방은 관혼상제 때 크게 쓰인다. 명절·제사 때는 상방에 멍석을 깔고 음식을 준비한다. 이때, 산적이나 육고기·생선 등을 굽는 것은 남자들이 상방에서 하는 일이다.

제례법 또한 지방마다 가문마다 달라서 차례와 제사 음식을 장만하는 법이 다르다. 필자의 가문에서는 묵을 만들 때도 청포묵으로 하얗게 쑤고, 직사각형으로 썰며 굽지 않는다. 그러나 외가인 광산 김씨 집안은 메밀을 갈아서 검은 점이 박힌 데로 묵을 쑤어 마름모로 썰고 숯불에 굽는다. 우리 가문에는 식혜를 만드나 외가에서는 좁쌀로 감주를 달인다. 외가에서는 상방 돌화로에서 산적을 굽는다. 광산 김씨보다 사오백 년 앞서 제주에 입도한 문씨文氏 가문에서도 마찬가지로 돌화로를 쓰기도 한다.

그러나 필자의 종손 집은 그 옛날 제주목사가 오면 묵어 가던 고택이다. 그 집은 우회도로가 나면서 제주민속촌으로 옮겨졌으나 내 어린 시절에는 늘 오가던 곳이다. 종손 집에는 큰 봉덕이 있었는데 봉덕은 남방 주거문화의 상징이다. 지금도 일본에서는 다다미방 중앙에 봉덕이 박혀 있고, 그 봉덕을 중심으로 발을 모아 잠잔다. 또한, 봉덕은 정사각형으로 크나 돌화로는 봉덕의 절반 크기로 직사각형이고 난방용보다 제례용으로 쓰였다. 어른들은 명절 때가 되면 봉덕에서 제사 준비를 하면서 봉덕에 대하여 말씀하셨다.

"제주목사가 오시면 저쪽 방에서 머무셨다. 할아버지께서는 이 봉덕에서 사냥해 온 꿩이나 노루, 해녀들이 물질하며 잡아 온 소라·전복 등을 구워서 목사에게 대접하셨다."

이스라엘 해안은 지중해성 기후이나 지역적 편차가 크고 일교차도 매우 컸다. 그래서 밤을 지새우는 사람들은 마당에서 불을 지폈다. 시몬 베드로도 그 불가에서 불을 쬐고 있는데 어떤 사람이 베드로에게 묻는다.

"너도 그 제자 중 하나가 아니냐 베드로가 부인하여 가로되 나는 아니라 하니 대제사장의 종 하나는 베드로에게 귀를 베어 버리운 사

람의 일가라 가로되 네가 그 사람과 함께 동산에 있던 것을 내가 보지 아니하였느냐"18:25-26 John

예수님이 부활하신 후에도 상황은 바뀌지 않았다.

"날이 새어갈 때에 예수께서 바닷가에 서셨으나 제자들이 예수신줄 알지 못하는지라 예수께서 이르시되 얘들아 너희에게 고기가 있느냐 대답하되 없나이다 … 육지에 올라보니 숯불이 있는데 그 위에 생선이 놓였고 떡도 있더라 … 예수께서 가라사대 와서 조반을 먹으라 하시니 제자들이 주신 줄 아는 고로 당신이 누구냐 감히 묻는 자가 없더라"21:4-12 John

따뜻한 불이 그리운 계절이다. 덜커덩거리던 신작로 자갈길이 포장되고 한 지방, 한 가문의 이야기도 이제는 전해 줄 사람이 없다. 같은 불을 쬐고 같은 생선을 구워도 시대가 변하니 불도 변하고 방법도 달라졌다. 그러나 베드로와 예수님처럼 나와 절대자의 관계는 변치 않는다. 화롯불에 모여 앉아 노인들의 이야기를 들어 볼 때이다. 그 얘기들이 한 세대가 되지 않아서 전설이 될 것이다.

수염고래와 김녕리민의 눈물

인기리에 방영된 드라마 「이상한 변호사 우영우」로 인하여 고래 이야기가 전에 없이 널리 퍼졌다. 드라마에서 우영우가 탄 지하철 위로 고래가 날아가듯 유영한다. 추석 선물 광고의 한가위 보름달 안에서도 날아가듯 유영하는 대왕(수염)고래가 보인다. 이 연속극으로 인하여 자폐인을 긍정적으로 바라보는 분위기도 변화된 세상의 한 단면이다.

고래는 이빨고래아목(亞目)과 수염고래아목으로 나뉜다. 이빨고래는 비교적 소형이고 이빨이 있는데 수염고래는 대형이고 너울거리는 수염이 있다. 그래서 수염고래들은 고기를 씹지 않고 새우·멸치·전갱이·정어리·청어 등의 작은 생선을 통째로 삼키고 함께 흡입한 바닷물은 등에 뚫린 구멍에서 분수처럼 내뿜는다.

제주도 모래사장에선 종종 멸치 어장이 형성된다. 특히 동북 지역의 함덕-김녕-월정-세화리 '펄등'은 멸치잡이로 유명한 곳들이다. 구좌읍 월정리에서 전해오는 말에 '멜들민 월정, 멜어시민 멀쩡(멸치가 잡히면 월정, 멸치가 없으면 멀쩡)'이라는 말도 있었다.

제주의 여름 바다에서 흔히 잡히던 멸치 떼들은 •해류를 따라서 오기도 하지만 •수염고래의 추격을 피하여 나타나기도 한다는 것은 뒤늦게 알게 된 사실이다. 구좌읍 김녕 바다에는 제돌이(돌고래)를 방류한 서쪽의 목지곶이 있다. 그리고 동쪽 성세기(김녕)해수욕장 너머에는 가수곶이 있다.

두 코지(곶) 앞에는 김녕 마을이 있고 그 앞바다에는 '농괭이 바당'이 있다. 이는 돌고래 종류 중 하나인 작은 농괭이(상괭이/이빨고래)들이 노니는 바다'이다. 그 상괭이 바다 안에 작은 섬 바위 여汝들이 있는데 그곳에 고래수水라는 움푹 팬 곳도 있다. 고래수는 '멸치 떼를 쫓아온 수염고래가 갇혀 죽은 곳이다'. 전설인 것 같으나 실제 이야기다.

철종 원년인 1848년 갑인년에 김녕 앞바다에 거대한 수염고래가 죽는다. 당시 제주목사(장인식)는 "기름을 짜서 제주성에 바치라."라고 명한다. 그래서 김녕리민들은 고래를 해체하고 기름을 짜서 관에 바쳤으나 제주목은 기름의 양量이 부족하다며 리장 등을 구속해 버린다. 김녕리에서는 거간(중매)꾼을 통하여 십만 냥의 벌금형을 받는다. 그러나 김녕리는 벌금을 낼 만한 돈이 없었다. 그래서 마을 회의 결과 김녕리 소유의 삿갓오름의 논(약 2만 평)을 조천리에 거주하는 강태정 씨에게 팔아 벌금을 내고 마을 대표들을 풀어 낸다. 그 후 입산봉은 주인이 4번째 바뀌어 지금은 김녕리 출신 김두전 씨(85세)의 소유가 되었다.

필자는 김두전 씨의 안내로 삿갓오름의 금산농장을 살펴보았다. 중앙에는 둥그런 분화구가 있고 화산이 쏘아 올린 흙은 성을 쌓은 것 같다. 굼부리는 서귀포 하논분화구 같은 '미르형'으로 문장지라는 못池이 있어서 논밭으로 사용되다가 지금은 물이 부족하여 밭으로 이용하고 있었다.

<삿갓오롬 안에 있는 문장지는 삿갓오롬을 논으로 쓰이게 하던 곳이다>

바울이 '즐거워하는 자들과 함께 즐거워하고 우는 자들과 함께 울라!'고 한 것처럼, 제주는 대문도 거지도 도둑도 없이 이웃과 더불어 살아왔다. 비록 한 그릇의 돗국물(돼지고기를 삶은 뒤 모자반을 넣어 끓인 국)이라도 함께 나누며 살아왔다.

김녕리 앞바다에 대왕고래가 죽던 때 조선조는 제주목을 귀양지로 전락시켰다. 그래서 '제주도'를 왕따의 제물로 삼았다. 태풍에 남은 잡곡을 양식 삼아 겨우겨우 연명하던 때이다. 죽은 고래나마 흉년 든 사람들에게 식량으로 주지 못할망정 기름 짜서 바치라 하였다. 그것도 부족하다고 동네 사람들을 구속하고, 벌금을 부과하던 암울한 시대였다. 그래서 제주인은 땅에 속한 백성, 암하레츠들이다.

지금은 제주인들도 육지 사람들과 다름없이 어렵지 않은 시대에 살고 있다. 하지만 아직도 위에 것을 바라지 못하고 땅의 것만 바라고 산다. 제주의 아픔이 무엇인가? 그것은 시대가 변한 아직도 땅에 속한 물질과 눈에 보이는 것만을 바라며 살아가는 것이다. 이러한 사람들은 시대가 변해도 땅의 백성-암하레츠로 살아갈 수밖에 없다.12:15 Romans

샤론의 장미와 제주황근

　무궁화는 속씨식물植物, 쌍떡잎식물강綱에 속하며 아욱목目-아욱과科-무궁화종種에 속한다. 사전에 무궁화의 원산지는 '대만·싱가포르·대한민국'이라 하나, 무궁화의 원산지는 한국도 동남아시아도 아니다. 무궁화의 원산지는 중동·서남아시아이다. 원산지라고 하면 심지 않아도 진달래나 소나무처럼 산과 들 어디서나 볼 수 있고 노목도 있어야 하는데 한국무궁화는 그렇지 않다. 즉 심지 않은 야생에 무궁화는 없다.

<성산읍 오조리 바우오롬(식산봉)에 있는 제주황근 자생지에 피어나는 황근꽃>

필자가 청년 시절 외항선 일등기관사一等機關士로 인도양을 항해하던 중에 아프리카 마다가스카르섬에 기항했을 때이다. 바닷가에서 처음 본 새빨간 하와이안 무궁화의 그 강렬한 붉은빛은 지금도 잊을 수 없다. 또한, 중국 산동성山東省 성도 제남시濟南市 기차역에서 본 분홍색 무궁화가 줄지어 심긴 모습도 기억난다. 이국에서 피어난 무궁화의 그 신기함 또한 잊을 수 없다.

그 후 타이완에서 3년간 머무는 동안에 자주 보던 무궁화는 붉은빛 하와이안 무궁화다. 필자는 타이완 사람들이 무궁화를 울타리 담장용으로 쓰는 것을 종종 보았다. 또한 태국에서 7년간 지내며 자주 보던 무궁화는 붉은빛 하와이안 무궁화도 있었지만, 노란빛 무궁화도 많았다.

베트남 하이퐁 시내를 지나는데 중앙 차선에 있는 노란 꽃이 낯익어 보였다. 가까이 가 보니 노란 무궁화꽃이었다. 베트남 하이퐁 호반 길에 심어진 무궁화도 노란 무궁화였다. 하이퐁은 11월에도 30℃ 이상의 고온으로 노란 무궁화(황근黃槿)가 피어나고 있었다.

무궁화는 2m~4m인 소교목으로 학명은 히비스커스-시리아쿠스 Hibiscus-syriacus인데 히비스커스Hibiscus는 무궁화이고, 시리아Syria는 이스라엘 서북쪽 시리아이다. 쿠스cus는 감탄사로 '빠른 동작을 볼 때 나타내는 말'로 '피식: 물을 뿌려서 불을 끌 때 나는 소리'와 같은 것이다. 최근에 히비스커스는 다이어트 식품, 비만 치료제, 건강식품으로도 팔리고 있다.

시리아의 다마스쿠스는 세계에서 가장 오래된 도시古都이다. 바울은 유대교 신자로 기독교인들을 체포하려고 다마스쿠스로 가던 길에 부활하신 예수님을 만나게 된다. 다메섹은 바로 시리아의 수도이다. 무궁화는 영어로 '더 로즈 오브 샤론The rose of Sharon'이다. '저 장미꽃 위에 이슬…' 또는, '샤론의 꽃 예수…'라는 찬송가의 '장미'나 '샤론의 꽃'은 모두 '무궁화꽃'이며 '예수님을 상징'하는 꽃이다.

황근黃槿의 제2고향은 구좌읍 하도리 동동에서부터 성산읍 오조리 바닷가에 자생한다. 노란 무궁화는 본래 베트남에서 해류를 따라 제주도 해변에 뿌리내린 식물이다. 바울이 다메섹 도상道上에서 부활하신 예수님을 만난 것처럼 황근은 베트남에서 떠밀려 왔다.

무궁화의 꽃말은 '섬세한 아름다움'이다. 그렇다면 노란 무궁화도 다른 꽃말이 있어야 할 것이다. 노란 무궁화가 베트남에서 제주도로 시집왔다면 꽃말도 제주도적이어야 하겠다. 황근은 해류海流를 타고 제주도에 정착했으니 좀녀(해녀)와 같다. 또한, 노란색은 밝음明朗을 뜻하니 '밝은 해녀의 꽃'이라 하면 좋을 듯하다.

『또 하나의 선민 알이랑 민족』 저자인 유석근은 "무궁화는 동이족 비서祕書『산해경山海經』에 나오는데, 무궁화의 출발점을 이스라엘로 본다."라고 얘기한다. 무궁화는 오래전 우리 민족이 이스라엘을 출발할 때 품고 온 꽃이다. 무궁화는 한국에서 일본 땅으로 건너갈 때도 가지고 갔는데 일본에서는 무궁화를 '무쿠게'라 한다. 이는 목근モクキン의 한자 발음이 변한 것이다. 또한, 고려에서는 '어사화'로 썼다.

한국에서는 애국가에도 등장하고 대통령 문장에도 무궁화꽃을 이용한다. 무궁화는 '끝없이 핀다'라는 이미지와 달리 제주황근은 7월 한 달만 핀다. 한국의 핑크색·흰색으로 피는 무궁화와 다르다. 무궁화는 한국의 나라꽃이며, 예수님을 상징하는 신앙의 꽃이다. 이런 신앙의 꽃인 무궁화의 제2의 고향이 제주도라는 것은 참으로 의미가 깊다.

신라 효공왕 897년 7월 당나라 광종光宗에게 국서를 보낼 때 신라를 자칭하여 근화향槿花鄕, 즉 '무궁화의 고향'이라는 말이 나온다. 중국의 문장가로 이름을 떨친 최치원의 문집 『최문창후문집崔文昌候文集』에도 무궁화가 등장한다. 신라시대부터 '무궁화 나라槿域'라 불린 것을 보아도 무궁화는 친정이 시리아지만 이미 천 년 전에 시집왔는데 이제는 한국의 국화國花로까지 발탁되었으니 한국의 꽃이라 할 만하다.

무궁화는 •한국의 꽃 •천국의 꽃 •믿음의 꽃이다. 그런 무궁화가 제주 바닷가에 밀려와 장착한 지 이미 오래다. 제주인들이 제주황근을 잘 모르듯이 예수님도 잘 모른다. 바울이 예수님을 만나고 변화된 것처럼 제주인들이 변화될 날은 언제일까2:1~ Song of

제주도와 바꾸자는 서태후의 병풍

　세계 3대 박물관은 •파리 루브르 박물관 •런던 대영박물관 •타이베이 고궁박물관을 꼽는다. 필자는 3년간 타이베이臺北에 체류하며 타이베이 박물관을 여러 차례 가 보았다. 사실 고궁박물관古宮博物館은 본래 베이징 고궁박물관에 있던 것인데 대륙에서 패한 장제스張介石가 타이완臺灣으로 들어올 때 고궁박물관의 소장품들을 공수해 온 것이다.

<타이완 수도 타이베이에 있는 세계 3대 박물관 중 하나인 타이베이 고궁박물관>

　타이완 박물관의 그 유명하다는 소장품 중에는 '서태후의 병풍'도 있는데 여기에 관련된 일화가 있다. 한국의 어떤 이름 있는 재벌 한 분이 그 병풍을 보고 소장하고 싶어서 "돈은 얼마든지 줄 테니 이 병

풍을 내게 팔아 달라!" 하니, 안내자는 "돈은 아무리 주어도 필요 없다. 그래도 갖고 싶으면 제주도를 달라."라고 했다는 것이다.

필자는 '제주도의 가치를 겨우 병풍 하나와 바꾸자 한단 말인가?' 하는 생각과 '대체 그 병풍이 얼마나 귀하기에 제주도를 준다면 팔겠다는 말인가!' 하는 생각이 교차하였다. 그러나 고궁박물관의 소장품은 너무 많아서 일정 기간만 전시한다. 그래서 언제 그 작품을 전시할지 모른다.

필자는 타이완 거류 중에 그 유명하다는 '서태후의 병풍'은 보지 못하였다. 그러나 제주도의 가치를 고작 서태후의 병풍과 바꾸자는 말이 괘씸하고 기분 상했다. 그러나 바꾸어 생각해 보니 1개의 소장품(서태후의 병풍)을 그토록 사랑하는 그 마음이 기특하여 이해하기로 하였다. 문화를 사랑하는 마음은 당연히 귀히 여겨져야 할 것이다.

"제주 사람으로서 과연 나는 •제주문화를 얼마나 알고 •얼마나 보호하며 •얼마나 중히 여기는가?"라고 질문을 해 보자. 문화는 이제 경제의 최일선에 있다. 문화는 굴뚝 없는 산업이요 •영화 •노래 •TV 연속극 등이 전 세계를 휩쓴다. 이제 문화는 경제를 넘어서 곧 정치 문제로 등장한다.

"천국은 마치 밭에 감추인 보화와 같으니 사람이 이를 발견한 후 숨겨 두고 기뻐하여 돌아가서 자기의 소유를 다 팔아 그 밭을 샀느니라 또 천국은 마치 좋은 진주를 구하는 장사와 같으니 극히 값진

진주 하나를 만나매 가서 자기의 소유를 다 팔아 그 진주를 샀느니라"13:44-46 Matthew

 천국은 밭에 감춰 둔 보화와 같다. 제주문화 역시 밭에 감춰 둔 보화이다. 그 속에는 우리가 알지 못하거나 예사로운 것으로 치부해 버린 수많은 콘텐츠가 숨어 있다. 특히 제주인들에게는 제주문화가 귀한 콘텐츠요, 제주를 만나는 접촉점이다. 그 속에 제주를 구원할 비밀이 숨겨져 있다.

 제주문화 속의 •샤머니즘적 •이교적 풍속을 배제하고 •제주인이 취해야 할 문화적 콘텐츠를 어떻게 제공할지 판단하는 것은 우리의 중요한 책임이다. 만약 그 책임을 다하지 못한다면 100년이 지나도 외면당할 것이다. 제주문화를 전하지 못한 그 죗값은 우리가 받아야 할 것이다. 이것이 이 시대를 살아가는 우리에게 주어진 숙제이다.

갑인년 보릿고개

최근, '보릿고개'라는 유행가가 가슴을 짠하게 한다. 228년 전 기아에 허덕이는 도민들을 가슴 아프게 본 사람들이 있었다. 갑인년에 장령 강봉서는 제주목사를 탄핵한다. 그러나 오히려 "그의 관직을 바꾸도록 하라."라는 징벌을 받는다.

갑인년의 '보릿고개'는 제주인들을 생사의 기로에 서게 하였다. 1793년부터 시작된 흉년은 1794년(정조 18년) 갑인년 4월에는 대기근이 되었다. 조정은 굶주리는 도민들의 원한을 산 목사 이철운을 고금도로 귀양 보내고 암행어사였던 심낙수를 제주목사로 임명한다.

<제주도의 보리밭 풍경: 보리는 1970년대까지 제주도 식량 농업의 중심이었다>

심낙수 어사가 "갑인년 제주목 흉년에 먹다 남은 것은 물뿐이다." 라고 할 만큼 힘겨울 때 조정은 백성을 구제하지 못하였다. 제주는 쌀밥 먹기는 어려워도 잡곡을 먹으며 사냥하거나 수산물을 잡아 간신히 먹고살 만하였다. 그런 와중에 제주는 굶주리고 서글픈 변방의 섬이었다.

필자가 중국 운남성 미얀마 샨주 태국의 치앙마이-치앙라이에 사는 소수민족들을 리서치할 때이다. 이곳들은 모두 중앙에서 먼 변방들이다. 2016년 봄, 몇 달간 이동하여 미얀마 서남쪽 끝 양곤(이전 수도)에서 미얀마 끝자락 샨주에 이르렀다. 필자는 거기서 노는 아이들을 보고 깜짝 놀랐다. 그 아이들은 한국의 1950년대 방법으로 놀고 있었다.
남자아이들의 •구슬치기 •자치기 여자아이들의 •고무줄놀이 어른들의 •화전 농업 등은 한국 땅과 100년 차이가 나 보였다. 그러나 제일 먼저 이곳을 감지한 곳이 지역의 교회들이다. 그들은 미얀마 정부의 감시 속에도 민족을 초월하여 교육의 중심지로 활동하고 있었다. 그 모양은 해방 이후 한국 교회의 교육과 꼭 닮았다.

"스불론 땅과 납달리 땅과 요단강 저편 해변 길과 이방의 갈릴리여 흑암에 앉은 백성이 큰 빛을 보았고 사망의 땅과 그늘에 앉은 자들에게 빛이 비취었도다" 이곳들은 일찍이 이사야 선지자가 메시지를 전한 땅들이 아닌가? 제주도 역시 옛날이나 지금이나 소외된 이방 땅이다. 4:15-16 Matthew

"나사렛에서 무슨 선한 것이 날 수 있느냐"라며 비꼬아 말하던 나다니엘에게도 예수님이 찾아오셨는데 변방 땅, 제주에는 언제쯤 그분이 오실까? 역사를 배움으로 얻는 것은 무엇이며, 여행을 통하여 얻는 것은 무엇인가1:46 John?

세계의 곡창이라는 우크라이나의 전쟁, 미얀마의 내전, 중국의 정치 불안과 흉년이 전 세계를 강타한다. 그에 비해 싼 곡식을 사 먹으면 된다며 식량 농업을 포기한 1억 인구의 필리핀은 쌀 수출국에서 수입국이 돼 버렸다. 이처럼 식량 농업을 포기할 때 위기를 맞는다.

인구가 곧 경제라는 공식을 외면했던 한국은 '밥숟가락 하나를 덜면 그만큼 가정을 일으키지 않을까' 하였지만, 박정희의 인구정책은 오산이었다. 그것은 하나님의 의도를 외면한 인간의 죄악에 기인한 것이요, 반항의 결과이다.

변방 땅에 오실 메시아를 기다리는 순수한 신앙이 요구된다. '강봉서'처럼 도민의 실상을 알리는 예언자적 삶, 김만덕처럼 자신의 것을 베푸는 선한 사마리아 사람을 부르는 시대이다. 제주인의 긍지가 이처럼 제주의 미래를 열어 간다면 얼마나 좋을까….4 Matthew

한 많은 제주메밀의 전설

옥황상제의 딸인 하늘공주 자청비는 지상을 돌아보다 제주 땅에서 문도령을 만나 사랑에 빠진다. 이렇게 문도령과 사랑에 빠진 공주를 알게 된 옥황상제는 노여워하여 자청비를 하늘에서 내쫓는다. 그러나 공주를 아주 버리지는 못하여 1년에 며칠간 천상에 돌아올 수 있게 하는데 이때가 제주의 신구간 기간과 관련이 있는 것으로 보인다.

어느 해 자청비는 천상으로 올라갔다가 지상으로 내려올 때 다섯 가지 곡식을 가지고 내려가는 걸 허락받는다. 그런데 와서 보니 메밀 씨앗을 잊어버린 것이다. 그래서 뒤늦게 메밀 씨를 가지고 오다 보니 늦게야 씨 뿌리게 됐다 그래서 메밀의 재배 기간은 60~75일 좌우이다.

또한, 자청비가 메밀을 가져올 때 품에 품고 왔기에 메밀은 '품에 품었다가도 먹는다' 하여서 많이 끓이지 않는다. 메밀은 끓는 물에 바로 넣었다 건져야 한다. 또한, 메밀은 밥에 넣을 때도 밥이 다 된 후에 뚜껑을 열고 밥 위에 뿌려서 바로 먹을 수 있다.

제주의 봄 들판을 하얗게 물들이는 것들이 있으니 봄 메밀꽃이다. 제주 사람들은 모두 아는 얘기지만 아직도 육지 사람 대부분은 강원도 봉평 메밀이 제일인 줄 아는데, 천만의 말씀이다. 메밀의 원산지는 •티베트 •동북아시아(만주) •중앙아시아 •타타르(몽골) •바이칼호 등이다. 한국에서 메밀이 재배되기 시작한 것은 700년 전 제주도에서부터다. 몽골인들이 제주로 이민 올 때 메밀을 가지고 와서 도민들에서 주었다. 즉 제주도에서부터 메밀이 재배되기 시작하여 육지로 올라간 것이다.

<제주도는 한국 메밀의 원산지이며 한국 최대의 메밀 생산지이다>

제주도의 메밀 재배 면적은 848㏊로 전국 총생산량의 절반쯤이다. 그러니 한국 제1의 메밀 생산지가 제주도이다. 이런 제주메밀의 브랜드화가 늦어서 제주메밀이 강원도 봉평으로 가서 강원도 메밀로 탈바꿈하여 팔려 나간다니 웃기는 일이다. 강원도 메밀 재배 면적은 겨우 253㏊이니, 제주는 3.3배가 더 많은 편이다.다음백과(사전)

몽골인들이 메밀을 갖다준 이유는 '먹고 죽으라'는 것인데 제주 사람들은 무와 함께 먹으면 독성이 중화된다는 걸 알았다. 그래서 메밀국수나 빙(전·떡)을 하거나 산모들의 미역국을 끓일 때도 메밀수제비를 넣는다. 그래서 몸 안의 묵은 피를 제하고 깨끗하게 한다니 놀라운 지혜다.

육지에는 평야가 많아 동네마다 방앗간에 떡 뽑는 기계가 있다. 떡국의 전국화라고 할까? 그러나 제주도에서는 쌀이 귀하니 명절·행사·귀한 손님이 올 때도 메밀국수로 대접했다. 또한, 제사 때나 겨울밤에 출출할 때도 메밀빙을 부쳐 먹었다. 메밀빙은 삶은 무채에 쪽파를 띄우고 깨를 뿌리고 참기름에 무쳐 속을 만들고 빙을 싸서 만든다.

선지자 엘리사의 제자들이 채소를 구하러 갔다가 들외를 따서 국을 끓였다. 그러자 독이 국에 퍼져서 먹을 수 없게 되었다. 제자들은 "국에 독이 퍼져 있다."라고 야단이 났다. 그러자 엘리사는 가루를 풀어서 먹게 하였다는데 그것이 메밀가루가 아닌가 생각된다. 제주에서는 독성이 있을 만한 재료에는 메밀가루를 풀어 넣었기 때문이다.

또한, 구약성경에서 보면 소제素祭라는 제사가 있다. 소제는 '가진 것이 변변치 않은 사람들이 있는 가루로 떡을 만들어 드리는 제사'다. 제물은 일반적으로 소·양·비둘기 같은 것들이었는데, 경제적으로 동물을 드릴 수 없을 때 값싸고 쉬운 곡식 가루로 제물을 만들어 드리는 제사가 소제이다.4:39-41 2Kings

옛날 제주 할머니들은 메밀가루로 '둘레떡(손바닥에 들어갈 만한 크기로 둥글게 빚은 떡)'을 만들어 올려 고팡(광)이나 장독대에서 촛불을 켜고 빌거나 바닷가나 신성한 숲에서 제사를 드렸다. 도민들에게 메밀은 소제의 재료로 쓰였다. 물론 하나님에 대한 것은 아니고 •산신山神 •조왕(부엌신)과 •영등할망(바다신)에게 드리던 제물이었다.

제주도 음식 중에 육개장은 육지와 전혀 다르다. 제주도 육개장은 돼지고기·고사리·메밀가루의 3박자이다. 또한, 바릇쿡(미역·성게·보말·해물을 넣어 끓인 국)이나 몸국, 잔치 끝에 마지막으로 적짝빼(돼지 등뼈)로 국을 끓일 때도 메밀가루를 풀어 넣는다.

메밀가루는 육고기肉類를 끓일 때 생기는 지방을 제거하는 약이 된다. 또한, 메밀의 루틴 성분은 동맥경화나 고혈압에 좋은 예방약이요, 치료제이다. 메밀은 영양 밸런스를 맞추고 건강을 지키는 신이 내려준 최고의 선물이다.

현대인들은 먹어서 생기는 병이지 못 먹어서 생기는 병이 아니다. 그래서 약이 되어야 할 음식이 오히려 독이 된다. 그러나 메밀은 먹어서 약이 되는 최고의 음식이요, 과유불급過猶不及한 곳에 약이 되는 21세기의 좋은 식품이다.

제주인과 오름은 하나다

 제주공항에 착륙하기 전에 처음 보이는 것이 한라산이고, 그다음으로 착륙하면서 올록볼록 수없이 딸린 오름들을 보게 된다. 제주에는 368개 기생화산 오름들이 있다. '제주 사람들은 오름에서 나고 오름을 파먹고 살다가 오름에 묻힌다'라는 말이 있다. 이처럼 오름과 제주는 하나이다.

<봉개동거친오름 전경: 제주인은 오름에서 나고 오름에서 살다 오름에 묻힌다>

 그러나 조선, 일제 강점기를 지나며 오름은 산山과 봉峰으로 잘못 불리기 시작하였다. 그러면서 제주ᄋᆞ롬(아래아가 회복되기 전에는 우선 오름이

라 부른다)들은 본래의 그 이름을 잊혀졌다. 사람들이 한국어를 찾는다며 한국어로 쓰였지만 제주오름은 제주어이지 한국어가 아니다. 제주인들은 한자어를 제주어로 잘못 아는 경우가 많다. •오름 안내판 •한국어 사전 •여행 가이드북 •행정 용어 •자동차 내비게이션에도 마찬가지로 표기가 잘못되어 있다.

'오름'은 한국어 '오르다'라는 동사를 명사화했을 뿐 '오롬'은 제주어이고, 기생화산에만 쓰이는 고유명사이다.

ᄋᆞ롬의 오래된 제주어의 원형은 첫 번째로 만주어로 '울, 또는 ᄋᆞ리'다. '물영아리·마른영아리·물장오리·태역장오리·개오리·섯알·동알' 등의 명칭이 그렇다. 이는 고양부 삼성에 의하여 만주에서 쓰이던 이름들을 제주에 가지고 온 말들이라서 그렇다.

두 번째는 700년 전 몽골인들이 이주해 오면서 가지고 온 말로 몽골어로 ᄋᆞ롬POM이다. 이 말은 명사로 '자국·흔적'을 말하는데, 즉 화산의 자국, 화산의 흔적이라는 말이다. 또한 '울-ᄋᆞ리YYЛ는 산山이란 말로 조금 더 큰 범위에 적용되었다. 제주 인구가 3만 명쯤일 때, 몽골 왕족·귀양객·몽골 이민자 등이 제주로 오면서 쓰인 명칭이다.

또 하나, 노로Hypyy는 사람의 등뼈·척추, 산마루·산등성이·산의 능선을 말한다. 노로는 독립된 봉우리가 아니라, 산맥을 이루는 줄기山脈에 있는 오롬을 말한다. 제주에서는 한라산 기슭 산맥의 봉우리들로 '노루생이·큰노리(손이)·족은노리손이' 등이 노로에서 온 말이다, 즉, '노로'는 산짐승 '노루'가 아니다.

제주인들이 '오롬'을 잊어버리고 한국어 '오름'에서 벗어나지 못한다. 또한, 하나님의 성산聖山을 찾지 못하고 '세상 오름'에 빠져서 사는 이들이 얼마나 많은가? 하나님의 오름을 잊어버리고 세상 오름에 취하여 영혼의 운동 없이 육체의 운동만을 위하여 산다면 어떻게 될까 99:9 Psalms?

<제주의 오름들을 품고 있는 오름의 어머니 격인 한라산. 제주의 오름들은 산·봉·미·비 등 어떻게 불렸어도 한라산을 제외한 368개는 모두 오름일 뿐이다>

 필자는 『오름 부르는 소리』를 들으며 시를 쓰고 오름을 탐사하며 오름을 강의하며 함께 즐긴다. 오름은 무덤의 의미를 가지고 있다. 즉 오름의 둥그런 모습이 무덤을 상징하며, 또한, 부화를 기다리는 '알'을 상징하기도 한다. 무덤을 알처럼 만드는 것은 어느 날, 새처럼 부활하여 날아갈 것을 기원하는 것이다.
 신라의 박혁거세·김알지 등이 새알에서 나왔다는 신화神話의 출발도 모두 여기에서 나온 것이다. 또한, 서양에서 부활절에 삶은 계란을 선물하는 것도, 이후에 예수께서 부활해 오실 때 병아리가 알을 깨고

나오듯이, 그렇게 부활하실 날을 소망하는 믿음을 표현이다.

　무덤을 알로, 오름을 알의 모습으로 의식하고 오름의 소리를 듣고 사는 사람이라면 창조주 앞과 세상 앞에서 가장 정직히 살아가는 사람이 될 것이다. 그래서 예수님이 산상山上에서 제자들과 몽매한 무리들에게 복된 소식을 전하신 것이 산상수훈山上垂訓이다.
　•오름을 오르고 •오름을 하나씩 알아갈 때 우리는 비로소 •오름에서 나고 •오름에서 살다가 •오름에 묻힌 조상들과 하나 됨을 알게 될 것이다. '제주는 오름이다!' 아기가 어머니 품속에 안기듯 우리는 제주의 오름 품으로 돌아갈 것이다.99:9 Psalms

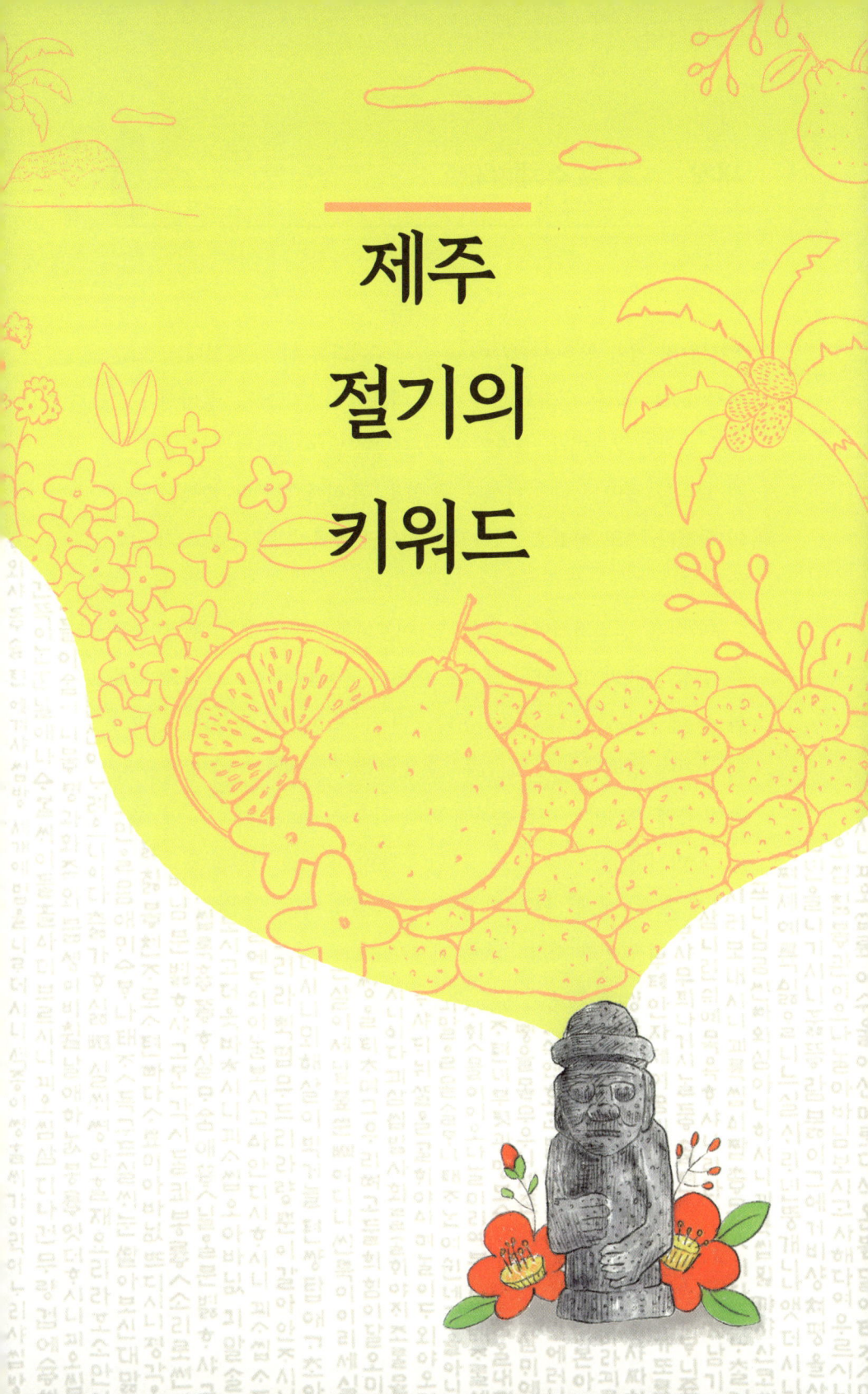

새철立春과 포수제砲水祭

봄의 첫 절기 입춘을 제주에서는 '새철'이라고 한다. 새철에는 '입춘대길立春大吉'이라는 글(春宴춘롄)을 써서 대문에 붙였다. 이는 동아시아 일대에 있었던 풍습이다. 필자의 부친은 새철 날 아침에는 "보리밭에 가서 보리를 뽑아 오라." 하셨다. 부친은 "뿌리가 많으니 올해는 풍년이 들겠다."라고 하셨고 "약하거나 적으면 흉년이 든다."라고 하셨다.

구약성경 신명기서에는 '하나님 여호와를 사랑하고 그분의 요구를 항상 지키라'고 한다. 그리고 이집트 군대들이 이스라엘을 뒤쫓아 올 때 목도한 일을 말씀하신다. "여호와께서 애굽 군대와 그 말과 그 병거에 행하신 일"11:4 Deuterono 또한, "네게 명하는 이 말씀을 너는 마음에 새기고 … 네 손목에 매어 기호를 삼으며 네 미간에 붙이라"고 하신다.6:6-8 Deuterono. 그리고 그분이 홍해를 어떻게 건너게 하셨는지 자손들에게 가르치기 위해 "문설주와 바깥 문에 기록하"11:20 Deuterono여 붙이라 하셨다. 이것이 춘롄春宴의 기원이다.

유교의 이러한 풍속은 5경 중 한 권인 『예기禮記』에서 찾아 볼 수 있다. 대문이 사람의 얼굴이라면 사람의 턱에 해당하는 게 '문턱'이라고 한다. 그래서 문턱을 밟거나 문턱에 앉을 때는 욕을 먹었다. 만약 사람들이 문턱에 걸터앉거나 밟으면 부모의 머리를 밟는 것으로 보았다. 그래서 이를 어기면 '부모가 병에 걸리거나 일찍 죽거나 벼락을 맞는다'는 말을 듣기도 하였다.

  오늘날도 중국 춘절春節(중국의 설날)에는 한 달간 '춘롄'을 써 붙인다. 춘롄에는 몇 가지 형식이 있는데 그중 '복福' 자를 선호하여 많이 써 붙인다. 이때 복福字을 거꾸로 써 붙이는데 이는 '위에 있는 분이 아래 있는 인간에게 복을 준다'라는 뜻이다. "누구나 복 받기 원하나 복은 위에 계신 분(上帝/神)이 주시는 것이다."라는 의미이다.

  제주에서는 입춘立春새철에 다른 집을 방문하지 못한다. 만약 새철에 다른 집을 방문하면 물을 뿌렸다. 이는 '복을 침입당한다. 빼앗긴다'라는 뜻과 '물을 뿌려서 복을 전한다'라는 의미가 혼재되어 있어 보인다.

  고구려는 372년 소수림왕 때, 백제는 384년 침류왕 때, 신라는 527년 법흥왕 때 중국으로부터 북방불교(大乘佛敎)가 들어온다. 그래서 중국을 통해서 도래한 북방의 대승불교가 전부인 한반도에는 이런 풍습이 없다. 그러나 남방불교가 중심인 동남아에서는 지금도 전해지는 풍속이다.

<보물 제1187호. 5층 돌탑을 간직한 제주시 삼양오름 불탑사의 전경>

제주도에는 일찍이 '발타라 존자'로부터 전래된 이 풍속은 얼마 전(1970년 전)까지만 하여도 전해지던 풍습이다. 이 풍습은 태국·미얀마·라오스·캄보디아·베트남·중국 운남성 등의 소수민족들에게는 아직도 '포수제'라는 이름으로 전해진다.

탐라불교는 '탐모라주 존자도량조'에 의해 고구려보다 900년 전에 전해졌다. 석가여래의 열여섯 제자 중 하나인 발타라 존자가 제주도에 머물며 남방불교를 전하였다. 제주의 남방불교 유적은 제주시 삼양오름 불탑사의 오층석탑(보물 제1187호)과 서귀포 한라산 영실 볼래오름의 존자암 사리탑(유형문화재 제17호) 등의 유적이 남아 있다.

필자가 존자암을 방문해 보니 거기에는 북방/대승불교가 대부분인 육지에 없는 그림이 그려져 있는 것을 보고 놀랐다. 폭포가 흐르는 곳에 부처가 앉았고 말을 탄 두 남녀가 높은 산과 첨탑을 배경으로 마주 바라보며 달린다.

필자가 그 모습을 보니 비가 오락가락하던 날 골든트라이앵글-태국·미얀마·라오스 삼국을 경계 짓는 메콩강 상류 산상에서 바라보던 풍경과 닮아 놀랐다. 오른쪽에는 계곡물이 흘러내리는데, 이는 곧 '죄와 불운을 씻기 위한 부처에게 물을 붓는다'라는 의미일 것이다.

서귀포 존자암의 이러한 그림은 남방 소승불교에서 물을 부어 부처를 씻어 주는 의식의 원류를 보여 준다. 즉, 제주도의 이런 풍속은 태국 송크란 축제나 윈난성의 포수제砲水節와 같다. 또한 유대교의 우슬초 정결 예식이나 기독교의 세례 예식도 유사한 의미가 있다.

춘래불사춘 春來不似春

1973년 10월부터 1974년 1월까지 국제 유가는 3배 이상 인상되었다. 1975년에는 2차 오일쇼크가 덮쳤다. 이때의 유류 파동은 6.25 전쟁 후 급속한 산업혁명으로 한강의 기적을 일으키며 세계를 놀라게 하던 한국의 위기였다. 필자는 그 당시 일등기관사로 아프리카로 항해하던 때이다. 이때의 유류 파동이 개인적으로는 첫 번째 겨울이었다.

1997년 12월, 한국의 IMF 사태는 필자의 두 번째 겨울이었다. 필자는 중국에서 네 식구가 후원금을 받으며 석좌교수 생활을 할 때이다. 2001년 8월 IMF 관리 체제가 끝날 때까지 4년여간 우리는 긴 겨울의 터널을 지나야 했다. 생활비는 반토막이라 버스를 타던 길도 걸어 다녀야 했고 아이들은 용돈도 잃었다.

2019년 귀국하여 오름 매니저로 활동하며 필자는 잊었던 봄을 되찾았다. 2021년 입춘에는 은퇴 이후에 또다시 봄을 맞는다. 제주오름이 다 내 것인 양 오름을 찾아다니며 뒤늦은 봄을 구가하였다. 그러나 코로나 사태를 맞으며 필자는 다시 또 어둡고 긴 터널을 지나야 하는 세 번째 겨울을 맞았다.

어린 시절의 새철立春이 생각났다. 아버지는 "새철이 드는 날이니 아무 데나 가지 마라. 집줄(초가지붕을 잡아매는 줄)을 내고 지붕 갈 준비를 하자."라고 하셨다. 육지에서는 지붕을 덮을 때 볏짚을 사용하지만, 제주도에는 볏짚이 없으니 황새풀로 이은 초가지붕을 2~3년에 한 번씩 새 황새풀로 갈아 덮어야 한다.

지붕을 가는 방법은 우선 각단이라는 짧은 짚 재료를 가지고 '호랭이(호래기)'라는 기구로 줄을 꼰다. 둘이 각단 짚으로 새끼를 꼬고, 길이만큼 꼬아지면 두 줄을 합친다. 그때, 한 사람이 '뒤치기(어우리·활)'를 돌리면, 한 사람은 두 줄을 어울려 모아 줄을 꼰다. 이렇게 네 사람이 한 팀이 되어 집 줄을 다 꼬으면 사람을 구하고 지붕 덮을 날을 잡는다.

지붕을 덮을 이웃들을 구하면 일부 사람들이 지붕 위로 올라가서 지붕 위의 묶은 줄과 묶은 짚을 벗겨 낸다. 그리고 새로 꼰 줄이 올라가고, 길이가 긴 황새짚으로 지붕을 덮어 나간다. 그리고 올린 집 줄(밧줄)로 바둑판처럼 간격을 맞추고 양쪽 끝에서 잡아당겨 묶는다.

마지막으로 새로 덮은 황새 지붕의 네 귀를 낫으로 가지런히 잘라 낸다. 초가를 새로 덮는 날은 일꾼들에게 특식을 대접한다. 보리쌀에 흰쌀과 붉은 팥을 놓은 반지기混合穀밥을 짓고 고깃국도 끓이고 생선도 굽고, 막걸리도 곁들인다. 어린 시절에는 잡곡밥만 먹다가 초가지붕을 새로 덮는 날은 모처럼 잔칫집에서나 맛보던 특식을 먹는 날이다.

일주일쯤 지나 새로 덮은 지붕이 잠자면 처마 끝에 억새를 넣어 폼을 잡기도 하고 날을 잡아서 느슨한 집 줄을 다시 당기고 임시로 묶어 둔 줄을 완전히 당겨서 묶으면 끝난다. 이미 50년 전 일이니 벌써 옛이야기가 되었다. 1970년대 후반에는 새마을 사업을 하며 초가를 벗겨 내고 슬레이트를 씌우며 고향을 떠났으니 이미 오래 전 이야기다.

겨울에는 초가집 구둘에 말똥으로 '군불'을 땠다. 군불이 탈 때는 마른풀 타는 향긋한 냄새가 초가집 마당에 가득했다. 아마도 연기가 마당에 가득했던 것은 어느 집에도 굴뚝이 없어서 그렇다. 만약에 굴뚝이 있었다면 바람 많은 제주에서 군불이 바로 타 버렸을 것이다. 또한, 연통이 없는 건 제주의 습한 기후에 생기는 벌레들을 막는 효과도 있었다.

<새철이 오는 제주 들녘, 큰지그리오름에서 바눙오름으로 가는 길에서>

저녁이면 동무들이 구둘방에 모여 이불에 발을 넣고 깊은 밤까지 놀았다. 그때는 고구마나 말린 빼때기에 팥을 놓고 단 것(사카린이나 당원)을 넣고 끓였다. 간식이 풍성한 오늘날에도 그때 그 맛은 잊을 수 없다. 그 추억을 함께하던 동무들은 이제 모두 떠났어도 여전히 그리운 겨울날의 추억이다.

벗어야 할 옛것(죄)과 간직해야 할 옛것(첫사랑)은 무엇인가? 추억은 오랠수록 정겹고 그립다. 그러나 옛것이 좋다고 오는 봄을 마다할까? 춘래불사춘春來不似春, 봄은 왔는데 봄 같지 않은 까닭이 무엇인가. "그런즉 누구든지 그리스도 안에 있으면 새로운 피조물이라 이전 것은 지나갔으니 보라 새것이 되었도다"5:17 2Corinthians

방앳불과 민오롬의 회환

  1950년대만 하여도 정월 보름부터 영등달까지 제주도 중산간 촐왓牧草地과 오롬에는 방앳불을 태웠다. 방앳불이 오롬을 벌겋게 태우는 날은 달 없는 밤에도 하늘까지 환했다. 필자는 하늘이 벌겋게 타는 것을 보고 '말로만 듣던 4.3 사건이 다시 터진 것인가?' 하고 할머니에게 물었다. 할머니는 무서워 떠는 내게 "그것은 4.3 사건이 터진 게 아니라 무쉬를 먹이는 사람들이 촐왓에 방앳불을 놓은 거라." 하셨다.

<방앳불 타던 옛날을 생각나게 하는 제주도 어느 날의 저녁노을>

  필자가 고등학교 다니던 1960년대만 하여도 무쉬를 ㄱ꾸는(먹이는) 사람들은 바람 잔 날을 골라 방앳불을 놓았다. 제주도에서는 가시덤

불과 진드기 애벌레를 태우기 위해서 방앳불을 놓는데, 방앳불의 '방防'은 '방지, 애(에)는 '애벌레', 불은 '진드기의 피해를 예방하는 불'이란 뜻이다.

만주에서는 진드기를 '어에'라 하는데 '옛날에는 어에를 방지하는 방앳불을 놓았으나 공산당 집권 후에는 점차 금지 되었다'고 한다. 2013년 연해주에서 지낼 때, 넓은 벌판에 방앳불 놓았던 자리에는 가시덤불, 억새들이 타고 그 자리에 실한 고사리가 쑥쑥 올라왔다. 그 모습이 그 옛날 제주도에서 방앳불 놓은 곳에 올라오던 고사리를 닮았다.

시베리아에서는 그 기후에 특화된 모기들에 의해 순록馴鹿을 키우는 목자들의 피해가 크다고 한다. 그리고 그런 모기 애벌레를 태우는 데도 방앳불이 최고라 한다. 연해주에서는 아직도 화전火田을 겸하기에 방앳불을 놓는다고 한다.

오늘날 제주도에서는 '들불축제'라는 이름으로 새별오름에서 행사가 진행된다. 그 역사와 전통은 '방앳불'인 것 같은데 '들불축제'라는 이름은 제주의 전통과 역사를 모르는 무식한 처사이다. 방앳불은 들판에서 오름까지 태우기는 하나 '들불 태우기'라 하지 않는다. 또한, 방앳불은 이교적 요소가 없는 삶의 현장이다.

제주도에서는 여러 개의 민오름들이 있다. •제주시 봉개동 민오름 •월평동 불칸디오름 •애월읍 광령리 민대가리오름 •구좌읍 송당리 민오름 •조천읍 선흘리 민오름 •교래리 방애오름·족은방애오름 •서귀포 중문동 민ᄆ루 •동흥동 방애오름·웃방애오름·알방애오름 •남원읍 수망리 민오름 등은 이름 자체가 방앳불에 타서 반들거렸던 오름들이다.

수망리 민오롬의 예를 보자. 남원읍 수망리는 고려시대 몽고 마馬가 들어온 뒤 목초를 키우며 방앳불에 오롬이 타 버려 대머리가 되었다. 조선시대에는 국영 마장이 취소되고 난 후부터 화전을 일궈 온 곳들이다. 5.16 군사정권 시절인 1970년도까지만 하여도 목축을 위해서 방앳불을 놓았던 곳들이다. 그러나 지금 제주오롬들은 군부 정권의 강제 식수로 울창하나 쓸모가 적은 삼나무 숲이 돼 버렸다.

<민오롬이었음을 전혀 인식할 수 없는 수망리 민오롬의 울창한 삼나무 숲>

제주오롬들은 촘촘히 잘 짜여져 큰비가 와도 산사태가 일어날 문제가 없는 완만한 목초지들이다. 그러나 5.16 군사정권이 강제함으로 눈속임으로 급히 심긴 게 삼나무들이다. 삼나무는 속성수라 빨리 자라고 독성이 있어서 그 밑에는 목초나 풀이 자라지 못한다. 그러니

봄에는 삼나무의 꽃가루가 알러지의 원인이 되어 눈병이나 피부병이 발생하는 원인이 된다.

또한, 삼나무는 소나무처럼 화합하지 못한다. 그래서 그 아래는 다른 나무들을 거의 용납하지 않는 치명적 결점이 있다. 그 결과 여름에 큰비가 내리거나 겨울에 눈이 내리면 비탈진 곳에 심긴 삼나무들은 물의 흡수를 초과하여 흙을 보호하지 못한다. 그 결과 나무들은 뿌리째 뽑히거나 오히려 홍수를 유발하는 원인이 되어 버렸다.

유대인들은 식사 전에 손을 씻는 탈무드의 전례가 있었다. 한 랍비가 감옥에 갇혔는데 간수는 그에게 한 잔의 물과 한 덩이 빵을 건네 준다. 그런데 랍비는 전례를 따라 한 잔의 물을 마시지 않고 손을 씻는다. 감옥에서는 그 물을 마시고 생명을 유지하라는 게 하나님의 뜻이지 손을 씻는 율법이 먼저이겠는가?

물을 마셔서 목숨을 부지할 수 없다면, 그것이 하나님의 뜻이겠는가? 아니다. 제주 땅과 제주오름들을 보호하는 것이 식수植樹의 본뜻이 되어야 한다. 물론 군부의 일괄적 명령이 나쁘지만, 눈가림만으로 식수한 지방 공무원들의 잘못이 오늘날 제주오름을 망쳐 놓은 결과를 어찌 변명할 것인가? 총칼을 들이대어서라고 말하지 마라! '목구멍이 포도청이었다'고 말하는 게 훨씬 인간적이다.

단 한 명이라도 "아니로소이다. 제주는 육지와 다릅니다. 제주도의 주요 산업이 목축이고, 목축의 가장 중요한 요소는 촐왓이고, 방앳불은 필요한 목초지를 보양하며, 목축에 해로운 벌레를 죽이는 조치입니다. 제주도는 식목하지 않아도 홍수가 나지 않습니다."라고 말하는 사람이 없었다.

　최근에도 지방정부는 중앙정부의 눈치만 살필 뿐, 군부 시절과 다르지 않다. 숲이 우거진 곳은 육지에도 많다. 그러나 미끄러운 자태를 뽐내는 오름들은 제주에서만 볼 수 있는 풍경이다. 그런데도 제주지방청은 바람에 날려 와 발아하여 오름의 경관을 가리는, 심지 않은 나무들도 처리하지 못하는 지경이다.

　필요한 곳은 식목하되 자연친화적·경제적 수종으로 교체하고 따라 비오롬·용눈이오름·아부오름 등과 같이 전망을 해치는 곳의 나무들은 베어 내어 본래 미끈한 오름을 유지하는 조치가 필요하다. 이것이 오늘날 제주도 지방 공무원들이 해야 할 일들이다.3:2-5, 13:21, 24:17, 40:30 Exouds

신구간과 출애굽

　신구간新舊間이라는 이 절기는 세계에서 제주도에만 있는 세시풍속으로 대한大寒 후 5일부터 입춘 전 3일까지 7일간이다. 이날은 땅의 신들이 옥황상제에게 보고하러 천상으로 가서 이 땅에는 귀신이 없는 기간이라 한다. 그래서 이 기간에는 •집수리 •울타리 공사 •이사 •묘지 이전 등, 금지된 어떤 일을 하여도 동티(탈) 날 일이 없다고 한다. 본래 이런 일들은 탈 없는 날을 받아야 하는데, 미신迷信이 창궐한 제주도 신구간에는 난리가 난다.

　역사적으로 1737년(영조 13년) 『천기대요天機大要』에 「세관교승歲官交承」이라는 항목 중에 이날은 "대한 후 5일부터 입춘 전 2일까지 6일간은 신구세관이 교대하는 때"라고 하였다. 그러나 제주도에서는 이보다 훨씬 오래전부터 전해 오던 풍습이다. 이때는 "심방(무당)을 청해서 빌 새도 없이 죽는다." 하여 조심스러워했다.
　신구간이라도 이사 갈 때 빼놓을 수 없는 요긴한 물품들이 있는데, •체와 푸는체(키) •솥 •단지(요강)라고 한다. 그래서 이사할 때는 이 세 가지를 먼저 옮기면 이사를 다 한 것이나 다름없고 나머지 살림들은 나중에 옮겨도 상관없다고 한다. 한편으로는 •화로를 추가하기도 한다.
　산업화·도시화되는 세상에 세시풍속은 불편한 일이나 제주에서는 아직껏 유지되고 있다. 일부 학자들은 이 시기에 제주도 기온은 5℃

정도이니 모든 병균이 기를 쓰지 못하고, 농한기라 아주 합리적이고 과학적이라는 논리를 펴기도 한다. 옛사람들에게 신구간은 '미신'이었지만, "지금 보니 꽤 '합리적'이고 '과학적'이다."라고 합리화한다. 구약성경 욥기서에서는 이런 말이 있다.

하루는 하나님의 아들들이 와서 하나님 앞에 섰고 사단(귀신)도 그들 가운데 왔더라고 한다. 하나님이 사단에게 "네가 어디서 왔느냐" 하니 사단이 대답하기를 "땅을 두루 돌아 여기 저기 다녀 왔다"고 한다. 하나님이 사단에게 "네가 내 종 욥을 유의하여 보았느냐 그와 같이 순전하고 정직하여 하나님을 경외하며 악에서 떠난 자가 세상에 없느니라"1:6-8 Job

이 장면은 세시풍속(신구간) 중에 하늘에서 이뤄지는 전경을 보여 준다. 욥기서에 출현하는 '사탄'은 세상의 일을 고자질하는 땅의 귀신魔鬼, 옥황상제玉皇上帝는 곧 하나님으로 치환해 볼 수 있다. 실제로 중국어 성경은 하나님을 '상제上帝'로 표기한다.

"너희는 너희 아비 마귀에게서 났으니 너희 아비의 욕심을 너희도 행하고자 하느니라 저는 처음부터 살인한 자요 진리가 그 속에 없으므로 진리에 서지 못하고 거짓을 말할 때마다 제 것으로 말하나니 이는 저가 거짓말쟁이요 거짓의 아비가 되었음이니라"8:44 John

이스라엘이 암흑의 땅 이집트에서 노예로 살던 때 그들의 장자도 죽임을 당한다. 이집트의 장자들이 죽임을 당하기 전에 하나님은 저들에게 장자재앙을 피하는 방법을 알려 주신다. 그것은 '어린양의 피를 문지방과 문인방에 바른 자손은 구원하시겠다'는 '유월절踰越節의 약속'이였다.

또한, 상제上帝는 죽음의 재앙을 피하게 하고 믿는 자들을 구원하기 위한 새 땅을 준비해 주셨다. 이는 곧 젖과 꿀이 흐르는 땅이다. 700년 전에 제주도로 이민 온 몽골 이민자들이 믿는 설렁거스(무지개의 나라)는 제주 해녀들이 믿는 '이어도사상'과 같다. 우리는 사탄의 흉계에서 이미 벗어났지만, 이 시대에 새롭게 변화된 풍속을 전할 의무가 있다. 이것이 우리들에게 맡겨진 일이다.

영등할망의 도래와 풍요

•정월 설 •이월 영등 •삼월 삼진 •사월 파일 •오월 단오 •유월 유두 •칠월 칠석 •팔월 백중 •구월 중양(중구) •시월 상달 •십일월 동지 •십이월 섣달 중에 추석과 단오를 제외하고는 중국 또는 불교와 관계가 있다. 우수·경칩이 지나도 서울의 봄은 멀지만 제주의 봄은 영등할망과 더불어 온다.

<구좌읍 하도리에 있는 영등바당: 해녀체험장 입구의 표지석>

영등할망은 2월 초하루에 와서 2월 15~20일에 다시 올라가는 신이다. 진도에서는 한사리 때 바다가 갈라지는 현상을 일으키는 풍신으로 알려졌다. 제주도의 영등할망은 해산물의 풍요, 바람의 신으로 영등달 초하루에 강남천자국(외눈배기섬)으로 들어와 2월 보름, 소섬牛島으로 나가는 외방신이다. 할망은 제주도 배들이 폭풍우로 외눈박이 거인섬으로 가는 걸 구해 준다. 그러나 이 일로 외눈박이 거인들에게 죽임당해 온몸이 찢기나 제주인들이 영등신으로 섬기게 된다.

다른 버전은 비양도 근처에서 태풍을 만나 죽는데 그 머리는 협재, 몸통은 명월, 손발은 고내와 애월로 떠밀려 와 영등신이 됐다고 한다. 할망은 제주에 머무는 동안 어촌에서는 영등굿을 치르며 안전과 풍요를 기원한다. 영등굿이 끝날 즈음 비가 오면 '영등눈물'이라 하고 모진 바람이 불면 '영등바람'이라 하였다.

전자의 버전은 제주 동촌의 버전이고, 후자는 서촌의 버전이다. 영등할망은 이 기간에 돌아다니며 해산물 씨를 뿌려 주고 어부나 해녀들이 비는 소원을 들어준다고 믿는다. 영등이 올 때 날씨가 좋으면 딸을, 날씨가 나쁘면 며느리를 데리고 오며, 날씨가 따뜻하면 옷 없는 영등, 추우면 옷 입은 영등, 비가 오면 우장 쓴 영등, 날이 좋으면 마른 영등이라 한다. 그래서 영등할망이 머무는 동안 제주 바닷가에서는 영등할망을 위하여 영등굿을 한다.

제주에서는 영등신이 어부와 해녀들에게 풍요와 안전을 지켜 준다고 믿어 왔다. 그러나 영등신은 악한 자에게 죽임을 당한다. 필자의 견해로는 '본래 제주 원주민은 해양족 폴리네시안이었는데, 그중 남자들이 북쪽에서 내려온 기마민족들에게 죽임당한다. 그 뒤 남겨진 해녀들이 그들의 애달픈 한을 영등굿으로 풀어 주는 것'으로 본다.

"큰 바람이 불어 파도가 일어나더라 제자들이 노를 저어 십여리쯤 가다가 예수께서 바다 위로 걸어 배에 가까이 오심을 보고 두려워하거늘 가라사대 내니 두려워 말라 하신대 이에 기뻐서 배로 영접하니 배는 곧 저희의 가려던 땅에 이르렀더라" 6:18-21 John

예수님은 위험에 처한 제자들을 구하려고 바다 위를 걸어와서 그들을 구원해 주신다. 제주의 영등신은 가장 춥고 어려운 계절에 바닷사람들을 구하려다 죽임을 당하고 풍요로운 해산물을 전해 주다 죽었다. 예수님이 제자들을 사랑하므로 다시 찾아온다는 것도, 죄 범한 인생을 구하기 위해 죽었으나 부활하였다는 것도 예수님 구원사와 유사하다.

영등할망의 전설은 기독교의 예수님과 비교할 때, 예수님과 영등신은 외방신이란 점, 이 땅의 사람들을 도우려다가 죽임을 당한다는 점 등이 비슷하다. 다른 점이 있다면 영등신이 인간과 함께하는 기간은 두 주일에 지나지 않는다. 예수님은 부활하시고 성령을 보내 주시어 항상 인간들과 함께하신다는 점이 다르다. 영등신의 구원사를 아는 것은 제주인들에게 복음의 진가를 담는 좋은 비유가 될 것이다. 6:48 Mark

한식의 기원과 부활절

"한식에 죽으나 청명에 죽으나."라는 말이 있듯이 한식과 청명은 다르지 않다. 입춘을 시작으로 5번째 절기가 한식이다. 일부에서는 입동을 절기의 시작으로 보기도 하나 한식은 설날·수릿날端午·가윗날秋夕과 더불어 조선 민족의 4대 명절이었다. 이날은 예로부터 일정 기간 불의 사용을 금지하여 찬 음식寒食을 먹는 풍습이 있었다.

24절기는 주周나라 때 시작되었다. 중국은 2016년 한식날을 유네스코 무형문화유산으로 등록했다니 놀랍다. 우리 선조들이 또는, 한국도 같이 지켜지는 명절인데 한국 유네스코는 이렇게 되도록 대체 뭘 했을까? 24절기는 고려 충렬왕 때 도입되었지만, 실상 민가에서는 24절기를 이미 기준점으로 삼고 있었다.

따라서 동학계·천주교·유대교의 구약절기와 예수 그리스도 생애와 신약성경 중심의 교회력은 맥을 같이한다. 그러나 종교개혁 시 개신교는 성탄절·부활절 이외의 모든 교회력을 버림으로 삼사백 년간 단절됐었다. 그런 중에 개신교가 교회력을 회복한 것은, 이제 백 년도 안 되며, 한국교회에서 교회력을 세워 가게 된 것은 불과 50여 년 전 일이다.

그런데 한국의 24절기와 •유대력(舊約), 그리고 •교회력(신약新約)은 놀랍게도 일치한다. 이에 대해서 아직껏 한국교회는 알지 못한 것인지, 밝히지 않은 것인지 모르나 함구무언이다. 아마도 동학계 이단들도 채용하는 종교력宗教曆이 24절기와 맥을 같이하기 때문으로 보인다. 달력을 펴 놓고 날짜를 세어 보니 놀랍게도 24절기와 신약의 교회력도 일치하였다.

<부활의 상징인 목련꽃이 필 무렵, 목련차를 만들기 위해서 꽃을 따는 여인>

부활절은 한식(청명淸明)과 일치하며 거꾸로 주일을 빼고 40일을 세어 보니 2021년 2월 17일은 사순절四旬節 시작인 재의 수요일이다. 한식은 구약의 무교병 절기와 같다. 이스라엘은 어둠의 재앙이 내린 이집트에서 빵이 발효되기를 기다릴 수 없어 다급히 구운 떡(누룩으로 발효되지 않은 빵)을 출애굽 하며 찬 것으로 먹었다. 한식寒食에는 불을 사용하지 않고 찬 음식을 먹는데 이날이 곧 무교병의 절기와 일치하였다.

이는 창세기에 나타난 셈-엘람-아르박삭-셀라-에벨로 이어지며 큰아들 벨렉은 유대인의 조상으로, 아우 욕단은 한민족의 조상인 단군으로 전해진다.(유석근 저 『우리는 알이랑 민족』 참조) "그들의 거하는 곳은 … 스발로 가는 길의 동편 산이었더라" 10:30 Genesis 이들 자손은 이후 성경에서 사라졌으나 천지창조와 노아의 역사를 간직하고 한자를 만들어 낸 한민족의 조상인 동이족이다. 10:21 Genesis

그러나 조선시대에 이르러 숭유억불정책은 '천제天帝중심의 신앙'을 '제왕帝王중심으로, 충忠을 빙자하여 효孝를 강조하며, 살아 있는 조상의 예식을 죽은 조상의 제례祭禮로 변질시켰다. 그리하여 청명에는 이장·성묘를 하고, 묘를 돌보며 조상에게 찬 음식寒食을 드리고 자손들이 함께 먹었다. 이러한 풍속의 근원이 곧 성경 출애굽에서 시작되고 기독교의 부활절과 일치한다는 사실은 놀라운 일이다.

한식은 설(本來는 立春)·한식寒食·수릿날端午·가윗날秋夕로 이어진다. 이처럼 한국의 전통적인 24절기節氣는 기독교 절기와도 다르지 않다. 그러므로 기독교가 24절기와 교회력을 회복시키는 것이 한국교회 선교에 절대적으로 필요하다. 이 일은 또한 제주문화와 기독교를 이해하는 좋은 접촉점이 될 것이다. 10:21 Genesis

잊혀진 명절, 우리의 수릿날

　외할아버지는 '광산 김씨 제주도 문중회장' 직을 오랫동안 맡으셨던 분이셨다. 우리 친가는 이미 수릿날端午의 풍습이 사라진 지 오래인데 외가에서는 수릿날에도 차례를 지켰다. 할아버지는 누가 '단옷날'이라 하면, "수릿날이다! '단오端午'란 말은 한족이나 왜놈들이 하던 말이다."라고· 하셨다.

　할아버지는 오랫동안 몸져누워서 외부 출입을 못 하셨다. 어느 해 외가에 갔을 때인데 수릿날 전날이었다. 할머니와 같이 보리밭으로 나갔는데 할머니는 누렇게 익은 보리 이삭을 골라 두 뼘이나 됨직하게 베어서 자그맣게 묶으셨다. 집으로 온 뒤에는 마당에 불을 피워 가시락을 태우고 어렵게 보리쌀을 만들어 밥을 지어 수릿날 차례상을 차리셨다.

<청미래(망개) 이파리는 방부제 역할을 하기에 단오떡을 싸는 데 이용되었다>

할머니는 보리밭에서 돌아오던 길에 숲에서 망개(청미래) 잎을 따자고 하셨다. 할머니는 그렇게 딴 망개 잎에 쑥떡을 곱게 싸셨다. "할머니 왜 떡을 나뭇잎에 싸세요?" 물었더니 "이렇게 만드는 게 수릿날 풍습이야. 그리고 망개 잎에다 떡을 싸면 더위에도 빨리 변하지 않는다!"라고 하셨다.

"너는 매년 삼차 내게 절기를 지킬찌니라 … 맥추절을 지키라 이는 네가 수고하여 밭에 뿌린 것의 첫 열매를 거둠이니라"23:14-16 Exodus
성경에 등장하는 맥추절에는 대맥(보리)·소맥(밀)·귀맥(귀리)·호맥(호밀) 등의 여름 곡식을 수확한 후 첫 열매를 바치며 하나님께 감사드리던 날이다. 그러나 조선은 유교를 건국이념으로 삼으며 하늘에 드리던 천제를 차츰 조상 제례로 변질시켜 버렸다. 또한, 명절은 제사가 아니라 차례茶禮를 드린다. 즉 차茶를 가지고 예禮를 표하는 것이다.

성경이 말하는 맥추절은 년 중 첫 열매를 감사하여 드리니 초실절初實節이요, 그 첫 열매 대표가 보리였기에 맥추절麥秋節이요, 첫 이삭을 드린 후 일곱 주가 지나니 칠칠절七七節이요, 50일째 온다고 하여 오순절五巡節이다. 이때는 태양력으로 6월이다. 외할아버지가 돌아가시고 외가의 수릿날도 막을 내렸으니 그것이 마지막 단오였다.

1970년 이전, 일반 가정에서는 잡곡밥을 먹기도 어려운 시절이었다. 그래도 명절날은 곤밥(쌀밥/이팝)을 먹을 수 있는 날이었다. 그런데 '닭도 굶는 보릿고개라더니 세경 받는 일꾼들도 있었던 부잣집 외가에도 명절날에 쌀이 없어 보리밥을 짓는구나 하였다. 아마도 쌀이 떨어져서 설익은 보리밥으로 차례상을 차리는구나!' 생각했었다. 그러나 나이 들고 성경을 보니 단오날이 곧 맥추절이었음을 알게 되었다.

외가에서 쌀이 없어서 보리밥을 지었던 게 아니라 맥추절端午 때는 처음 익은 햇곡식 보리로 밥을 짓고, 다자란 쑥으로 떡을 하고 망개 잎으로 싸서 드리는 게 수릿날이었다. 그러나 몸져누우셨던 외할아버지가 돌아가시고 외할머니도 나이가 많아서 더는 명절을 치르기 어려우셨던 같다.

시대가 변하고 외할머니도 작고하시고, 외사촌 형 내외도 시내로 이사를 가셨고, 외가의 집도 팔려서 사라졌다. 이제는 수릿날 명절을 치르던 날들이 까마득히 지나간 60년 전의 옛이야기가 되어 버렸다. 어쩌면 이렇게 사라진 외갓집의 수릿날이 제주도 수릿날의 마지막일 지 모른다.23:14-19 Exodus

광해우와 엘리야

　제주도 기후와 온도는 한반도 육지의 기후와 전혀 다른 해양성 기후이다. 비가 적은 것은 아니나 제주도는 비가 와도 화산토질의 밭은 빗물이 땅속으로 스며들어 금방 가뭄이 든다. 음력 7월 중순, 대서大暑 절기가 지나는 불볕더위로 제주는 바싹바싹 타들어 갈 때이다. 그럴 때, 광해 임금은 어등포(행원리의 옛 명칭)로 귀양당해 오셨다.

　제주목 좌면은 지금의 조천읍인 신좌면과 지금도 쓰이는 구좌읍(우도 포함)이다. 행원리는 1653년 이원진의 『탐라지』에 따르면 어등포(행원리)에는 해군 판옥 전선 1척을 주둔시켰었다고 한다. 그 후 1904년 『삼군호구가간총책』에서 보면 '행원杏源'이란 명칭이 다시 등장한다.

　행원리는 조선시대에도 마을 높은 언덕에 연대가 있었던 곳이고 일제시기에는 일본인 해초공장도 있었다. 그리고 이미 백 년도 전에 구좌중앙소학교가 생긴 곳이다. 읍 소재인 세화나 김녕현보다도 먼저 소학교가 생겼고 나중에는 중학교 과정인 고등공민학교도 있었던 곳이다. 또한, 필자의 부친이 6.25때에는 교장대행으로 있었던 곳이기도 하다.

　어등포(행원리)에는 12곳의 개浦口가 있는데 개는 바다로 볼록하고 길게 뻗어 나간 코지와 코지 사이에 우묵하게 파인 포구이다. 또한, 행원에는 개를 막아서 밀물에 들어온 고기를 썰물에 잡기 위해 쌓은

'석방렴으로 사용된 곳'이 아홉 곳이나 있었다. 그 중에 배를 댈 수 있는 곳은 어등포라는 큰여漢汝가 있는데 광해 임금이 귀양땅 제주에 들어온 그곳에는 광해 임금 기착비가 세워졌다.

<광해 임금이 기착한 구좌읍 행원리 바닷가에 있는 광해 임금 기착비>

광해군이 어등포에 내리던 때는 메마른 대지가 불타던 대서 절기였다. 광해 임금이 귀양당해 제주로 올 때 한 많은 광해 임금의 눈물이 비 되어 내렸다 하여 이를 '광해우光海雨'라 하였다. 광해군이 제주에서 숨지던 때도 무더운 여름으로, 유배 온 지 4년 후인 1641년 음력 7월 1일이었는데, '광해 임금이 숨을 거두니 맑던 하늘이 어두워지며 비를 뿌렸다' 하여 이를 '광해의 눈물'이라 하였다.

탐라국은 조선 개국 후에 조선의 일개목인 제주목濟州牧으로 편입되었다. 그러나 조선 땅이 되며 제주는 몽골 귀양지에서 조선의 귀양지로 전락하고 말았다. 그런 조선의 귀양자 중에 제일 높은 사람이 광해 임금이었다. 그는 영특하고 개혁적이었으나 개혁의 실패로 귀족들의 반발을 사고 결국 폐위되어 귀양자로 전락하여 제주도까지 오게 된 것이다.

이스라엘 아합왕은 시돈국 공주인 이세벨을 아내로 맞는다. 이세벨은 바알신 숭배자로 신당을 짓고 백성들은 금송아지와 바알을 숭배하게 된다. 이때 가죽옷에 가죽띠를 두른 선지자, 디셉 사람 엘리야가 나타난다. 그는 450명의 바알 제사장들을 처단하나 엘리야는 이세벨에게 쫓겨 사막에서 유리하게 된다. 그러나 하나님은 그런 엘리야를 붙잡아 일으키신다. 1Chronic

생명과 죽음의 순환은 하늘 은택에 좌우된다. 하늘이 주시는 비와 어머니 같은 성령의 은혜인 '풍요'로 열매가 맺히고 익는다. 자연의 순환을 혼란케 하는 악한 영과 대항하는 엘리야는 "나의 섬기는 이스라엘 하나님 여호와의 사심을 가리켜 맹세하노니"라고 한다. 17:1 1Kings

엘리야는 하나님께 '이 백성이 하나님을 제대로 알 수 있도록 하늘 문을 닫으사 비가 오지 않도록 해 달라'는 공개 기도를 한다. 이 기도는 즉시 응답되어 그 후 3년 반 동안 가뭄이 든다. 그런데 이스라엘의 왕 아합과, 왕비 이세벨을 따르는 이스라엘 백성들은 오히려 엘리야를 비난한다. 엘리야는 그런 저들을 책망한다. "너희가 어느 때까지 두 사이에서 머뭇머뭇 하려느냐 여호와가 만일 하나님이면 그를 좇고 바알이 만일 하나님이면 그를 좇을찌니라" 18:21 1Kings

이스라엘에게 필요한 것이 비가 아니듯 우리에게 필요한 것도 비가 아니다. 믿음으로 사는 길은 개혁을 통한 신앙의 부흥이요, 이러한 믿음을 통하여 하늘의 문을 여는 것이다. 우리에게 필요한 것은 •정치적 안정 •경제적 부요 •자연적 재해인 지진과 폭염, 산불과 홍수를 막는 것이다.

그러나 이보다 먼저 필요한 것은 정신의 개혁, 신앙의 개혁이다. 광해의 개혁은 엘리야와 같이 목숨을 잃을지라도 개혁에 나서는 일이었다. 행원 마을이나 제주도에 여태껏 개혁이 없던 바가 아니고 개혁을 거부한 사람이 있었던 것도 아니다. '그렇다면 무엇이 문제인가?' 그것은 단지, 조선 정부의 왕따정책의 문제였다.

물징거와 무지개 약속

2020년 장마는 1973년 이후 가장 긴 장마로 6월 10일부터 7월 28일까지 48일간 계속되었다. 그리고 연이어 태풍을 더하여 8월 16일까지 장마가 계속된다는 예보가 있었다. 그렇다면 60일을 넘기게 될 것이다. 새벽기도를 마치고 귀가하던 길에 보니 도랑쉬오롬 서쪽에서 무지개를 뿜어내고 있었다.

필자는 십 대 소년처럼 무지개를 따라서 도랑쉬오롬까지 갔다. 그런데 점차 무지개는 동쪽으로 움직여 쫓아갔더니 물징거 지경에 이르러 동북쪽으로 세화리와 종달리 경계를 이루는 윤드리오롬 앞이다. 무지개가 엄청 크게 떠올라서 핸드폰으로는 아무리 그 모양을 담으려 해도 한 화면에 담을 수 없었다.

도랑쉬오롬 북쪽, 주구물(죽은물) 이남에 머문 사람들은 송당 사람이 되고, 서쪽 비자굿 쪽으로 내려간 사람들은 평대 사람이 되고, 동쪽 ᄀ는곳으로 내려간 사람들은 세화 사람이 되고, 거기서 더 밑으로 내려간 사람들은 상도-하도리 사람들이 되었다. ᄀ는곳에서 동쪽으로 내려간 사람들은 종달 사람들이 되고 거기에서 바다 쪽으로 더 내려간 사람들은 바닷가에 이르러 신달리 마을을 이루었는데 현재 종달리 두문포 지경이다.

도랑쉬 동쪽 ᄀ는곳(세화)과 서쪽 윤드리(종달) 경계에 '물징거'라는 지경이 있는데 두 마을의 경계 지경이다. '물징거'는 제주어로 '물을 등에 진 것'이라 하여 생긴 지명인데 어떻게 당시 사람들은 '물징거'라는 희한한 지명을 지었을까? 제주어 무지개는 '상고지上高池', '항오지'라고 하는데….

<종달리 용눈이오롬 앞에서 본 황오지: 무지개 피어오르는 여름날 모습>

- '상고지上高池'는 한자어로 높은 곳에 물을 모아 두는 곳池으로 이는 '지구 주위를 둘러 있는 못'이다. 성경 창세기에서는 '궁창 위의 물'과 궁창 아래 물로 나누었다. •'항오지'는 항아리같이 오그라져(굽어져) 물을 모았다'는 뜻으로 조금 더 제주어에 가까워 보인다. 그런데
- '물징거'라는 말은 제주어로 전혀 알려진 바 없고 여기서 필자가 처음 제시하는바 '무지개'에 가장 가까운 순수한 제주어이다.

하나님은 사람의 죄악이 세상에 가득함을 보시고 땅 위에 사람을 만들고 땅을 맡겨 준 것을 한탄하며 근심하셨다. 그래서 죄악 된 땅을 쓸어버리려 홍수를 예비하셨다. 새로운 세상에 새사람으로서 노아

를 택하고 한편으로는 방주를 예비케 하신다. 하나님은 예언대로 40주야 동안 비를 내려 이 땅에 홍수가 창일한(가득 찬) 중에 노아 가족을 제외한 모든 인류와 창조된 세상이 물에 잠기게 된다.

그럼에도 하나님께서는 준비된 사람, 노아를 통하여 이 땅에 새 역사를 약속하셨다. "내가 내 무지개를 구름 속에 두었나니 이것이 나와 세상과의 언약의 증거니라" 9:13 Genesis 하나님은 그 약속을 지킨 노아에게 다시는 홍수를 통해 세상을 심판하지는 않겠다는 증표로 무지개를 주었다. 무지개는 하나님 약속의 신실함을 보여 주는 증표이다. 즉 구원의 약속인 방주와 무지개 약속을 믿는 이를 심판하지 않겠다는 약속의 말씀이다.

무지개는 꿈이요, 어린이뿐 아니라 꿈꾸는 모든 사람들이 찾는 바이다. 700년 전 몽골에 살던 사람들에게 제주도는 무지개의 나라СОЛОНГОС: 설렁거스였다. 바다 한번 본 바 없던 그들이 말로만 듣던 제주도로 오기 위해 배를 타고 제주도 땅에 닿는다. 이들 16개의 성씨는 당시 제주 인구 3만여 명 중에 1,240명이었고 그 외 몽골의 다루치와 목마 관련자들과 원나라 귀양객들을 합쳐서 3천여 명쯤으로 보인다. 그렇다면 제주 인구 1/3이 몽골 이민자들인 것이다.

700년 전 청교도들이 미국을 찾은 것처럼 몽골인들이 제주도로 이민 오면서부터 제주에 새로운 문화의 바람이 불게 되었다. 그 개혁의 바람은 •말과 소(무쉬)를 키우고 다루는 법 •메밀 씨앗의 도래와 농사법 •몽골 음식의 유전 •연자방아와 쟁기 •우마차와 말똥의 사용법

•목초를 베는 장낫(서서 베는 자루가 긴 낫으로 한반도에는 없다)의 사용 등, 당시로써는 선진화된 새로운 문화를 많이 전수해 주었다. 이것이 곧 몽골 이민자들이 제주에서 이뤄낸 무지개 약속을 실현이다.9:11-13 Genesis

백중제와 모세의 만남

제주도 7월 보름陰曆은 백중百中節(2021년은 양력陽曆 8월 22일)으로 큰 명절名節이다. 이 중 •마불림제라는 게 있는데 이 행사는 축산을 많이 하는 마을, 가축을 많이 키우는 가정 단위로 치러졌다 백중제는 목축의 액운을 없애고, 가축이 번성하여 병들지 않고 행운이 오도록 술과 떡, 고기 등을 차려서 신령에게 드리고 비는 제사이다. 백중제는 테우리코亽(고사)라고도 불리며 마불림제와 비슷해 보이나 다르다.

제주도에서 치러지는 두 명절은 같은 백중날에 행해진다. 마불림제는 그 주체가 마을이고 가정에서는 드리지 않는다. 마불림제는 장마가 끝난 뒤 마馮·습기로 인한 곰팡이 등을 씻기 위해 바람을 쏘여 습기를 말리는 행사로, 이는 무속 의례를 위한 '신의청소제神衣淸掃祭'로서 동네가 협업하여 함께 행했다.

백중제는 중산간 마을에서 이루어지는 테우리ㅋ사고사告祀로 개인과 마을 차원에서 이루어졌다. 테우리 ㅋ사를 다른 말로 '쉐멩질牛名節'이라 하는데 축산업을 하는 집이나 마을에서 공동으로 제의祭儀를 지내게 된다. 각 가정이나 마을에서는 한날한시에 백중제를 치르는데 소나 말을 기르는 집의 계원들이 기금을 마련하여 돼지 등을 잡아서 모두 모여 잔치하며 논다. 각 집안에서는 술과 메(밥)를 마련하여 소를 방목하는 곳에서 ㅋ시告祀고사를 지내게 된다.

제주에서는 목자를 일컬어서 '테우리'라고 한다. 몽골어에서 말 목동을 '물 친МАЛЧИН', 양 목동은 '양친, 야마친ЯМААЧИН'이라 한다. 그러나 '테우리'라는 말은 사전에는 찾을 수 없었고 몽골에 문의하였지만 몽골에서도 쓰이지 않는 말이라고 한다. 그렇다면 당시에 몽골인들을 제주인들을 올УЛААН이라 했던 것 같다. 이 뜻은 •제주인들이 붉고, 빨갛다(백인종·흑인종·황인종이 아닌 태평양 홍인종의 특징)라고 했던 것을 볼 때 칠백 년 전만 하여도 제주인들은 폴리네시안적 요소가 많았던 것으로 보인다. •이들은 "흩어져 방목하다АРУУ라고 했는데 예로써 흩어져 양을 방목하다·흩어져 말들을 방목하다."라는 말에도 사용하였다.

몽골어의 같은 발음으로 올УЛ은 발바닥·구두창·기계 밑바닥의 부위·또는 파생적 의미로 근거·이유·기초·토대·흔적의 의미가 있다. 부사로 올YYЛ은 원래·본래·고향·또는, 산(오름)이란 뜻도 있다. 제주에서는 올YYЛ로 그냥 쓰이거나 오리라고 쓰이는 곳도 많다.

'테'는 테두리라고 할 때 쓰이는 한국어로 이해된다. 그렇다면 테우리 = 테(테두리) + 올/오리로 볼 수 있다. 구시대 한국이 농경사회였다면 제주는 수렵사회로 가장 큰 주업主業이 남자의 사냥·축산과 여자의 물질을 통한 동식물의 채취가 주업이었다. 백중은 목초가 가장 왕성한 추석을 좌우하여 목초를 베야 했다(보편적으로 음력 8월 초하루부터 추석 전까지 끝낸다). 그러므로 한가한 때에 목자(테우리)들에게 파이팅 해 주려고 테우리코스(고사), 즉 쉐멩질(소牛의 명절名節)이 치러졌다. 이때는 북과 장구, 징과 꽹과리가 사용되고 본풀이에는 목축 내용이 포함되어 있었다.

이처럼 백중은 축산을 주업으로 하는 과거 제주도 사회·경제·관습이 잘 투영되어 있다. 제주의 목양지牧羊地는 이주민들은 잘 이해하지 못한다. 제주의 들판·오름·곶자왈 등은 공동으로 ᄆᆞ쉬牛馬 먹이던 곳들인데, 이 산간 지역은 마을 소유로 등기되지 않은 곳이 많았고 등기되지 않은 곳들은 일본 소유가 되었다.

해방 후 이 땅들은 한국 정부(道/國家) 소유가 되었다. 이승만과 군사정부는 권력자들에게 불하 하면서 제주민이 함께 목양하던 들판은 사라지고 말았다. 이로써 제주도 들판은 조상들이 목축하던 땅 대부분을 잃어버렸다. 이승만이 만든 송당목장·박정희-김종필이 만든 서귀포 운정농장·표선에 만든 대한항공 연습비행장·이철희-장영자의 표선면 농장(이단 종교에게 팔림)·문선명의 하도리 양어장·한림 세미소의 천주교 이시돌농장 등이 이렇게 헐값에 매각 형식으로 팔아 먹은 곳이다. 그러나 공적으로 제주도에 공헌한 곳은 한림 이시돌 농장의 유일하다.

불법 불하 된 곳을 빼고는 아직도 개인과 마을소유로 관리되는데 거의 대부분의 마을들의 공동목장이 아직도 곳곳에 남아 있다. 그래서 이주민들은 아직도 이런 모습을 이해하지 못 한다. 이런 점에서 제주의 마을 목장은 이스라엘이 디아스포라가 되기 전, 그 목양이 제주와 닮아서 비교하고 분석해 볼 만한 일이다.

"모세가 그 장인 미디안 제사장 이드로의 양무리를 치더니 그 무리를 광야 서편으로 인도하여 하나님의 산 호렙에 이르매 여호와의 사자가 떨기나무 불꽃 가운데서 그에게 나타나시니라 그가 보니 떨기나무에 불이 붙었으나 사라지지 아니하는지라 이에 가로되 내가 돌이켜

가서 이 큰 광경을 보리라 떨기나무가 어찌하여 타지 아니하는고" 모세는 그 불속에서 부름을 받는다.3:1-3 Exodus

민족구원의 꿈을 품은 모세는 '양 무리를 치는' 비천한 '테우리'였으나, 40년 긴 세월을 광야에서 양을 치며 인간적으로 아무 희망이 없을 때 하나님을 만나고, 양테우리가 아닌 민족의 테우리로 소명을 받는다. 이것이 곧 제주인을 부르시는 하나님의 메시지이다.

마가림 현상과 믿음의 표적

제주살이에 가장 귀찮은 일은 '여름 나기'라고 한다. 한국의 최다우 지역인 섬진강 유역의 1년 강우량이 1,200㎜ 정도인데, 비하여 제주도의 1년 강우량은 1,800㎜ 정도로 적지 않은 양이다. 제주의 여름을 시작하는 것은 '장마'다. 제주의 장마는 짧게는 2주일에서 많게는 3주일 이상 계속된다. 역사적으로 제주는 흉년이 많아서 고통받았는데 사회적 원인도 많았지만, 자연적(氣候) 원인도 많았다. 그중의 하나는 태풍과 장마라는 여름철 복병이다.

제주에는 장마에 대한 몇 가지 이야기가 전해진다. 그중 하나는 '마가둠'으로 이는 '장마를 가둔다(끝낸다)'는 말이다. 제주도 안에서도 마가둠에 대한 지역적 예측은 각기 다르다. 제주좌면(신좌/조천·구좌)·정의 동촌(고성·성읍) 사람들은 소서가 지나고 천둥이 치면 '마가둠 천둥'이라 하였는데 이는 장맛비에 천둥을 동반하는 경우이다.

특히 세화리·종달리 간의 경계를 이루는 '물징거' 지경에 황고지(무지개)가 뜨면 '마가둠'의 징조로 보았다. 또한, 좌면 사람들은 장마가 끝날 즈음에 건들건들 건들바람이 불면 이를 '건들마'라고 하였는데, 마가둠이 되려면 건들바람이 불어야 마(장마의 습기)를 몰아낸다고 하여서 '건들마'라고 하였다.

정의현 사람들은 '건들마' 뒤에 뭉게구름이 떠오르면 '마가둠'이 된다고 보았다. 뱃사람들은 남풍을 마파람이라 했다. '마파람에 게 눈

감추듯이'라고 하듯이 언제 먹어 치웠는지 모를 만큼 빠른 모양을 말한다. 신우면(애월) 사람들은 수평선 위로 뭉게구름이 뜨고 마파람이 불면 마가둠이 빠르다고 보았다. 또한, 대정현 사람들은 한라산 가까운 오롬에 흰 구름이 뜨거나 저녁노을이 붉으면 마가둠이 된다고 보았다.

<장마 끝에 한경면 용수리(고려 시기 대정현) 동쪽에서 본 저녁노을 모습>

제주에서는 음력 7월 14일, 장마 동안 마(습기濕氣)를 말리는 '마불림제'가 있었다. 이는 7월 보름에 백중제를 준비하기 위한 날이다. 불교에서는 이날 백중불공百中佛供을 드리고 무당들은 백중굿을 했다. 이날, 제주도에서는 가축을 지키려고 옥황상제의 명을 어겨 노여움을 산 백중이 자결하자 테우리牧童들이 백중의 영혼을 위로하려고 시작한

것이 백중제의 시작이라고 한다.

제주 어촌에서는 '이날 살찐 해산물들이 많이 잡힌다' 하여 '백중사리(바닷물 빠짐이 연중에 가장 큰 날)'이라고 하였다. 또한, 한라산에는 '백중와살(백중사리)'이라는 산신이 백중을 고비로 익은 오곡과 산의 과일을 따 가면 '샘을 낸다' 하여 산신제를 지냈다는 설도 있다.

여름의 중턱인 백중, 즉 7월부터 9월간 여름 한철에는 '빅개'라는 상어가 많이 잡히는데 민간에서는 백중 때 '빅개회'를 먹었다. 필자의 모친도 입맛을 잃은 그 때쯤에는 우리에게 꼬들꼬들한 빅개회를 해 주면 뭣 모르고 먹었던 기억이 새롭다.

'무지개'라는 말은 '물을 지었다', 그래서 비가 내릴 수 없으니 '비가 그친다'는 의미이다. 이는 하나님은 노아와 약속한 '물의 심판을 거두신다'는 뜻이다. 동촌 사람들이 말하는 '물징거'라는 지명 속에 황고지(무지개)의 약속이 깃들어 있다. 예수님 말씀에 "너희가 저녁에 하늘이 붉으면 날이 좋겠다 하고 아침에 하늘이 붉고 흐리면 오늘은 날이 궂겠다 하나니 너희가 천기는 분별할 줄 알면서 시대의 표적은 분별할 수 없느냐"16:2-3 Matthew라고 말씀하셨던 것과 일치한다.

마불림 현상을 알았던 도민들은 "예수님이 이런 말씀도 하셨나?" 하겠지만 이미 경험의 지혜로 시절에 대하여, 기후에 대하여 누구 못지않게 잘 알고 있었다. 그러나 자기의 최후를 아는 것은 관심 밖이었다. 그렇기에 그 대처 방법에도 차이가 많다. 예수님은 말씀하시기를 "음란한 세대가 표적을 구하나 요나의 표적 밖에는 보여 줄 표적이 없느니라"라고 하신 것처럼 제주인들에도 더는 해 줄 말이 없다.

제주인들은 좀처럼 타인에게 폐를 끼치려 않고 이웃의 눈치를 보며 사는 모습이 동남아인 남방불교 사람들처럼 착하다. 그러나 자기 영혼의 삶을 뒤돌아봐야 하지 않을까?16:1-4 Matthew

소분과 성묘

　세계적으로 의식주 풍습은 지역마다 민족마다 다르듯이 •조상을 섬기고 •장사를 지내고 •사후를 관리하는 풍습도 각기 다르다. 티베트인들은 조장鳥葬을 치르는데, 사자死者를 높은 산에 두면 독수리·까마귀들이 그 시신을 먹고 높이 날면 장례를 치른 조상의 영혼도 육신을 벗고 새와 같이 하늘 높이 올라간다고 믿었다.

　인도 힌두교의 장례 예식은 시신을 장작으로 불태우고 인더스강·갠지스강에 재를 뿌린다고 한다. 힌두교에 뿌리를 둔 소승불교에서도 같은 방법으로 화장하는 것이 보편적이다. 그러나 중국으로 들어간 불교는 사후, 극락사상을 더하며 종교의 틀을 갖춘 대승불교로 발전하며 장례 풍속도 변하여 매장문화가 이루어진다. 본래 불교가 시작된 인도나 남방불교의 풍속과 달리 대승불교가 시작된 중국은 장례예식에 있어서도 이렇게 차이가 난다.

　한국에서는 불교를 받아들였으나 매장의 풍습은 대승불교인 중국 풍속을 닮았다. 오래전에는 화장도 있었으나 그에 대한 기록은 찾기 어렵고, 제주도는 한반도보다 먼저 남방불교가 전해졌지만, 매장 풍습은 다르지 않았다. 이는 제주 원주민들인 폴리네시안이나 후에 입도한 고양부高梁夫 삼성들도 마찬가지다. 그러나 묘를 쓰거나 관리하는 방법 등은 한반도와 별로 다르지 않다.

　제주에서는 묘를 쓸 때는 정시(地官)에게 터를 청하여 좋은 곳을 택하는데, 이때 특별히 돈을 지불하는 건 아주 후기의 일이였다. 옛날에는 지주에게 땅을 청해도 싫다 하지 못했고, 후손들은 선조들을 좋은 터에 모셔야 후손이 잘된다고 믿어 왔던 것이 전례였다.

<제주도에서는 음력 팔월 초하룻날 소분을 하고 추석에는 성묘하지 않는다>

그래서 멀리는 한라산 기슭부터 산림전야山林田野에 무관하게 묘를 쓰고 묘에 '산담'을 쌓았다. 그 까닭은 무쉬牛馬가 들어와서 훼손할까 싶어서이거나 방앳불이 산소에 들어가서 '묘지가 탈까' 염려했던 것 같다.

묘를 관리하는 일 중에 가장 중히 여기는 것은 벌초伐草하는 일이다. 이는 '무덤의 잡초를 벤다'는 벌초의 뜻도 있었지만 한반도와 다르다. 한반도에서는 추석날에 성묘省墓를 한다. 이는 '무덤을 살핀다는 뜻이고 벌초를 포함하는 경우가 많다.

그러나 제주에서는 소분掃墳하는 날이 따로 있으니 음력 8월 초하룻날이다. 소분은 '경사로울 때 조상 산소에 가서 제사 지내는 일'이라고 하나, 제주에서는 불과 몇 년 전만 해도 도청부터 유치원까지 음력 8월 초하룻날에는 '소분방학'을 했을 만큼 제주사람들에게 소분은 보편적인 연중행사였다.

제주에서는 소분할 때 제물을 드려서 차례를 지내므로 추석 때는 묘에 가지 않는다. 과거 제주도의 묘들은 멀고 높은 곳들이 많았다. 그래서 추석 당일에 다닐 수가 없었다. 그래서 소분은 한반도의 벌초·성묘와는 전혀 다른 의미이다. 한반도에서는 추석에 묘를 찾아 차례·성묘를 한다. 그러나 성경에는 들판에 나가 초막절秋夕을 치고 지키던 것이 유교문화로 자리 잡게 된 조선 후기에 와서는 이전에 풍습이 변질되어 버렸으니 불과 삼백년 전의 일이다.

예수님은 회개할 줄 모르는 사두개인과 바리새인들에게 '회칠한 무덤'이라며 책망하셨다. 유대인들은 평토장한 무덤을 모르고 지나면 부정하게 되므로 하얗게 회칠을 하였다. 그래서 햇빛을 받으면 곱게 보여도 무덤 안에는 이미 살과 뼈가 썩어 부패한 것이다. 이는 겉으로 옳게 보이려고 외식하며 불법不法하는 것을 책망하신 것이다.

제주에서도 비석을 세우고 비싼 돌로 무덤을 치장한 곳들을 종종 보게 된다. 그러나 이는 돈으로 할 수 있는 일들이다. 하지만 선조의 무덤을 잘 쓰고, 선조의 무덤을 잘 꾸미는 것으로 효도를 다하였다고 말할 수는 없다.

　후손으로서 조상을 잘 모시는 것보다 중요한 것은, 선친에게 부끄럽지 않게 자신이 세상에서 올바로 서는 일이요, 조상에게 부끄럽지 않게 행동하는 것이다. 그 후에 조상의 비석을 세우는 것을 생각할 일이다. 눈에 보이려고 하는 행동을 삼가야 하겠지만 사람 눈에도 바르지 않은 사람이 눈에 보이지 않는 선친에게 소분하고 비석을 세우고 제사하였다고 자녀의 도리를 다했다고 한다면 그건 무늬만 효도일 뿐이다.23:27 Matthew, 11:44 Luke

추석秋夕과 초막절草幕節

본디 한국의 3대 명절은 •설날 •수릿날端午節 •가윗날秋夕節이었다. 그러나 해방 이후 수릿날은 차츰 사라지고 지금은 추석과 설 명절만 남았다. 설은 우리 명절로 알지만 실은 중국의 춘절春節이 설이란 이름에서 유래한 것이다. 그러나 수릿날과 가윗날은 삼국시대 이전부터 지내 온 순수한 조선의 명절이다.

그러나 중국은 수릿날도 가윗날도 자기들 명절이라고 우긴다. 필자가 1995년에 중국에 입국할 때만 하여도 추석이나 단오가 아예 없었다. 다만 조선족들은 조상의 묘로 가서 차례를 드리는 정도였다. 그러다가 2005년 이후 비공식으로 하루 쉬더니 공휴일로 지정되기에 이르렀다. 중국은 "고구려를 변방 소수민족의 땅이고 고구려 유적은 중국 역사의 일부"라는 턱없는 소리를 한다.

이것이 중국이 주장하는 동북공정의 일환이다. 한국인의 추석은 신라 3대 유리왕 때부터(최초기록)로, 햅쌀로 •밥 짓고 •술 빚고 •송편 만들어 조상에게 차례茶禮를 드렸다. 그리고 음식은 후손들이 나누어 먹었다. 조상 묘에 성묘省墓할 때는 벌초하여 잡초를 베어 깨끗하게 함이 첫 번째 일이었다.

세계적으로 추석을 지내는 민족은 한민족과 이스라엘 민족뿐이라고 한다. 이날은 성경이 말하는 초막절인데 다른 절기는 성전에 가서 제사 지냈으나 초막절은 들판에서 드렸다. 추석은 고구려 때부터라고 하나 실은 그보다 훨씬 이전부터다.10:21 Genesis

　그러면 원래의 추석은 어떠했는가? 한민족의 조상은 '셈-엘람-아르박삭-셀라-에벨'의 족보 중에 큰아들 벨렉이 유대인의 조상으로 파미르고원까지 동행하다가 중동으로 돌아 갔고, 한민족은 파미르에서 동쪽 끝까지 해 뜨는 곳을 향해 나갔는데 그 아우 욕단이 한민족의 조상인 단군으로 전해진다.(유석근 저 『우리는 알이랑 민족』 참조) "그들의 거하는 곳은 … 스발로 가는 길의 동편 산이었더라"라는 사적뿐, 그 이후 기록은 나타나지 않는다10:30 Genesis.

　이 기록 이후에 동쪽으로 사라진 이들은 성경에서는 잊혀졌으나 '천지창조'와 '노아의 역사'를 기록하고자 하여 한자漢字를 만들어 세상에 그 존재를 드러낸 민족이 한민족의 선조인 동이족이다. 즉 삼황(황제·염제·치우) 중에 치우천황의 자손들이 욕단, 즉 단군의 조상이요, 우리의 선조이다.

　황제와 염제가 연합하며 치우를 내몰자 치우의 후예들은 동북쪽으로 나가게 되는데 그 후예가 곧 동이족이고 공자도 동이족의 후손이었다. 고대부터 우리 조상들은 왜 공자를 받들고 '공자왈 맹자왈' 하였는지 조선이 승유억불을 내세운 까닭도 여기에서 찾을 수 있다.

　중국은 개혁개방 이후에 공산주의(레닌思想 마르크스主義)를 빼어 내 버리자 정신적 공백 상태가 되어 버린다. 그래서 중국적으로 내세울 사상이 필요했는데 버려둔 공자를 찾아낸 것이다. 그래서 공자학원을 민간외교 중심에 내세우니 우습다.

그러나 공자를 가르치는 곳은 세계적으로 한국밖에 없다. 한국의 지방에는 향교, 중앙에는 성균관이 있었다. 제주에도 제주성·정의현·대정현 세 곳에 향교가 있다. "공자가 죽어야 나라가 산다."라는데 왜 죽었던 공자를 끄집어내는가? 공자의 유교는 '나라에 충을 빙자하여 가정의 효'를 내세웠다.

공자-유교사상은 제왕중심의 자연사회-농경사회 때는 필요했지만 산업사회-정보화사회에는 맞지 않는 이론이다. 그렇다면 중국공산당이 왜 공자-유교를 내세우는 까닭이 무엇일까? 그것은 공자-유교가 중국에서 나왔으니 역사적 타당성을 얻을 수 있고 일당 독재를 합리화하는 데 딱 맞는 사상이었다. 중국의 속셈에는 이러한 의도가 숨어 있다. 이는 유교의 정체성이 공산주의의 정체성과도 유사하기 때문이다.

이스라엘은 추석을 •장막절帳幕節 •초막절草幕節 •수장절收藏節이라 불렀다. 들판으로 나가 장막을 쳤으니 장막절이요, 장막의 재료가 풀이니 초막절이요, 이후 풀의 열매를 추수하여 창고에 저장收藏하게 됨을 기원하니 수장절이다. 요즘 유대인들은 시장에서 푸른 나뭇가지를 사다가 베란다에 막을 치고 한 주를 산다니 전통을 지키려는 의지가 놀랍다.

유대인들이 자신을 선민選民의 자손이라고 하듯이 조선민족도 욕단의 자손인 천손天孫이다. 그래서 한반도의 추석도 고구려 이전인 고조선부터 있었던 명절이다. 유대인과 같은 뿌리인 조선민족의 추석은 이미 고구려 때도 들판으로 나가서 온 백성이 모여 추수하게 됨을 하늘에 감사하고 춤추며 놀았다. 이처럼 들판에서 원을 그리며 함께 춤추는 풍속은 지금도 고구려의 유민인 중국의 운남성과 미얀마와 태국 산지에 거주하는 라후족의 풍속에서도 찾아볼 수 있다.

<논밭이 적은 제주도에서 추수를 앞둔 서귀포 하논 분화구 논밭>

그러나 이씨 조선 때 이르러 유교를 국가이념으로 삼게 되었다(숭유억불정책). 그래서 나라(임금)에 '충忠'을 내세우려(희석하려)고 민간에 '효孝'를 빙자한 것이다. 그래서 효의 개념을 망자인 조상 제례까지 연장한 것이 곧 오늘날 한국의 제사와 명절의 차례 풍속이 되었다.

승유억불정책은 이조 600년 역사 중에 400년이 지난 후기에 가서 보편화 되었다. 조선은 하늘 중심의 제례를 국가 제례의 종묘宗廟와

민간의 제례의 성묘成廟로 변질시켜 버렸다. 개혁은 앞에 것을 따르는 게 아니라 본디 것을 찾는 것이다. 오늘 우리의 개혁도 그렇게 되어야 한다.

추석은 •하늘에 감사하고 •이웃과 더불어 즐기는 것이지 •조상에 제사나 성묘하는 게 아니었다. 또한, 제주도처럼 초하루에 소분하는 것은 이해되나, 추석에는 하늘에 감사하던 본래 초막절 의미를 찾아야 한다. 10:21, 10:30 Genesis

빈약한 제주도의 추석문화

이스라엘은 자국민을 '선민자손'이라 하며 대단한 우월감을 가진다. 이스라엘은 제2차 세계대전 전부터 팔레스타인이라 불리는 땅을 고국으로 믿으며 2천 년 동안 방랑流浪자로 살아왔다. 하지만 세계대전 후에는 '선민자손'임을 증명이라도 하듯이 이들은 그 땅(Palestine)을 이스라엘 국가로 선포했으니 세계 어떤 역사에도 없던 일이다.

그들이 팔레스타인에 깃발을 꽂을 수 있던 것은 끊임없이 유전된 회당교육 때문이다. "우리는 선민자손選民子孫이다. 우리는 반드시 고국 땅 유대로 돌아간다!"라는 '선민의식選民意識'이 자손 대대로 교육되었기 때문이다. 그 의식의 정도는 실향민이 귀향을 바라는 희망이나 결심과는 비교도 되지 않을 만큼 대단한 것이었다.

한민족의 '천손의식天孫意識'을 살펴보면 "셈은 에벨 온 자손의 조상이요 … 에벨은 두 아들을 낳고 하나의 이름을 벨렉 … 벨렉의 아우 이름은 욕단이며 … 그들의 거하는 곳은 … 동편 산이었더라." 한민족은 산 동쪽으로 간 욕단을 단군이라 하며 벨렉은 유대인으로 보아 한국인의 '천손의식'에 불을 지폈다. 유대교와 조선의 하느님 사상은 하나이다.10:21-30 Genesis.

그러나 제주인은 한민족과 달리 복잡하다. 제주인은 쌀 재배에 대한 풍속이 없던 걸 보면 해양민족임을 알 수 있다. 한민족이 인도에서 중국으로 넘어갈 남쪽 인도에서 헤어져인도네시아-필리핀-타이완-제주도에 정착하였다고 본다. 또 한 부류는 류구(오키나와)-괌·싸이판·마이크로네시아-호주-하와이까지 퍼져나갔다. 이 원주민들도 태평양 해양민족으로 정착하였다. 창세기 역사도 제주 무당들만 창조풀이를 통하여 전해진다. 그러나 이러한 창조설화는 폴리네시안 해양민족들이 가지고 있다니 찾아봐야 할 것이다.

또한, 이론을 내세우는 사람을 제주 말로 '벨렉이'라고 한다. 제주에는 "말은 벨렉이, 똥은 싸구리"라는 속담이 있는데 그 근원도 알고 보면 성경에 있다. 즉 이론에 능한 사람을 제주어로 '벨렉이'라고 한다. 그러나 이 말은 샤머니즘(비신앙인)이 역사에 깊은 사람들, 혹은 신앙인을 욕되게 부르는 부정적 의미로 쓰이게 되었다.

한가위는 한민족의 가장 오래된 명절이다. 고구려·신라·고려 때만 하여도 조상의 묘를 쓰지 않았고 왕족들이나 묘를 썼다. 조상의 묘가 일반화된 것은 조선시대 후기에 이르러 매장문화가 보편화 되면서부터이다. 고대 한국에서 한가위 때는 들판으로 나가서 추수를 감사하며 먹고 즐기던 절기였다.

추석 명절에는 본래 유교적 제례가 없었다. 유교적 제례는 이조 말기 500년 이후부터이다. 그리고 추석 날짜를 보더라도 유대 초막절과 한국의 가윗날은 동일한 날이다. 그러나 조선조에 이르러 왕가는 유교儒教를 국가 통치이념으로 삼으며 들판에서 행해시던 추수감사제는 조상의 묘지에서 '조상 제례'로 변질시켜 버렸다.

제주도에서는 고구려-신라시대를 거치지 않아서 한반도와 같은 추석의 전례가 없었다. 필자가 청년 시기인 50여 년인 1970년대만 하여도 제주도의 일반 농가에서는 추석을 즈음하여서 참깨와 녹두 수확이 절정이었고 목축하는 집에서는 목초 것이에 바빴다. 그래서 추석날에도 고운 옷 입고 노는 사람은 한 사람도 없었고 선물이 오가지도 않았다.

<이조시기 제주인의 삶의 중심이던 관덕청(사진 제공: 송미경)>

30년 전 1993년에 출판된 『제주도지』 3권 세시풍속歲時風俗편에도 제주의 한가위秋夕 풍속은 없었다. 그중에 유일한 놀이는 '조리회照里會'라는 게 전부였다. 『동국여지승람東國輿地勝覽』, 『동국세시기東國歲時記』에 소개된 조리회의 '조照'는 비출 조로, '비추다, 햇빛(달빛)'이란 말이고 리里는 '마을 리里자'인데 그 내용은 아래와 같았다.

"8월 보름날 제주에서는 남녀노소 할 것 없이 모두 나와서 노래와 춤의 모임을 열어 큰 성황을 이루었다. 그리고 노래와 춤이 끝나면 좌우 두 패로 나누어 줄다리기를 하며 승부를 다투는 것이었다. 이때 대개는 줄 한가운데가 끊어져 좌우 양 패가 모두 땅바닥에 쓰러져 뒹굴게 되어 모였던 사람들이 모두 웃음통이 터지니 이것을 조리회라고 한다."

이 기록이 제주도 추석날 행사의 전부이다. 제주도는 한반도와 유사한 풍속이 전무하다. 이와 달리 조리회 등은 육지에 없는 제주만의 풍속으로 이는 몽골에서도 아직 확인되지 않았고, 제주에서도 필자는 70평생에 조리회를 단 한 번도 본 바가 없으니 일반적인 행사는 아니었던 것 같다.

이처럼 제주도에서는 추석에 의미를 두지 않는다. 그래서일까? 제주도에서는 최근 풍속 중의 하나인 추석 차례가 점차 사라지는 실정이다. 그 이유는 어디에 있을까? 제주도 선주민들인 고양부 삼성이 도래하기 전만 하여도 남방 해양민족인 폴리네시안이기 때문이다. 북방의 고양부 삼성이 도래하여 폴리네시안들 중에 의식을 가진 대부분의 사람들은 소탕당했다. 아주 일부 남아 있던 폴리네시안들도 북방에서 전해 온 가윗날秋夕에 의미를 두지 않았다. 그래서 제주도에는 추석 세시풍속이 거의 없는 것도 이런 연유에서이다.

성탄절과 동지팥죽

　겨울철 별미인 팥죽은 입맛을 잃은 계절에 맛을 돋우는 음식이다. 또한, 건강상으로도 차가워진 속을 따뜻하게 덥혀 주는 좋은 식품이다. 그리고 동지를 작은 설로 여겨서 팥죽에 나이만큼 새알심을 넣기도 하였다. 그러나 성경뿐 아니라 우리 민속에도 팥죽을 맛으로만 느끼기엔 느낌이 다르다.

　이스라엘 12지파의 아버지 야곱이 있다. 그가 아버지를 속여 축복을 받은 일과 형을 속여 팥죽 한 그릇에 장자의 명분을 산 일은 부정적 이미지로 알려져 있다. 야곱은 이 일로 쌍둥이 형 에서에게 쫓기게 된다. 그럼에도 하나님은 약속대로 야곱을 축복하여 부자가 되게 하고 이스라엘 12지파의 아비가 되게 하신다. 또한, 그런 야곱이지만 메시아를 약속해 주신다.

　니케아공의회에서는 325년부터 1·2차 세계 종교회의를 개최 한다. 이 회의에서는 교리 정리, 성찬식, 부활절 날짜(현재 방법)를 지정 하였다. 제3·4차는 431년 에베소(테오도시우스 2세)에서 네스토리우스Nestorius 의 양성론 주장에 관한 것을 다룬 종교회의였다. 이 회의에서 콘스탄티노플 대감독인 네스토리우스의 동방교회 회원들이 도착하기도 전에 이단으로 판정하여 추방을 결의하게 됐으니 일종의 반란이었다.

　필자는 중국 시안(唐首都-長安)의 비림碑林에 새겨진 역사를 확인하였다. 또한, 중앙아시아 타직스탄·키르기스스탄·우즈베키스탄·카자흐스

탄에 널리 퍼져 있던 네스토리우스 유적들을 확인하고 관찰하였다. 네스토리우스가 전한 이 종교를 페르시아에서는 배화교拜火敎Zoroatis라는 이름으로 국교國敎를 삼았다. 중앙아시아 박물관에서는 그 실체를 찾을 수 있었다.

다른 일파는 중국 원나라로 들어갔고 이들은 원나라 수도 장안西安에 도착하여 경교景敎라는 이름으로 널리 퍼져서 당 태종에게는 아브라함이라는 세례명도 주었다. 이들 경교의 역사는 이미 세상에 널리 알려진 바이다. 이들은 원·당나라과 교류하던 신라에까지 도달하는데, 경주 불국사에 발견된 돌 십자가로 그 존재의 근거를 찾을 수 있다.

당나라에서는 동지에 제사한다는 명분으로 소나 양을 너무 많이 도살하게 되었다. 이에 황제가 근심하는 것을 보고 경교 지도자들이 "붉은 팥죽으로 짐승의 피를 대신하여서 뿌리는 게 좋겠다." 하였다. 그 후 황제의 명령으로 짐승을 대신하여 붉은 팥죽을 뿌리게 되었는데 이는 곧, 예수의 피를 대신하는 것이었다.

성탄절은 본래 1월 6일에 지키던 것을 교황 리베리우스가 주후 354년에 12월 25일에 지키기로 한다. 그 후 5세기에 서방교회(천주교·개신교)도 이날을 성탄절로 정하게 되었다. 그러나 동로마교회(러시아/동유럽의 정교회)는 지금도 1월 6일을 성탄절로 지킨다. 12월 25일은 동지로 한 해의 전환기며 같은 달 24일은 로마의 태양신 '미드라' 숭배를 위해 농신(農神사툰)에게 제사 지내므로 이날을 성탄절로 잡은 것이다.

네스트리우스(경교/배화교) 일파는 선교지 중국에서 선교적으로 기독교 정착을 고심하던 중에 중국에서도 동지를 전후하여 붉은 팥죽을 먹는 것을 보았다. 그래서 그들은 '이거다!' 싶어서 서로마의 성탄절을 동지에 지키는 것도 감안하여 동짓날을 성탄절로 삼게 된 것이다.

필자의 부친은 할아버지께 들은 '원나라 시기에 전해진 동지죽 전래'를 예수를 영접하기 훨씬 전에 전해 주셨다. 700년 전 중국에서 경교가 부흥하였는데 그때, 원나라에서 귀양 온 왕족·귀족·정계인사들과 이민자로 온 이들에 의해서 제주도에도 동지 때에는 성탄절과 팥죽의 이야기도 전해지게 된것이다.

우리가 알아야 할 것은 예수님 생일이든, 팥죽의 붉은 것이든, 그 담는 그릇이 중요하다는 점이다. 그 그릇에 담을 명분을 잃지 않고, 전해야 한다. 동지 팥죽이 성탄절 이전부터 전해졌고, 그 붉은 빛이 예수의 피를 대신하고, 마귀를 쫓아내는 피의 권세를 나타낸다면 당연히 제주기독교의 오래된 숙제를 푸는 결과가 될 것이다.

영광의 땅이 된 이방의 섬

　지난해 12월, 표선면(서귀포시) 모지오롬으로 가는 길은 첫 눈이 내려 엉금거렸다. 그러나 눈밭에 누워 있는 모지오롬은 진녹색이다. 아직껏 따라비는 할아버지, 모지는 어머니, 장자는 큰아들, 새끼오롬은 동생의 일가로 전해 왔으나 그것은 전혀 잘못된 족보이다.

　몽골元이 고려와 관계를 맺은 지 70여 년 후에도 제주도는 몽골 세력하에 있었다. 그러나 이때 고려는 새로이 국교를 수립한 명나라에 바칠 제주말을 보내 달라고 한다. 즉 말을 가지고 있던 목호들에게 '후금을 치는 데 사용할 군마 징수'를 명한다. 그러나 이민자 목호들은 "후금은 원을 복원하는 몽골 후예인데, 칸王이 보내 준 말들을 어찌 적군인 명에게 준단 말인가?" 하고 목호들이 목사 여럿을 죽인다.(부록2. 제주목사의 사적표 참조)

　이 일은 '목호의 난(1374년)'이 발발하게 된 동기이다. 고려는 이 난을 진압하기 위하여 최영 장군이 이끄는 여명연합군麗明聯合軍을 제주로 파견시킨다. 최영 장군은 함덕포와 명월포로 진입하여 목호의 난을 진압한다. 그러나 최영 장군이 목호의 난을 진압하기 위하여 제주로 오게 되므로 이성계는 위화도에서 회군하여 이씨 조선을 세우게 된다.

・모지母旨오롬은 글자대로 해석하면 '어머니의 맛있는 음식'이다.

•무지茂枝로도 불렸는데 이는 '우거지다·무성하다·풍성하다'는 의미이다. 지枝는 '나뭇가지'로 오롬 형태를 표현한 것이다. •모자母子는 말굽굼부리를 어머니로, 알오롬을 아들로 표현한 것이다.

그러나 '모지'는 한자를 빌려 몽골어를 음차音借한 것이다. '두 가지 이상의 한자漢字가 오롬 이름으로 쓰였다면 무조건 한자를 빌려서 음차한 것'으로 보는 게 맞다는 것이 필자의 변함 없는 주장이다. 그래서 모지는 몽골어를 한자로 표기한 것뿐이다. 몽골어 사전에 '모지MY ж는 지방·지역·분야·영역·면적이란 뜻이다.

<표선면 성읍리에 있는 묘지오롬은 몽골 속주의 땅이란 뜻이다>

영어로는 Odd로 표기하였는데 이는 짝이 맞지 않거나 불규칙한·일상적이지 않은 현상이다. 또는 Odd는 속주屬州로 본국 이외의 영토, 지방 행정구획을 말한다. 600년 전 고려 말기 몽골이 제주도에 피난 정부를 세우려 한다며 여명연합군을 제주로 보낸다. 이때 수장 최영은 몽골인을 친다는 명목으로 제주인을 도륙한다. 몽골인들은 제주로 이민 온 후 70년간 몽골에 가 본 적도 없이 3~4대에 이르렀다. 그러나 최영은 목호의 난을 진압하며 12,000명, 때로는 25,000명(『고려사』는 25,000명이라 함)이라 하니 당시 제주 인구의 절반이 넘는다.

제주는 고려 시기에 삼별초난, 여몽연합군의 진압, 몽골의 일본 침략 기지화, 여명연합군의 목호의 난 진압, 조선 시기에는 일본 해적들의 수탈, 을축년 사건(천주교 + 프랑스 해군의 침공), 일제 시기에는 대동아 전쟁의 최후기지, 해방공간에는 4.3 사건 등 좌우 갈등과 살육, 이방인의 전쟁터, 외란의 기지였다. 선지자 이사야의 외침을 들어 보자.

"전에 고통하던 자에게는 흑암이 없으리로다 옛적에는 여호와께서 스불론 땅과 납달리 땅으로 멸시를 당케 하셨더니 후에는 해변 길과 요단 저편 이방의 갈릴리를 영화롭게 하셨느니라, 흑암에 행하던 백성이 큰 빛을 보고 사망의 그늘진 땅에 거하던 자에게 빛이 비취도다 … 그들의 무겁게 멘 멍에와 그 어깨의 채찍과 그 압제자의 막대기를 꺾으시되 미디안의 날과 같이 하셨음이니이다 어지러이 싸우는 군인의 갑옷과 피묻은 복장이 불에 섶 같이 살라지리니 이는 한 아기가 우리에게 났고 한 아들을 우리에게 주신 바 되었는데 그 어깨에는 정사를 메었고 그 이름은 기묘자라, 모사라, 전능하신 하나님이라, 영존하시는 아버지라, 평강의 왕이라 할 것임이라" 9:1-6 Isaiah

멸시받던 해변 땅·이방의 갈릴리·스불론·납달리 땅 같던 제주도가 •이제 영화롭게 되고 •큰 빛을 보고 •흑암과 사망의 그늘에서 벗어나게 되었으니 •곧, 예수 그리스도의 탄생이시다. •그리하여 제주는 세계를 향해 열린 창이 될 것이다.

'잠들 수 없는 남도南島' 외세와 내세의 끝없는 소용돌이 속에 제주, 그러나 장마 끝에 물징거처럼, 황고지(무지개) 필 날이 머지않으니 이것은 곧 이민자들이 외쳤던 '설렁거스(무지개의 나라)'를 회복함으로 얻어질 낙토樂土(낙원樂園)가 아니겠는가!

모지오롬 길 양편에 가득한 편백나무가 첫눈에 녹아 향기롭게 코끝을 스친다. 편백나무 숲속 오름 길은 은백이 찬란한 억새 벌판이다. 가끔 붉은 망개, 가막살 열매가 청·홍·백색의 자연적 성탄 트리를 만든다. 아! 아름다운 땅, 제주여! 예수 그리스도가 오심으로 평화의 땅으로 태어나거라!9 Isaiah

제주 역사의 키워드

삼별초난의 질문

동녘의 종달리와 우도 지경을 침탈하던 왜구들과 일본 해적들로부터 탐라 왕가는 고창 왕자 형제를 신라로 보내어 외교 합의를 보도록 하였으나 별 도움을 얻지 못하고 오히려 신라에 복속하는 결과만 만들었다. 그 후 통일한 고려는 탐라 보호를 명목으로 바다 건너 제주를 한 개의 특별 목으로 지정하고 목사를 파견한다.

이로써 탐라의 이름은 보존하였으나 외교와 국방의 권한은 고려로 돌아간다. 고려시대 제주는 고려국이 파송한 영주(후에 제주로 변함)목사와 탐라 정부(지방) 간에 큰 문제는 없었다. 고려 정부는 백제가 왕인 박사를 일본에 보내어 나라를 세웠듯이, 고려의 대제학 문착(문익점 5대조)을 탐라 특별 대사로 파견 시킨다.

문착 대사는 제주 입도 후 탐라성주 고씨 왕가의 부마(사위)가 되어 제주도에 귀화한 고양부 삼성에 이어 네 번째 성씨가 된다. 그리고 탐라왕자(국무총리)가 되는데, 이것이 824년 년 전 역사다. 즉, 탐라는 고양부 삼성이 북방에서 도래하며, 제주 원주민인 폴리네시안들을 제압하고 탐라를 세웠다. 그러나 그들은 국치를 몰랐기에 고려 대제학을 통하여 나라의 기틀을 세운다. 그러나 제주는 태종 3년에 조선에 의해 완전히 문이 닫힌다.

고려가 원나라에 굴복하고 강화도에서 나오자 삼별초군은 이를 반대하여 새 왕을 옹립하고 강화도에서 진도로 온다. 그리고 배중손 사후, 김통정 장군을 따르는 삼별초군들이 탐라로 들어온다. 탐라는 당시 동쪽에 일본, 서쪽에 남송, 북쪽 고려에 이르는 교통 요지였기에 삼별초 군들은 탐라로 들어오게 된다.(7백년 전)

삼별초의 입도는 제주 사회 최초로 좌우 갈등의 시발점이 되었다. 개혁(左) 측은 고려 정부를 고수하려는 보수(右) 측과 대립한다. 삼별초에 찬동하는 개혁(左) 측은 항파두리성 축조를 찬성하였으나 보수(右) 측은 반대하였을 것이다. 애월읍 고성리에 축조된 항파두리 토성은 좌우의 이런 갈등의 과정속에 축조되었을 것이다.

<애월읍 고성리 삼별초 사적관이라 할 수 있는 항파두리 성문 입구>

여기에 제주인의 애환이 담겨 있다. 대부분 제주도민은 좌우 어느 쪽을 결정할 수 없었다. 그저 칼을 가진 편에 순응하여 목숨을 부지할 수밖에 없었다. 본래 제주의 종교적 성향은 남방불교에 기인한 것이다. 그러나 700년 전 몽골 이민자들은 라마불교를 숭상 하였지만 기왕에 제주로 왔으니 제주인들이 숭상하는 남방불교에 귀의했을 것이다.

또 한편, 몽골 흡수골을 주 무대로 한 강력한 샤머니즘이 제주도 토테미즘과 손을 잡는 결과를 낳았으리라. 조선시대로 들어서며 이 모두는 숭유억불정책의 탄압을 받기에 이른다. 이처럼 제주의 종교는 제주인이 처했던 운명과 다르지 않은 아픔을 내포하고 있다.

모세는 여호수아에게 명한다. "네게 명한 율법을 다 지켜 행하고 좌로나 우로나 치우치지 말라"1:7 Joshua 사람의 일을 다 하고 하나님의 임재를 기다린다면(진인사대천명盡人事待天命), 하나님을 대면하는 떳떳한 사람이 될 것이다. 그러나 제주인은 좌우를 잘 살피지 못하고 눈앞의 재난만 피하다 보니 •운명론 •편의주의 •우상에 사로잡히는 결과를 낳았다. 이러한 우상숭배의 결과는 탐라 정부가 세워지기 훨씬 전부터 있어 온 일이다.

제주의 민간에는 고려시대 때부터는 만연해 있던 무당들에 의한 샤머니즘이 깊이 뿌리박혀 있다. 조선시대에 이르러 숭유억불정책은 제주에도 큰바람을 불러일으킨다. 제주목사 이형상은 제주에 많은 절과 당의 문을 닫았다고 전해진다. 제주는 고려 이후에 대승불교로 전환하는 과정에서 유교라는 큰 벽을 만나게 된다.

제주에는 일만 팔천 신들이 있다고 한다. 이형상은 제주암자와 절간을 폐지하고도 한라산 산신제를 국가적 제사로 드리도록 조선에 상소를 올린 것을 보면 제주의 정황을 이해할 것이다. 이것은 제주의 무속신앙을 인정하기보다 제주인의 정서를 받아들여 신앙적으로 부정하지 않음으로써, 선정하는 목백으로 인정받으려는 인간적 지혜로 보인다. 그러나 이로써 제주는 종교적 순결을 잃어버렸다.

마태의 메시지를 들어 보자. "보라 내가 너희를 보냄이 양을 이리 가운데 보냄과 같도다 그러므로 너희는 뱀 같이 지혜롭고 비둘기 같이 순결하라 사람들을 삼가라 저희가 너희를 공회에 넘겨 주겠고 저희 회당에서 채찍질 하리라 또 너희가 나를 인하여 총독들과 임금들 앞에 끌려 가리니 이는 저희와 이방인들에게 증거가 되게 하려 하심이라"10:16-18 Matthew

칼의 노래, 그 역사의 뒤안길

역사란 '누가 어떻게 보고, 어떻게 기록하느냐?'가 중요하다. 한 지방, 한 나라의 역사도 다르지 않다. 역사는 결국 승자의 기록이다. 제주 작가 김가영 선생의 「칼끝에 서다」라는 뮤지컬은 제주 역사의 한 장면을 그리고 있다. 여몽연합군 토벌대장인 고려의 김방경 장군과 끝까지 투쟁하다 최후를 마친, 삼별초군 수장이던 김통정 장군의 이야기다.

1271년 5월, 전쟁은 고려를 계승하려는 삼별초군과 이를 제압하려는 여몽연합군은 7백 년 전, 여몽연합군 김방경 장군이 승리로 끝나게 된다. 그 후 1970년 중반, 박정희 대통령 때 제주도민들은 "700년 동안, 이 땅에서 잠들지 못한 김통정 장군과 최후까지 목숨 바쳐 싸웠던 삼별초군의 핏값을 신원해 달라." 하고 청원한 것이다.

그 결과 1977년 7월 21일, 성곽 보수와 항몽순의비抗蒙殉義碑를 착공하여 1978년 6월에 준공하게 된다. 박정희 대통령의 명으로 김통정 장군과 삼별초군의 역사가 새롭게 조명되었다. 정부와 제주도는 애월읍 고성리(애월읍 고성리는 '항파두리土城'이며, 성산읍 고성리는 '旌義縣城이 있던 곳'이다)의 성의 복원과 항몽순의 비를 건립했을 뿐 아니라 삼별초 전시관을 만들어 성역화가 이루어진다.

항파두리성의 피맺힌 역사는 고려 정부군 측의 김방경 장군의 승리의 노래와 삼별초군의 김통정 장군의 처절한 피의 노래가 어울려 있다. 이것이 곧 여몽연합군과 삼별초군 사이에 벌어졌던 애달픈 제주의 역사였다.

<폐허가 된 항파두리성의 복원공사가 진행되고 있는 고성의 현장>

피맺힌 이스라엘의 역사를 살펴보자. 요셉에 의하여 야곱의 가족들은 최고의 국빈으로 이집트의 초대를 받는다. 그러나 국무총리이던 요셉이 죽고, 새 정부의 출현으로 그들은 노예로 전락한다. 그리고 결국에는 이 일로 출애굽 하고 광야를 방황하던 끝에 가나안으로 입성하고 다윗-솔로몬 왕 때는 황금기를 누리게 된다.

솔로몬 왕 이후, 나라는 분열되고 북왕국은 아시리아의 침공으로 앞서 멸망한다. 또한, 남왕국 유다는 바빌로니아의 침공으로 멸망 당하고 지도자들은 70여년을 바빌로니아에 포로로 붙잡힌다. 그러나 페르시아가 바빌로니아를 이겨 바빌로니아 포로에서 귀국하게 된다. 그 후 다시 세운 나라는 헬라GREECE와 로마ROME의 침공으로 함락되고 세계 대제국들의 식민지가 된다. 그중 가장 처절한 것은 로마의 침공이다.

이스라엘이 끝까지 로마에 굴하지 않자 로마는 A.D.63년에 디토스 Ditos 장군을 파견시킨다. 디토스 군대는 예루살렘 성벽에 닿는 높은 대를 쌓고 끝까지 투항하는 예루살렘 성을 함락시킨다. 그리고 돌 위에 돌 하나도 남김없이 예루살렘 성을 처참하게 허물어 버린다. 로마군은 "예루살렘 성벽 축성 시에 금침을 박았다."라는 소문에 금침을 빼려고 성벽을 다 허물었다고 전해지기도 한다.

이스라엘 병사들은 마사다 성으로 피하여 맞섰으나 단 한 명도 남김없이 전사한다. 이 후 유대인들은 제2차 세계대전이 끝나고 건국 때까지 유랑민디아스포라Diaspora이 되어 떠돌아 다닌다. 예루살렘에서 패한 이스라엘 병사들은 '마사다 성'으로 피신한다. 마사다 성은 성산 일출봉과 같은 천혜의 요새로 그들은 거기서 최후를 마치게 된다. 이때 한 사람도 성 밖으로 나가 항복하지 않고 자결한다.26:3-9 Jeremiah, 3:11-12 Micah

700년 전 항파두리성이 함락되고 김통정 장군은 '흙불근오롬'까지 여몽연합군 김방경 장군에게 추격당한다. 그리고 천아오롬 서쪽의 '진풀린 밭'에서 진이 풀리자 오롬으로 쫓겨 간다. 그러나 적군의 칼에 죽을 수 없다 하여 결국 자기의 칼에 최후를 마친다.

후세 사람들은 이때 "김통정 장군이 전사하므로 그 오롬의 검은 흙이 피로 붉어졌다." 하여 그 오롬을 '흙불근오롬'이라고 부르게 되었다. 이 애절한 칼의 노래도 마사다 성에서 최후를 마친 이스라엘의 최후처럼 애달픈 피의 역사를 남겼다.

상대적 접근으로 본 제주문화

　제주문화를 상대적으로 접근하여 살펴보자. 세상에 한국어가 있다면 상대적으로는 제주어가 있다. 한국문화가 있다면 상대적으로 제주문화가 있다는 것은 너무나 타당한 일이다. 제주문화는 한국문화에서 찾을 수 없는 독특함이 있다. 왜냐하면, 제주는 자연·인종·언어·문화·역사가 한반도와는 전혀 다르기 때문이다.
　고양부씨는 제주의 두 번째 선입자로 북방 유목민족인 양맥족(동예맥·서예맥)·부여족·고구려족들이다. 이들 3성은 결의하여 제주로 함께 이주하면서 고씨는 제주 고씨가 되고, 부씨는 제주 부씨가 되고, 동-서 양맥족은 제주 양씨가 되었다. 일본의 오키나와, 대륙의 타이완, 한반도의 제주도민들은 환태평양 일대에 자리 잡았다. 이들은 해양민족 폴리네시안으로 한반도 육지 사람들과는 근원이 다르다.
　대륙에서는 타이완 원주민을 '고산족' 하나로 보지만 타이완 정부는 14개의 소수민족으로 분류한다. 현재 타이완 원주민은 평지로 내려간 평지족을 빼고 60만 명이다. 300년 전 청나라는 정성공을 타이완에 파견시키는데, 이 때 정성공은 해안지역에 거주하던 유럽인(海賊)들을 몰아낸다. 그리고 절강성과 일부 광시성 사람들을 타이완으로 이주시킨다. 이들이 두 번째 선주민인 자칭 타이완인이다.
　또한, 제2차 세계대전 후 대륙에서 밀려난 장제스와 함께 타이완으로 온 피난한 대륙인은 120만 명이었다. 이중 60여만 명의 한족과, 대륙에 살던 객가족客家族이 60여만 명이다. 여기서 등장하는 객가족이란 중국의 한족이 아니라 '손님가족'이라 했으니 이들은 누구인가? 이들은 백제가 멸망한 후 중국으로 피난해 온 백제의 후손들로 알려진다.

이들 객가족 중에는 덩샤오핑·싱가포르 수상 리등요·타이완의 6인의 총통 중 3사람, 그 중에 차잉원도 객가족 사람으로 알려졌다. 세계 여러 곳에서 경제를 휘두르는 화인華人-화교華僑들 중에 많은 수가 객가족이다.

<필자가 거주하던 2015년, 타이완의 수도 타이베이 시내의 전경>

탐라국이 신라·고려의 부속국일 때만 하여도 제주도는 오키나와·타이완과 함께 독자적 문화가 있었다. 그러나 탐라가 한국에, 오키나와가 일본에, 타이완이 자유중국에, 괌-사이판-마이크로네시아가 미국

에 통합되며 폴리네시안의 문화는 점차 그 빛을 잃게 되었다. 이같이 폴리네시안의 특성과 독자적 문화는 본국의 정치적 영향이 깊어지면 깊어질수록 각기 다른 모습으로 변질 돼 갔다.

탐라는 삼국시대 때는 폴리네시안들이 주도하던 곳이었다. 그 후 북방 유목민족인 고양부 삼성이 선주민으로 탐라를 지배하며 북방문화의 특성이 추가되었다. 1천 년 전, 고려국 문화 사절 '문착 대제학'이 입도 시 탐라 인구는 3만 명가량이었다.

700년 전 몽골에서 왕족·귀양객 1,500여 명과 16개 성씨가 이민 오므로 몽골·중국문화가 전래 되었다. 조선조에 이르러 한반도에서 입도한 귀양객·보부상·망명객들이 있었다. 1948년 이후 4.3 사건 때 평안도에서 온 서북청년단과 1950년 이후 6·25 때 함경도에서 온 피난민들도 이제 4~5대에 이르고 있다.

필자는 1960년 이후, 입도한 이들을 '신이민'이라 부른다. 그 까닭은 이들은 민족적·국가적으로 입도한 것이 아니고 (타의他意가 아니라 자의自意로) 각 자의 필요에 따라 투자, 자연적 삶을 찾아서, 은퇴 후 제2의 삶을 찾아서 왔기에 필자는 이들을 신이민이라고 부른다.

이처럼 여러 가지 사연으로 제주에 왔을지라도 제주에서 살아가기 위해서는 제주문화를 바로 이해할 필요가 있다. 또한, 기왕에 살아온 제주인들도 제주문화에 대하여 바로 알고 피차간에 이해하며 살아간다면 좀 더 행복한 동거가 되리라 본다.

"이 산지를 내게 주소서"14:12 Joshua 갈렙은 노령에도 불구하고 자신이 개척할 산지를 청하고 있다. 갈렙처럼 이 땅 제주도는 하나님이 우리에게 주신 보배로운 땅이다. 그래서 몽골인들은 제주를 '설렁 거스(무지개의 나라)'라고 불렀다. 제주에 태를 묻었거나 뼈를 묻기 원한다면 제주가 곧 자신의 육체가 되어야 한다. 제주를 합당하게 평가하고, 자신이 제주문화를 바로 이해하고 공존하려는 자세가 선주민들과 가장 아름답게 동거하는 사람이 될 것이다.

남방불교의 반면교사

제주도는 석가의 12제자 중 한 사람인 '발타라 존자'에 의하여 남방불교가 직접 포교된 곳이다. 고구려는 372년, 소수림왕 2년에 불상과 불경을 전수 받고, 2년 뒤인 374년 진나라 아도阿道가 고구려로 들어오자 성문사와 이불란사를 세우게 하므로 불교가 퍼지게 되었다. 이는 중국에서 전래한 북방불교, 또는 대승불교라고 한다.

백제는 고구려보다 12년 뒤인 384년, 침류왕 1년에 불교가 전파된다. 인도의 고승 '마라난타摩羅難陀'가 동진東晉으로부터 건너와 광주 남한산성으로 들어오게 된다. 백제는 그를 궁에 머물게 하고 이듬해 10명의 백제인을 출가시켜 승려가 되게 하니 불교가 융성하게 되었다고 한다.

신라는 눌지마립간王 때 고구려 묵호자墨胡子가 포교하나 거부당한다. 그렇지만 법흥왕 527년에 이르러 이차돈의 순교를 계기로 불교의 포교를 공인받게 되어 북방불교가 뿌리내리게 된다. 이처럼 한반도는 모두 중국을 통하여 전수된 북방불교이다. 그러나 가야는 이와 다르다.

가락국은 아유타국(印度-泰國) 허황후에 의해 남방불교가 전래된다. 이는 탐라보다 500년 후 『동국여지승람』, 『제주풍토기』, 『탐라지』에 나타난 역사적 사실이다. 가야는 신라와 종교적 차이가 있으나 남방 농경민족으로 신라와 정치적 연합으로 남방불교의 흔적은 사라지고 신라화의 길을 걷는다.

<볼레오름 존자암은 제주 남방불교의 성지로 유형문화재 제17호(돌사리탑)가 남아 있다>

그렇다면 남방불교와 북방불교는 어떻게 다른가? 남방불교는 종교라기보다 유교와 다름없는 생활 방법, 혹은 관습이다. 선을 추구한다는 점에서는 다르지 않으나 종교성을 표시하는 내세사상來世/天國思想이 없기 때문이다.

그러나 한반도에는 북방불교가 중국으로부터 들어오면서 선의 결과와 더불어 지극한 염불의 결과로 극락에 간다는 내세사상이 첨가되며 비로소 종교로 등장한다. 동남아의 남방불교와 중국의 북방불교의 종교성은 이렇게 다르다.

탐라의 남방불교는 제주도에 3대 유적지를 남겼다. •서귀포시 영실기암(한라산)의 불래오름 존자암(유형문화재 제17호) •제주시의 삼양오름 불탑사(보물 제1187호) •구좌읍 송당리의 성불암이 있다. 발타라 존자는 송당리에 와서 '성불암'을 짓고 남방불교를 전했다고 하나 남아 있는 유물遺物은 없고, 다만 성불암이 있던 곳으로 '성불오름'이라는 이름만 전해진다.

탐라는 남방불교의 전래로 탐라耽羅·한라漢拏·아라동我羅洞·오라동吾羅洞·사라봉沙羅峯 등의 '라Ra'라는 명칭도 생겨났다. 이는 불교의 나한羅漢에서 기인하며 단지, 한자 표기는 나한이라는 음차音借일 뿐이다. 그 뜻은 아니다. 나한은 몽골어에서는 사도(아르완архад)라는 의미가 있으며 오백라한이라 할 때도 쓰인다.

발람은 모세가 가나안에 진입 시 모압 왕 발락에게 매수된 거짓 선지자이다. 발람의 사상은 '물질이면 무슨 짓이든 하겠다'는 맘모니즘 Mammonism과 다르지 않다. 이러한 이유로 발람은 사단의 하수로 불의를 따라간 것이다. 이 일로 발람은 모세의 칼에 죽는다. 제주인들도 세상과 물질만 앞세운다면 발람의 길과 다르지 않다.31:8 Numbers

필자는 중국 개방 초기인 1995년 중국에 입국하여 20여 년을 지냈다. 공산 치하에서 기독교는 완전히 사라진 것으로 추정했었다. 그러나 개방 이후에 들어가 보니 이미 기독교가 융성하였다. 로마 기독교가 핍박 시 지하묘지(카타콤)에서 생존하여 로마의 국교로 성장하게 된 것과 같은 사례다.

필자는 단언하건대, 만약 중국 기독교가 타락하게 된다면 그것은 중국 정부의 핍박이 아니라 교회 내에 침투하는 맘모니즘 때문이라고 예언한다. 대부분의 중국 기독교는 이미 맘모니즘으로 변질되기 시작하였다. 그리고 그 이면에서 한국교회도 일조하였다고 본다.

탐라의 남방불교와 샤머니즘도 똑같이 핍박당했다. 그러나 가축을 키우는 남자, 잠수하는 여자들은 샤머니즘 + 제례 중심의 유교가 일상화되었다. 이에 비하여 남방불교는 파고들지 못하여(전도하지 못하여) 사라져 버렸다. 이것이 제주선교의 반면교사이며, 이로써 정착화의 숙제를 풀어야 한다.

제주 샤머니즘의 이면에는 •고양부高粱夫의 제주도 입도 •제주 본토인이던 폴리네시안의 문화 •남방불교의 영향 •몽골의 샤머니즘의 영향이 있었다. 남방불교에는 천국사상이 없지만, 탐라의 '이어도사상', 조상 제례 때 '고팡제사'와 '할망당', '영등제' 등은 한반도에 없는 폴리네시안 문화가 깔려 있다.

제주도·오키나와·타이완의 공통점은 •내세관이 없다 •현생에 충실한다 그리고 착실해서 •누가 권할 때 '아니다'라고 부정하지 못한다는 점이다. 제주 본토인은 전도하여도 "싫다!" 하지 않고 지극히 권하면 예의로 한두 번 따라오나 열매 맺지는 못한다. 이러한 남방불교적 삶은 타이완·태국 등 동남아에서 이미 체험한 바이며 이것이 제주에서 풀어야 할 어려운 숙제이다.

남방불교와 제주인의 종교성

제주도는 생물학적으로 볼 때 남방식물의 북방한계선, 북방식물의 남방한계선상에 있다. 또한, 문화적으로도 북방문화의 남방한계선, 남방문화의 북방한계선에 있다. 인종적으로도 한반도와 전혀 다르다. 제주인은 남방계 폴리네시안 원주민이 거주하던 곳이었다.

1392년 7월 17일, 이성계는 조선 건국 시 '고려는 불교적 정치이념으로 쇠멸하였다'고 보고 유교의 억불숭유정책을 정치이념으로 삼는다. 제주는 숙종 27년 때까지도 샤머니즘과 남방불교가 융성했다. 그 후, 목사로 부임한 이형상(숙종 27~29년)은 정치이념에 따라 120여 절간과 신당을 철폐하고 불태운 후(일설은 절 500, 당 500이라 함) 무당들도 농사짓게 하고 과세課稅시킨다.

제주의 남방불교는 이로 인하여 거의 소멸하였지만 제주인들은 오랫동안 남방불교를 믿어 왔기에 동남아 지역 사람들의 생태와 비슷한 경향이 있다. 이것은 이론적이기보다 현실적이다. 이는 필자가 중국에서 20년, 동남아에서 10여 년을 살며 몸소 보고 느낀 정황이다. 동남아의 남방불교는 중국의 북방불교와 달리 극락사상이라는 내세관이 없으며, 이 세상을 천국과 구별하지 않는 생활이 곧 불교적 삶이다.

<태국·미얀마·라오스의 국경을 이후는 메콩강의 골든트라이앵글[門]>

천국사상天國思想이 주축인 기독교가 한반도에 들어오고 기독교를 전파할 때, 천국사상이 극락사상으로 대치되므로 전도의 효과가 커졌다. 하지만 남방불교가 주를 이루던 제주에서는 부처의 가르침을 생활에서 실천하는 것을 천국이라고 보기에 천국사상의 치환이 불가한 게 문제점이다.

그래서 "예수 믿음으로 천국 간다."라는 말을 불신하거나 선호하지 않는다. 제주인은 실천 없이 믿음으로 구원받는다는 것을 이해하려 들지 않는다. 실제로 동남아에서 전도하면 그들은 복음을 거부하지 않지만 이런 믿음을 이해하지 못한다. 그들의 삶은 단출하며 행실이 착한 것이 제주인의 삼무三無정신을 닮았다.

남방불교는 조선조 숙종 이후 제주도에서 사라지고 북방불교가 한반도 육지에서 유입된다. 동남아에서 유입된 남방불교는 제주 토착 샤머니즘Shamanism과 더불어 제주인의 삶 속에 쉽게 녹아들었다. 이러한 제주인의 삶의 정신이 곧 삼무정신(도적·거지·대문 없는 것)으로 증명된다.

이것은 곧 남방불교의 영향이며 이후 북방불교의 천국사상이 있음에도 큰 영향력이 없는 것은 역사적으로 볼 때 남방불교의 영향이 크기 때문이다. 야고보가 전한 편지의 말씀과 같이 제주인은 믿음의 실체를 눈으로 확인하려 든다. 이런 사람들에게 주시는 야고보의 편지가 있다.

"내 형제들아 만일 사람이 믿음이 있노라 하고 행함이 없으면 무슨 이익이 있으리요 그 믿음이 능히 자기를 구원하겠느냐 만일 형제나 자매가 헐벗고 일용할 양식이 없는데 너희 중에 누구든지 그에게 이르되 평안히 가라, 더웁게 하라, 배부르게 하라 하며 그 몸에 쓸 것을 주지 아니하면 무슨 이익이 있으리요 이와 같이 행함이 없는 믿음은 그 자체가 죽은 것이라"2:14-17 James

야고보 기자의 말씀처럼 제주도에서는 생활이 종교적 내세보다 더 중요하다. 그래서 남방불교의 뿌리 깊은 전통을 가지고 있는 제주인들에게는 빈말을 하지 않고 진실한 삶의 모습을 보여주는 게 더 중요하다. 이는 오늘날 제주기독교가 명심히 새겨들어야 할 교훈이다.2 James

탐라왕국의 눈물과 애환

고려시대까지 탐라는 부속국의 지위를 유지하고 있었다. 그러나 내치內治는 탐라왕이 행했지만, 외교와 국방은 고려 정부가 파견한 목사牧師가 담당하기에 이른다. 이는 북쪽의 로마·동쪽의 바빌론과 앗수르·남쪽의 이집트 세력 아래 있었던 이스라엘과 비슷한 환경이다. 제주 역시 북의 한반도·동쪽의 일본·서쪽의 중국이 자리 잡고 있기 때문이다.

탐라耽羅가 한반도 세력 안에 있기 전만 하여도 동남쪽으로는 오키나와(류구열도琉球列島), 서남쪽의 타이완(대만臺灣)과 같이 독자적 존재였고 피차 왕래하였다. 이는 목호의 난 때, 여명연합군을 피하여 오키나와로 피신하여 나하성을 건축하고 발전시켰던 삼별초의 유적을 통해 역사적으로 증명할 수 있는 일이다.

그리고 이 세 지역(•타이완臺灣 •제주도耽羅/洲胡 •오키나와琉球)은 태평양 지역에 위치하였고, 인종적으로는 같은 폴리네시안족으로 연대가 깊다. 그러나 오키나와가 일본에, 제주가 고려에 귀속되고 타이완이 300년 전 당나라에 귀속되므로 그 독자적 행보나 3개 지역의 교류는 더 이상 발전되지 않았다.

주전 1세기 당시, 이스라엘의 유대왕 헤롯Herod은 내치를 담당하였고 대외적으로는 로마 총독 빌라도Pilate가 파송되어 있었다. 몽골 간

섭기 때 탐라 역시 내치는 탐라왕가(조선 3대 태종 이전) + 고려가 파견한 목사 + 외치(원나라 다루치)가 개입되었다. 특히 원은 목마 관계와 일본 정벌을 위한 선박 건조 등의 일을 주관하였다.

고려 충렬왕 21년(1295년) 초대 목사로 파견된 이는 '최소'라는 사람이다. 이때로부터 '탐라耽羅'는 사라지고 제주濟州로 불리기 시작하였다. '제濟'는 '건널 제'로 '건너다·건지다·구제하다'라는 뜻이며, '주州'는 '고을 주'로 행정명칭의 도읍을 말한다.

고려 말, 조선의 행정구역은 한성(서울)과 8도가 있었으며 지방의 관직으로는 8도 감사와 그 아래 목사가 있었다. 감사는 평양·함흥·황주·강릉·충주·경주·전주에 있었고, 목사는 안주·경원·해주·원주·청주·상주·나주에 있었다. 그러나 전주 감영監營에는 2개의 목사가 있었는데 하나는 나주목사이고 다른 하나는 제주목사였다.

고려 충렬왕 때는 여몽연합군이 삼별초군을 제압한 이후라 고려와 제주는 비교적 안정기로 들어선 것으로 보인다. 그러나 충렬왕 때부터 몽골이 17년간 목마장으로 사용하던 탐라를 고려에 환속시키므로 비로소 고려는 제주목사濟州牧使를 파견하게 된 것이다. 이후 차츰 제주는 고려의 치하로 들어가게 된다.

고려 말~조선조(태종 3년 이전)의 제주목사는 제주목을 다스리던 정3품 외직 문관이었다. 그는 소송처리·조세징수·군마관리·외적방위 등 제주의 전 행정을 집행했던 수령으로 오늘날 제주도지사와 같았고, 판관은 오늘날 부지사 또는 시장-군수와 같았다. 제주에는 제주목사와 판관·정의현·대정현에 현감이 있었는데 현감도 판관급이었다.

제주에는 목사 부임의 연월일과 왕조 시기의 기록이 모두 나타나 있다.(부록2. 제주목사의 사적표 참조) 그러나 판관의 치적은 잘 나타나 있지 않다. 제주의 유명한 판관으로는 57대 김석철 목사 때에 서린 판관이 등장한다. 중종 6년 1월(1511년) 김녕현 뱀굴蛇窟에서는 처녀를 제물로 드렸는데, 이때 제사받던 뱀을 죽인 그의 치적은 전설로 남아 있다.

<만장굴 입구의 서린 판관 기념비. 右側: 옛 것, 左側: 1960년대에 세워진 것>

또 한 사람의 판관은 남구명인데, 그는 1712년 161대 이익환 목사 때 제주 판관으로 부임하게 된다. 그는 풍랑을 당하여 제주까지 오는 중에 갖은 고생을 당하였으며 부임 중에 제주에서 지낸 일들을 상세히 기록한 『우암문집』의 저자로 유명하다.

조선 초기 제주의 관리는 비교적 순조로웠으나 해를 거듭할수록(조선조 태종 이후) 본격적으로 한반도의 정치체제로 굳어져 갔다. 자유로웠던 제주인들은 바다를 중심으로 활동하며 사냥하며 살았다. 그러나 제주 주민들은 몽골 치하 때부터 목마에 관심을 가졌으나 태종 이후에 정책은 급변하였다.

제주인들의 바람과는 정반대로 정부의 제주 통치는 식민지보다 더 심한 왕따를 행한다. 제주도에는 매관·매직한 목사들이 많이 파견되었다. 예로써 『배비장전』에는 제주도에 파견된 탐관오리의 이야기가 잘 나타난다. 가장 큰 악의적 변화는 제주에서 행해 오던 조선造船·해상교통·상업·어업 등에 관한 정책들이다.

이조 후기 200년간 제주인들은 '출륙금지出陸禁止'라는 죄인으로 취급을 당했다. 즉, 돛을 달고 제주도 밖으로 나갈 수 없었다. 이런 조치로 인해 당대 해상왕국 탐라는 한반도·중국·일본과 대등한 무역을 전개하던 활동이 완전히 문이 닫히게 된다. 필자는 이후 해상활동에 두 가지 변화가 있었다고 본다.

• 그럼에도 먹고살아야 하는 문제로 뗏목을 엮어 터위(뗏목)를 만들어 고기를 잡았다. 그러나 제주에서 생산이 어려운 것들은 외부에 의존할 수밖에 없었다. 이에 관한 •대륙 항해와 물자를 판매하는 일들은 육지에서 온 보부상들에게만 특혜로 주어졌다. 그래서 이 모든 권한이 육지인들에게만 주어지므로 제주인들은 이들을 일컬어 '도비상귀盜匪商鬼'라 일컬었다. 이는 도적盜賊 + 비적匪賊 + 장사하는 상인商人 + 귀신鬼神'이란 말이다. 그런데 제주인들은 이 말을 육지인들을 통틀어 비속어卑俗語로 쓰이게 되었다.

고려시대 때는 속국으로 조공만을 냈지만, 조선 태종 이후는 조선 국민으로 세금을 추가로 내는 문제가 발생하였다. 그리고 세금징수 권한은 외래인(보부상)들에게 주어졌다. 보부상들은 100% 육지인들이었고 이들의 악행이 곧 도비상귀가 된 것이다.

이는 로마 치하의 이스라엘 세리(세무서원, 세관원)들과 같았다. 즉 조세권을 쥔 세리들의 탈취를 유대인들은 세리 = 죄인(盜賊)과 동일시하였다. 그래서 삭개오(세리) 집에 초대받아 식사하는 예수님을 본 바리새인(극우, 자칭 성경 보수주의자)들은 예수는 "죄인과 세리들의 친구"라고 조롱하였다. 즉 제주인이 바라본 육지의 보부상과 일치한다.11:19 Matthew

오늘날도 제주 정서가 바로잡힌 사람들은 장사하는 것을 죄악시하는데 그 이면에는 역사적으로 장사꾼 = 도비상귀라는 개념으로 쓰여졌기 때문이다. 그러한 생각이 옳다는 것은 아니나 그렇게 생각하는 사람들의 사상을 뜯어고칠 수 없음은 필자의 한계라서 괴롭다.

어느 해 미국에서 온 동료 교수들 두 부부를 도랑쉬오름 주위에 메밀꽃 핀 몇만 평 초원을 보여 드렸다. 필자는 그들에게 •문도령과 자청비에 얽힌 제주 메밀의 전설 •몽골 사람들이 먹고 죽으라고 가지고 온 애환의 역사 •제주는 한국 최다의 메밀 생산지로 트랙터와 바인더 등 각종 기계가 동원되는 중산간 농업 •또한 제주 메밀의 전통적인 각종 레시피와 쓰임새 등을 말해 주었다.

그 말을 듣던 그들은 "그러면 왜 문 교수님은 그런 메밀을 평창 메밀꽃 축제처럼 알리지 못하며, 그런 메밀을 이용한 사업을 하지 않습니까?"라고 한다. 필자는 그때, 제주인들의 심사를 대변할 수밖에 없었다. 필자는 그들에게 제주인들이 장사하는 것을 사악하게 보아 온 역사를 말해 주었다.

그 실례는 현재 제주도 각지에서 열리는 민속축제들로서 지방민이 중심이 되지 않거나, 지방민의 수입과 직결되지 않는 경우가 대부분이다. 그래서 외지인을 위한 또 하나의 장사꾼을 양성하고 싶지 않다는 필자의 생각을 전한 바 있다.

 제아무리 관광객이 몰려온다 한들 제주를 육지인과 중국인들에게 넘겨주고 보고만 있다면 무슨 의미가 있겠는가? 이제는 이런 현상을 벗어나는 것이 제주인의 숙제이며, 세월에 맡기지 않고 돌파하는 것이 현재를 살아가는 제주인의 과제일 것이다.

바울의 난파와 인생 항로

1488년 성종 18년 1월, 제76대 제주목사 허희 때 최부라는 사람이 제주에 파견된다. 필자가 숙고해 본 견해는 '75대 목사 이수생이 1487년 7월, 병사하므로 그 이유를 조사하기 위하여 파견된 게 아닐까?' 한다. 그 뒤 최부는 부친상을 치르러 제주도에서 배를 타고 나주로 향하던 중 풍랑을 만나 13일간 표류 끝에 중국 강남에 닿았고, 그는 북경을 거쳐 6월 14일 조선에 귀국할 때까지 6개월간의 여정을 『표해록』에 기록하였다.

중국 교수 꺼진지아葛振家는 중국의 3대 여행기見聞錄를 •마르코 폴로의 『동방견문록』 •하멜의 『하멜 표류기』 •최부의 『표해록』을 꼽았다. 그러나 "최부의 『표해록』이 한국과 제주도에서는 그다지 알려지지 않은 것이 오히려 이상하다."라고 하였다. 어쩌면 네덜란드는 열린사회로 계속 한국과 문화교류를 해 왔기에 이미 알려졌지만, 중국은 공산화를 거치며 교류하게 되었기에 최부는 이제야 한국에 알려지고 있다고 본다.

370년 전(1653년 8월 15일) 네덜란드 청년 서기관 하멜이 탄 〈스페르베르〉호는 네덜란드를 출항하여 타이완을 거쳐 일본의 나가사키 항구로 항해하고 있었다. 그러나 그들은 제주도 남서쪽 모슬포 앞바다를 지나는 중에 난파당하게 된다.

이들은 제주에서 한양으로 이송당한 뒤 천신만고 끝에 탈출하여 일본 나가사키를 거쳐 네덜란드로 귀국한다. 하멜은 조선에서 고국으로 돌아가기까지 전 과정을 담은 『하멜 표류기』를 통하여 유럽 최초로 제주와 조선을 소개한다.

<하멜 일행이 상륙한 모슬포항구에 상선박물관으로 재현한 스페르베르호>

1770년 229대 안종규 목사 때 제주도 애월 출신 장한철은 예조에 응시하려고 배를 타고 상경하던 중에 풍랑에 떠밀려 베트남까지 표류하게 된다. 그는 베트남에서 명나라를 거쳐 한양(漢城: 서울)까지 돌아온다. 그리고 고시에 합격하여 강원도에서 벼슬을 하게 된다. 그는 어려서 부친을 여의고 중부(仲父)의 집에서 자랐는데 강원도에서 벼슬을 하며 정착하였고 그 후손들도 지금은 강원도에서 살아간다고 한다.

사도들의 전기(師徒行傳)에서 보면 바울의 멜리데섬 표류기가 나온다.

바울 일행은 그레타 섬 '마다곶'을 돌아서 멜리데섬Meliday(현재 몰타 Malta국: 지중해 섬나라, 인구 53만 명) 깊은 만으로 돌아가려 할 때 '이다Ida 산(크레타Crete섬의 제일 높은 산, 2,456m)' 북쪽에서 불어오는 태풍颱風을 만난다. 276명의 바울 일행이 탄 〈알렉산드리아〉호는 표류漂流하면서 적재된 화물까지 내버리고 풍랑 속에 휘말리다가 결국, 난파되어 멜리데Meliday섬에 표류漂流하게 된다.

바다의 위력은 변함없다. 바다에서 태어난 작은 수증기 덩어리가 뜨거운 바다의 열에너지로 떠올라 커지며 거대한 비바람 덩어리인 태풍颱風이 되어 덮친다. 그 결과 인간은 한계를 드러내고 선박은 속절없이 깨지고 굴복하고 만다. 165년 전에 이 기록은 『표해록』으로 남겨졌다.

하멜·최부·장한철의 기록에 '제주도는 태풍의 길이요, 바다의 중심'이다. 제2차 세계대전 후 미군기지로 제주도와 오키나와를 저울질하던 미국이 오키나와로 정한 데는 제주도가 태풍의 길이라는 단점, 중국에 가깝고 섬이 커서 군정 통치에 버겁다는 점, 패전국 식민지가 아니고 항몽·항명·항불·항일 사건 등으로 외세의 인식이 좋지 않다는 점이다.

요나는 사나운 파도 속에 던져져 안간힘을 쓰며 허우적거린다. 휘몰아치는 거센 파도가 계속 덮치고 물속으로 가라앉는다. 표류하는 사람은 하늘의 위력을 안다. 그래서 최후의 방법으로 요나를 풍랑의 제물로 던진다. 어쩌면 제주도도 제물로 던져진 요나와 같을지 모른다. 제주는 자유와 해방의 땅이다. 을축년 사건(천주교)·4.3 사건(미국·

서북청년단) 등을 보면 미국과 서구, 일본이나 한반도 모두가 제주도에 빚진 자들이다. 사도행전 27장에 나타난 바울의 표류기를 보자.

<바울Paul이 상륙한 곳은 시칠리섬 남쪽의 몰타Malta섬이다>

바울이 죄인의 몸으로 이달리야로 재판을 받으러 갈 때 〈알렉산드리아〉호에 승선하여 가게 된다. 그 배는 많은 승객과 선원과 하물을 싣고 항해하게 되었다. 바울은 크레타로 항해하는 게 어렵다고 하였으나 수행하는 백부장은 선장과 선주의 말을 듣는다.

바울은 크레타 뵈닉스 항구에서 겨울을 보내기가 어렵다 하였지만 뵈닉스에 가서 과동過冬하자는 사람이 많아서 뵈닉스로 떠난다. 〈알렉산드리아〉호는 동남쪽으로 향하는데, 남풍이 순하게 불어 닻을 감아 그레데 해변 가까이로 항행하였다. 그런데 얼마 못 가서 유라굴로라는 광풍이 대작하여 떠밀려 간다.

〈알렉산드리아〉호는 가우다라는 작은 섬 아래로 지나 간신히 거루를 잡아 끌어 올리고 줄로 선체를 둘러 감았다. 그리고 모래톱에 걸릴까 염려하여 연장을 내리고 쫓겨 가는데, 풍랑으로 심히 애쓰다가 이튿날 사공들이 짐을 바다에 풀어 버렸다. 그러다 사흘째 되는 날에 배의 기구까지 버리는 지경에 이른다.

　일행은 해와 별도 보지 못하고 풍랑에 휩쓸린다. 오래 먹지 못하고 무서워 떨 때 바울은 승객들을 위로하고 자기에게 나타나신 하나님의 말씀을 전한다. "두려워 말라 네가 가이사 앞에 서야 하겠고 또 하나님께서 너와 함께 행선하는 자를 다 네게 주셨다"라는 메시지였다.27:24 Act

　나흘째 밤, 바울 일행은 아드리아 바다에 이리저리 표류하다가 밤중에 사공들이 어느 육지에 가까워지는 줄 알고 암초에 걸릴까 고물로 닻 넷을 내렸다. 그리고 날 새기를 기다려 사공들이 도망하고자 할 때, 바울은 백부장과 군사들에게 "사람들이 배에 있지 아니하면 구원을 얻지 못하리라"라고 말한다.27:31 Act

　날이 새어 갈 때 바울은 여러 사람에게 음식을 먹으라 권하고 "너희가 기다리고 기다리며 먹지 못하고 주린 지가 오늘까지 열 나흘인즉 음식 먹으라 권하노니 이것이 너희 구원을 위하는 것이요 너희 중 머리터럭 하나라도 잃을 자가 없느니라" 하고 하나님께 축사하고 나누어 먹는다. 그때 배에 있던 이들은 276명이라고 한다.27:33-34 Act.

　"닻을 끊어 바다에 버리는 동시에 킷줄을 늦추고 돛을 달고 바람을 맞추어 해안을 향하여 들어가다가 두 물이 합하여 흐르는 곳을 당하여 배를 걸매 이물은 부딪혀 움직일 수 없이 붙고 고물은 큰 물결에

깨어져가니 … 헤엄칠 줄 아는 사람들을 명하여 물에 뛰어내려 먼저 육지에 나가게 하고 … 남은 사람들은 널조각 혹은 배 물건에 의지하여 나가게 하니 마침내 사람들이 다 상륙하여 … 그 섬은 메리데(오늘날 몰타국)라 하더라" 27:40-28:1 Act

태풍에 표류하는 배들은 무거운 것들을 바다에 내버린다. 제주가 버리고 져야 할 짐이 무엇인지 생각해 보자. '폴의 표류기'가 다른 표류자들과 다르지 않아서 여기에 소개하는 것이다. 인생항로 역시 하멜과 폴과 장한철처럼 항상 태풍을 만나고 파선하고 사망에 이를 수 있음을 안다면 우리는 세상을 만들고 이끄시는 절대자를 경외할 수밖에 없다.

하멜의 제주도 난파와 귀로

　370년 전, 1653년 1월 10일 네덜란드를 출항한 〈포겔스트루이스〉호는 아프리카 희망봉Cape-Town을 돌아 6월 1일 인도네시아 자바섬 바타비아Batave 항구에 도착한다. 그들은 긴 항해로 며칠간 휴식한 후 네덜란드 동인도회사 총독의 명을 따라 〈스페르베르〉호로 갈아타고 출발하여 6월 14일, 타이완臺灣 신임 총독을 데려다주고 일본의 나가사키 항구로 가라는 명을 받고 7월 30일 출항하게 된다.

　하멜 일행이 탄 배 〈스페르베르〉호는 8월 15일이 지나며 더욱 심해진 태풍을 맞는다. 하멜 일행이 승선한 배는 적재한 화물과 심지어는 돛대까지도 모두 내버린다. 배는 이미 선미가 떨어져 나가고 비상 보트들도 잃어버린다. 배는 점점 물이 차 어찌할 바를 모를 때 한 선원이 소리친다. "육지다! 육지가 보인다!" 그때 그들이 발견한 곳이 바로 제주도였다.

　〈스페르베르〉호는 1653년(효종 4년) 대정현(대정읍) 앞바다에서 결국 난파되고 만다. 이 배에는 선원 64명이 승선하고 있었는데 그중에는 중상자를 포함하여 생존자 36명도 기진맥진하며 제주도로 상륙한다. 그리고 도착한 후 이들은 사망한 선장을 제주 땅 모슬포 앞바다에 묻는다.

　조선조 대정현 군인들은 이들을 체포하여 서울로 압송하게 된다. 이들은 그 후 13년 28일 동안 한국 땅에서 모진 고생을 당하게 된다. 『하멜 표류기』는 이들 중 제주도에서부터 살아남은 8명이 조선을 탈출하여 일본 나가사키 항구를 거쳐 네덜란드까지 귀환하는 전 과정을 기록한 것이다.

 2023년 여름, 필자는 유럽에 거주하는 딸 가족들과 함께 네덜란드의 암스테르담 운하와 하멜이 소속되었던 선박회사(東印度會社)인 동인도회사, 그리고 그의 고향 호린헴시를 방문하게 되었다. 필자는 하멜의 생가까지 방문하게 되므로 비로소 또 한편의 숙제를 푼 것 같아 무척 기뻤다.

<네덜란드 암스테르담 운하에 정박된 스페르베르호를 닮은 요트들>

 사도행전 27장과 28장에서 바울(폴: Paul)은 로마 황제에게 재판을 받기 위하여 페니키아 시돈 항구에서 〈아드라뭇데노〉호를 타고 소아시아로 출항하여 지중해를 항해하게 된다. 그 일행은 소아시아 무라

성 안드리카 항구에 도착하여 〈알렉산드리아〉호로 바꿔 타게 된다. 이 배는 276명이 승선하였는데 바울 일행도 승선하였다. 이 배는 애굽에서 로마까지 곡물과 여객을 싣고 운항하던 화객선貨客船이었다.

〈알렉산드리아〉호가 지중해 항해를 시작할 때 이미 초겨울에 들어서자 바울은 하나님의 영감으로 "항해가 어렵다."라고 하였으나 백부장은 바울의 의견보다도 선장과 선주의 말을 더 듣고 귀 기울이지 않는다. 선장과 선주는 64km 떨어진 크레타섬 뵈닉스 항구까지 가서 겨울을 지내자고 한다.

그러나 그레데 '마다곶'을 돌아서 만으로 돌아가려는데 이다(Ida산은 한라산: 1,951m보다 조금 더 높다) 북쪽에서 불어오는 '유라굴로'라는 태풍을 만나게 된다. 일행은 표류하면서 적재된 화물을 버리고 황천 항해를 하던 중에 결국 난파되어 멜리데(몰타國)섬에 상륙하게 된다.

당시는 출항의 결정은 선장의 경험에 의존했다. 〈알렉산드리아〉호의 운명은 선주·선장·백부장에 의해 결정되었다. 바울은 하나님의 음성을 들었지만, 그의 의견은 전혀 무시되었다. 그러나 이 일로 생명을 구한 결과 선원들은 바울의 의견을 따르게 되었다. "감사로 하나님께 제사를 드리며 지극히 높으신 자에게 네 서원을 갚으며 환난날에 나를 부르라 내가 너를 건지리니 네가 나를 영화롭게 하리로다"50:14-15 Psalms

풍랑이 이는 갈릴리 바다를 걸어오시는 예수님을 본 제자들은 놀라서 '유령'이라 하며 무서워 소리 지른다. 하나님은 요나에게 적국의 수도 니느웨로 가서 심판을 예언하라고 하지만 요나는 유대를 멸망케

한 적국이 멸망당하는 것이 보고 싶었을 것이다.

요나와 같이 적국 일본에게 패망을 선포하다가 붙잡힌 두 사람이 있었다. 일제 치하에 최권능 목사와 안이숙 선생이 그렇다. 두 분은 결국 이 일로 일본 감옥에서 몇 년을 살게 된다. 하지만 결국 히로시마와 나가사키에 원자폭탄이 투하되어 일왕은 무조건 항복하기에 이른다.

요나는 적국 니느웨로 가지 않고 다시스로 가는 배를 타게 된다. 동쪽으로 가라는 것을 듣지 않고 서쪽으로 가려 했던 것이다. 그런데 요나가 탄 배는 폭풍을 만나게 되었다. 승선했던 사람들이 이 폭풍의 연고가 누구 때문인지 찾을 때 요나는 "이 큰 폭풍을 만난 것이 나의 연고"라고 고백한다.1:12 Jonah

하나님이 인간을 심판하실 때, 우리를 에녹처럼 고난당하지 않고 피하게 하실지 노아 때처럼, 방주를 예비하고 홍수의 때를 겪게 하실지는 아무도 모른다. 다만 노아처럼 홍수의 때를 대비할 수밖에 없는 것이 우리의 실정이다. 제자들이 "마지막 때는 어떤 일이 일어나겠는가?"라고 물을 때 예수님은 요나의 표적밖에 보여 줄 것이 없다고 말씀하신다.

하멜의 생가 호린험

    2023년 8월, 유럽에 거주하는 딸네 가족들과 더불어 유럽에서 한 달을 보내게 되었다. 2년 전, 독일에서 한 달을 지내며 네덜란드를 방문하고 싶었지만, 코로나 상황으로 여행이 자유롭지 않아서 포기할 수밖에 없었다. 그래서 2023년 8월에는 네덜란드 방문을 제일 목표로 삼았다. 그 이유는 '헨드릭슨 하멜'의 고향을 방문하고 싶어서이다.

    1653년(효종 4년), 네덜란드 상선 〈스페르베르〉호는 타이완에서 64명의 선원이 승선하여 나가사키 항구를 향하던 중에 큰 풍랑을 만나 대정현 차귀진(서귀포시 안덕면) 해변에서 난파하게 된다. 이 배의 선원들 64명 중 36명은 중상을 입은 채 상륙하게 된다. 이들은 1653년, 제주도에 난파당한 후 1666년까지 13년 동안 조선에서 억류당하던 중에 도망하여 일본 나가사키를 거쳐서 귀국하게 된다.

    필자의 일행은 승용차로 네덜란드까지 가는 중에 느낀 것이 많았다. 독일은 넓지만 구릉과 숲 지대 등 다채로웠다. 그러나 네덜란드 국경을 넘어 암스테르담-헤이그-로테르담-호린험을 거쳐서 독일로 돌아올 때까지 단 한 곳의 언덕도 보이지 않고 수로를 따라 평지를 따라 지난다. 네덜란드는 평지의 높이만큼 수로가 형성되어 있었다.

    암스테르담은 운하 도시라서 '운하 관광선'을 타고 시내를 볼 수 있었다. 운하에는 하멜이 소속됐던 동인도회사와, 제2차 세계대전 때 희생된 『안네의 일기』의 주인공인 '안네'의 집과, 모슬포 선박박물관에 전시된 〈스페르베르〉호와 똑같은 모형의 선박들도 정박하여 있었다.
우리는 헤이그에서 일박하고 이튿날 하멜 생가를 방문하였다. 하멜의 생가가 있는 '호린험'은 작은 도시로 운하가 동네를 둘러싸고 있었다. 아래쪽 수로 변에는 서귀포시에서 기증한 돌하르방 2기와 두 나라 말로 두 도시의 친분을 기록하고 있었다. 놀라운 것은 370년 전이나 지금이나 호린험의 모습은 똑같다. 하멜의 생가는 이층집으로 그가 태어나 살던 집을 기념박물관으로 사용하고 있었다.

<서귀포시에서 하멜 생가(박물관)에 기증한 두 기의 돌하르방>

하멜 기념관으로 쓰이는 2층에는 370년 전 제주도 초가지붕들을 보니 서글픈 생각이 들었다. 호린험 마을은 조용하고 아름다웠다. 운하에 둘러싸인 마을은 프랑스의 스트라스부르를 닮아서 마을 중심을 흐르는 운하 변 붉은 지붕과 하얀색 이삼 층의 주택들, 교회당, 포플러가 줄지어 선 창가와 화분들, 운하 변의 오래된 풍차가 네덜란드다웠다.

13년간 억류 생활을 하던 조선 땅, 사로잡히고 천신만고 끝에 도망친 죽음의 땅, 생각조차 하기 싫었을 한국 땅이다. 하멜은 제주기독교 역사상 제일 처음으로 발을 디딘 최초의 개신교 신자다. 『제주선교 70년사』를 쓴 문태선은 "이때 그들은 제주 사람들을 식인종으로 오해하여 두려워했고, 서울로 압송되어 억류 중에 자기들은 '그리스도인'이라 고백(『孝宗實錄』)하였다."라고 전한다.

"또 네 이웃을 사랑하고 네 원수를 미워하라 하였다는 것을 너희가 들었으나 나는 너희에게 이르노니 너희 원수를 사랑하며 너희를 핍박하는 자를 위하여 기도하라" 5:43-44 Matthew

예수님이 팔복산 산상에서 주신 수훈의 말씀이다. 그리스도인으로 원수까지도 사랑하며 핍박하는 자를 위해 기도한 하멜의 마음을 기념관에서 찾아 볼 수 있었다.

370년 전 하멜이 본 주위 환경이나 삶의 모습이 오늘날 우리가 살아가는 제주도보다 훨씬 좋았던 것을 보면 제주도 사람을 식인종으로 오해할 만해 보인다. 그러나 이미 그 시절 일본은 서구의 선진문화를 파악하고 그들과 교류하며 신문화를 받아들인 결과, 세계를 제패할 준비를 하고 있었다.

'조선시대'는 한국인이나 제주도민에게나 바벨론 포로시대나 다름

없다. 호린험을 방문하고 '조선시대'에 화가 치민다. 고려시대에는 해상 실크로드를 개척하고 세계 속에 고려와 제주를 알렸다. '문화는 열림이다'는 것을 명심해야 한다. 어제나 오늘이나 국가가 국민의 행복을 살피지 않으면 결국 백성들에게 버림받음을 알아야 한다.

녹산장과 어승생의 오류

 서귀포시 표선면에서 가장 큰 보물은 표선리 해변의 백사장과 가시리 초원의 갑마장길이다. 봄이 오는 가시리,녹산장 유채꽃과 왕벚나무 십리길이 있다면, 가시리 가을은 단연 억새꽃 나부끼는 갑마장 길이다. 갑마장 길은 녹오롬(큰록오롬&족은록오롬)에서 따라비오롬까지 트레킹 코스가 있다.

<억새 바다 위에 둥둥 떠 있는 가을날 가시리의 녹오롬 풍경>

 녹麓오롬은 흔히 대록산大鹿山큰사스미, 소록산小鹿山족은사스미로 전해져 왔다. 그래서 어떤 이는 이 오롬들이 사슴을 닮은 데서 유래했다 하고, 어떤 이는 이곳에 사슴이 살았기 때문이라고 하지만 전혀 아니다. 綠麓자는 본래 산기슭 녹자麓字에서 수풀 림林자가 빠져서 사슴 녹 鹿 자로 잘못 표기되었다. 이는 단지 녹자를 음차한 것으로 사슴 록 자로 썼기 때문에 엉뚱한 소리를 하게 된 것이다.

이 오름은 綠麓(산기슭 록)오름으로 오름기슭을 감시山監, 관리하는 숲 (삼림森林)이었다. 1843년(헌종 9년) 6월까지 제주 목사로 재임하던 이원 조가 제일 처음으로 기록한 『탐라지초본耽羅誌草本』에서도 녹오름에 관한 보고가 없는 것을 보아도 그 존재가 별로 중요하지 않았던 것으로 보인다.

또한, 현재, '따라비오름'의 표지판이나 해설서에서 보면 '땅할아버지'라고 나왔는데 전혀 아니다. 이는 몽골어 '따라긴-오름Дараагын-уул'으로 '녹오름 다음의 오름'이란 말이다. 즉 '따라'는 '다음', '긴'은 '~의'를 뜻한다. 녹산장의 갑마장은 고려조부터 조선 숙종 때까지 제주에서 운영된 산마장山馬場으로 제주 목축문화의 산실이요, 유적지이다.

갑마장은 고려 시기에는 제주 열 개 마장 중에 어승마御乘馬로 뽑힌 갑질甲質 우수마優秀馬들을 관리하는 '조선조 국영 목장'이었다. 따라서 1709년부터 공마제가 폐지되던 1894년까지 약 200년간 존속했다. 이곳은 조선시대부터 헌마공신 김만일慶州金氏에게 맡겨졌다.

또한, 제주시의 어승생御乘生오름은 '임금 어御, 탈 승乘'으로 해석하여 '임금이 타는 말을 관리하던 곳'이라는 엉뚱한 소리를 한다. 어승생오름은 몽골어 'ᄋᆞ승솜Олсон-сум'으로 'ᄋᆞ스(어스)'는 동사로 '새끼줄을 꼬다', 'ᄋᆞ승'은 명사로 '새끼줄'이다. '솜'은 동네를 말한다. ᄋᆞ승솜 (어승생)오름은 동서남북 어디서 봐도 '제주도 초가지붕 위에 굵은 새끼줄을 동여맨 모습이다. 이 말을 음차하여 한자로 표기한 것이 어승생御乘生이다. 그래서 '임금이 타는 말의 산지'라는 엉뚱한 말을 한다.

가을은 '천고마비天高馬肥' 계절이라 한다. 이는 '북방 오랑캐들의 말이다. '하늘이 높아지고 말이 살쪘으니 이제는 곡식 뺏으러 남으로 가자'는 나쁜 의미의 말이다. 제주도의 가을은 '고수목마', 즉 고삐 메지 않은 말들이 자유로이 뛰노는 아름다운 땅이다. 그러나 지난 600여 년간 조선은 제주를 반란의 섬·유배의 섬·바람 타는 섬으로 보았다. 이 땅 제주는 계속하여 자유와 평화를 유린당해 왔었다.

압살롬(אבשלום: 평화의 아버지)은 이스라엘 2대 왕 다윗의 셋째 아들이다. 그는 아버지 다윗에게 대항하여 난을 일으킨다. 그러나 군대장관 요압이 반란군을 진압할 때, 도망치던 압살롬이 상수리 나무에 머리칼이 걸려 있는 것을 군대장관인 요압이 단창으로 찔러 죽인다. 다윗은 전쟁터에서 달려온 전령으로부터 그 소식을 듣고 죽은 아들 압살롬의 이름을 부르며 슬피 운다.

'압살롬'은 당대 최고의 미남으로 백성들의 마음을 빼앗는다. 그는 평화를 가장하여 부왕에게 칼을 겨눈 불효자요, 한 나라를 빼으려한 반역자이다. 제주는 아름다운 땅이나 아직껏 부왕이라 할 반도, 조선으로부터 죄인처럼 격리된 땅에서 이백 년간 출륙을 금지당하며 살아왔다. 홍길동처럼 아비를 아비라 부르지 못하였듯이 아비 같은 반도(조선)에게 한 나라의 백성임을 나서지 못하고 무시당해 온 버림받은 자식이었다. 약자에게 평화는 강요된 비굴이다. 그러나 제주는 침략의 천고마비가 아니라 얽매이지 않는 고수목마의 평화를 원한다. 18:31-33 1Samuel

천고마비와 고수목마

　50년 전, 필자가 학생 시절이던 1970년대만 하여도 가을의 대표적인 표현이 천고마비天高馬肥요, 등화가친燈火可親이었다. 천고마비는 하늘이 높아지고 말이 살찐다는 말이고, 등화가친이란 '서늘한 가을밤에 등불을 가까이 하여 글 읽기 좋은 계절이라는 말이다' 이는 좋은 가을날을 의미하는 표현으로 쓰였다. 그러나 천고마비, 등화가친이란 우리가 알고 있듯이 '썩 좋은 절기'라는 말과는 전혀 다른 뜻이다.

<가을 한철 천고마비를 이루는 제주오름과 들판에 고삐 풀려 자유로운 말들>

　북방 유목민들인 우리의 선조들은 자연을 사랑하고 이웃을 존중하

며 살아왔지만 만주족淸나라과 몽골족元나라들에게 노략질당하며 살아온 것이 그 옛날 북방의 고구려·발해요, 일제 시기 때는 조선족中國籍者·고려인旧蘇聯邦國籍者들일 것이다.

16개 성씨의 몽골 이민자들은 평화의 꿈 설렁거스(무지개 나라: 몽골에서 한국을 칭하나 실은 제주도이다)를 찾아 700년 전, 제주를 낙토樂土로 여기고 이민 왔다. 그들은 여러 번에 걸쳐 이민선을 타고 제주로 온다. 마치 유럽에서 미국으로 이주한 청교도들과 같다. 이들 중에는 원나라에서 귀양 온 왕족들, 몽골정부가 파견한 제주목마 총관부에 소속된 말 사육 전문가들도 있었다.

우리는 흔히 몽골인들이 말을 가져오기 전에는 제주마馬가 없었던 것으로 알지만 그렇지 않다. 제주마는 '제주 조랑말'의 총칭이라 하나 구석기~청동기 때 이미 말을 기르고 있었다. 대정현(상모리·사계리) 바닷가에서 발견된 말의 화석(천연기념물 제464호)과 애월현 곽지리 조개무지, 월령리 굴 등에서 발굴된 제주마의 이빨 등이 그 증거이다.

1073년(고려 문종 27년), 탐라국이 고려국에 과하마果下馬를 예물로 진상하였다는 기록을 보아도 제주마가 있었다는 것을 알 수 있다. 그 후, 1274년 원나라가 제주에 목마장 경영을 위해 1,400명(기록마다 그 수가 다름)의 몽골인을 이주시키며 목마를 책임진 좌형소 등의 대원 좌씨大元左氏가 한동리 당올레 등지에 입주하며 한동리 마을을 형성했다는 사실이 있다.

제주에 몽골마가 들어온 것은 고려 충렬왕 2년인 1276년으로, 성산포 포구로 160여 마리가 처음 들어왔다. 그렇다면 몽골에서 말이 들어오기 시작한 203년 전에 제주 토종마인 '과하마'가 예물로 고려 조정에 받쳐졌다는 것은 역사적 사실이다.

이때 '제주도 조랑말'은 과수나무 아래를 지날 수 있는 말이란 뜻으로 '과하마果下馬'라 불렀는데 이것이 '제주 토종말'이다. 그러나 700년 전 몽골말이 들어와 교배·개량되며 제주 토종 과하마는 완전히 사라졌지만, DNA는 남아 있을 것이다. 그러나 대부분은 1986년 천연기념물 제347호로 지정된 말을 제주마로 알지만, 이는 '몽고말제주아종'으로 전혀 다른 종이다.

700년 전 고려의 김방경 장군이 이끄는 여몽연합군이 삼별초 군대를 무찌르고 난 후 제주도는 100여 년간 몽골 치리 아래 놓이게 된다. 이때 몽골이 제주에 파견한 탐라총관부장인 '다루치'는 제주에서 말을 키우는 목마장을 운영하게 된다. 몽골은 제주도를 10개의 마장과 모동장 등을 합쳐서 15개 지역으로 나누어 말을 관리하였다.

1273년(고려 원종 14년), 탐라총관부를 세운 원나라는 남송과 일본 공략을 위해 제주도를 군마 공급지로 삼는다. 1276년(충렬왕 2년), 탐라총관장다루치: 탑자적塔刺赤은 160여 마리 몽고말을 성산포로 들여올 때 왕메(대왕산)에 목마총관부를 두게 된다. 이후 제주마의 수가 가장 많던 때는 고려 말~조선 초기로 2만여 마리가 방목되었다. 몽골말 사육이 제주 토종마의 쇠멸을 가져온 것은 분명한 사실이다.

영주십경은 19세기 제주 학자 매계가 제주경관 10곳을 골라 영주십경이라 칭한 게 시초다. 비슷한 시기인 1841년(헌종 7년)에 부임한 이원조 목사도 이 10곳에 차례와 명칭 일부를 다르게 말하기도 하나 영주십경의 '고수목마'는 '제주오롬과 들판에 고삐 메지 않은 말들이 뛰노는 모습'이다. 제주 초원에 방목되는 말들이 자갈 물려 고삐로 조종되지 않고 자유롭게 고삐 없이 뛰노는 것은 '제주인의 모습' 을 닮았다.

그리스도인은 하나님 안에서 자유롭다. '엘류데로세이ελευθερώσει: 그가 원하는 곳으로 간다', 즉 하나님의 사람은 하나님이 원하는 곳으로 나가는 사람들이다. 지혜와 진리는 우리를 자유케 한다. 제주인이야말로 진정한 '고수목마'이다. 그러나 죄를 짓고 죄악의 노예 된 사람들은 자유롭지 못하다. 그것은 죄악을 주관하는 마귀의 고삐에 매여지기 때문이다.8:31-32 John

폴리네시안과 제주 원주민

필자가 타이완에서 3년을 지내며 알게 된 것은 타이완에는 14개의 소수민족이 있다는 사실이다. 필자가 중국에서 20년을 살았는데 중국에서는 한족과 여러 소수민족이 있다고 배웠다. 중국의 한족은 전체 인구의 약 91.5%, 나머지 55개 소수민족이 약 8.5%이다. 그 소수민족들 중에 타이완의 소수민족은 '고산족'이라는 1개의 소수민족으로 분류한다.

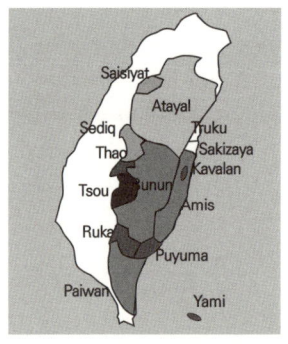

타이완 각 소수민족별 인구			
아마족	183,799명	퍼이완족	88,323명
아타왈족	80,061명	부눈족	51,447명
투루쿠족	25,857명	루카이족	11,911명
푸유마족	11,850명	초우족	6,733명
서직족	6,606명	사이시얏족	5,900명
타오족	3,748명	카발란족	1,218명
타오족	699명	사카자야족	442명

<타이완 14개 소수민족의 분포를 나타내는 지도와 인구수>

그러나 필자가 타이완에서 3년간 지내며 알게 된 것은 타이완 원주민(약 60만)은 14개의 소수민족이었다. 타이완 원주민은 태평양 일대의 폴리네시안족으로 고대 제주도 원주민과 같은 부류의 종족이다. 과거 제주도 원주민들의 삶을 알아보려면 타이완·오키나와·괌·마이크로네시아 원주민들의 삶을 통해 예측해 볼 수 있다.

300년 전, 타이완에는 에스파냐·네덜란드 등의 해적들이 점령하고 있었다. 청나라는 정성공에게 "타이완을 접수하라!"라고 명한다. 정성공은 타이완에 있던 서구의 해적들을 정벌하고 대륙의 푸젠福建省 일부의 꽝둥廣東省 사람들을 타이완으로 이주시킨다. 그러자 타이완에 정착하던 14개 원주민은 고산으로 밀려나 고산족高山族이라는 소수민족이 되었다.

1천 년 전, 북방에서 내려온 삼성高·梁·夫氏들이 제주에 정착하며 이들은 앞서 제주에 살던 원주민들을 죽이고 그 위에 타이완처럼 '탐라'를 세우게 되었다.

<2013년 타이완 체류 중에 소수민족촌을 방문하던 날>

이후 탐라에는 원주민(폴리네시안)들의 문화가 완전히 소멸되고 말았다. 그러나 이들 원주민 풍속 중에 특히 바다와 제례문화 등은 아직

도 바닷가 여인들을 통하여 그 풍속文化이 전해진다.

오키나와에는 아직도 줌수海南들이 남아 있다. 그러나 제주에는 정부의 지나친 전복 할당량을 감당할 수 없어 대부분 남자 포작인[전복 따는 해남/줌수]들은 육지로 도망치고 말았다. 그래서 어쩔 수 없이 여자들이 줌수를 감당하게 된 것이 줌녀(海女)이다. 일제는 이들을 '해녀海女'라고 불렀으나 우리는 줌수(줌녀)라고 부르는 게 옳다.

이들 줌녀들이 섬기던 영등할망(神)과 할망당(堂)들은 본국에 없는 제주만의 풍속이다. 또한, 제주 사람들은 제사를 지낼 때도 고팡(광)제사를 드린다. 이 제사는 여성들이 제관이 되어 고팡에서 드리는 제사이다. 이 고팡제사는 죄 없이 죽어 간 폴리네시안 조상들에게 비밀리에 드리던 제사이다.

원주민 남성들이 사라진 후 줌수 일은 여인들에게 지워졌다. 줌수들의 삶에 박힌 진취성은 출향出鄕 줌녀들을 통해서 알 수 있다. 이들은 연해주-블라디보스토크·사할린, 중국-요동·산둥반도, 인도차이나반도, 일본 각지에서 활동했고 독도·울릉도·동해안·서해안·남해안 어디든 가서 물질했었다. 한국 각지에서 해녀(줌녀)는 100% 제주 출신, 또는 그들에게 학습된 후예들이다.

또한, 제주 샤먼들의 창조풀이에서 전해지는 본향풀이는 창세기 내용들과 유사하다. 이러한 전설들은 아직껏 기록된 바 없으며 다만 샤먼들을 통하여 구전으로 전해질 뿐이다. 이는 폴리네시안의 또 다른 섬들에도 전해져 왔었다. 그러므로 우리는 제주문화의 원류로 더 깊이 연구하고 찾아야 할 것이다.

타이완 원주민들의 경우는 약 80% 이상 기독교를 신봉하며 가톨

릭·개신교 기독교 이단들까지 포함하면, 타이완 원주민의 기독교 복음화율은 90%를 훨씬 넘는다. 타이완과 달리 제주도 선주민(500년 전 입도자)들의 경우, 복음화율은 2% 미만으로 보인다. 그 이면에는 남방불교의 영향이 크다.

극락을 목표로 하는 대승불교와 달리 생활(삶)이 천국인 소승불교는 천국을 치환置換할 극락이 없다. 이들을 대상으로 한 복음 전파는 너무 어렵다. 또한, 폴리네시안의 좀수문화에 있는 이어도사상과, 고대부터 전해 온 샤먼과, 몽골 이민자들로부터 전해진 샤먼들의 내세관도 크게 작용하였다고 본다.

제주도의 종교관에 대해서는 아직 단언하기는 어렵지만, 이 역시 우리가 찾고 연구해야 할 숙제이다. 그러나 분명한 한 가지는 남방불교에 없는 내세관이 있으니 그것은 곧, 이어도(환상의 섬 = 천국)에 대한 믿음이며, 이는 남·북방불교나 샤머니즘에서 풀 수 없는 선교적 접촉점이다.

흔히 좀수들은 "저승(바닷속)에서 벌어서 이승(땅)에서 쓴다."라고 한다. 그 저승 끝에는 이어도가 있다는 믿음이 있기에 두려움 없이 깊은 바닷속을 물질할 수 있다고 본다. 예수께서 주시는 복음이 좀수들의 이어도 신앙을 능가하지 못하다면 제주의 복음화는 요원하다.8:32 John

고려 시기 제주목사 행적(1)

고려 정부에 의하여 탐라국이 탐라군으로 강등당하게 된 것은 1105년이다. 더 나아가 1153년 고려 의종 7년에는 탐라군마저 탐라현으로 강등하기에 이른다. 고려 정부는 몽골元에 의하여 치욕적으로 패배를 당하게 된다. 이로 인해 삼별초들의 항쟁은 1270년부터 1273년까지 강화도에서 진도로, 진도에서 제주도까지 이르게 된다.

삼별초, 즉 최씨 무신정권 사병들은 군부독재를 유지하던 중에 몽골 침략 후 강화도로 천도한다. 허약한 고려는 잦은 반란에 직면하게 된다. 반란 중에 일부는 항복하지만, 무신정권의 권력을 회복한(빼앗은) 원종은 삼별초군의 해산을 명하나(원종 11년) 배중손이 이끄는 삼별초는 몽골에 예속된 고려 조정(원종)에 반기를 들고 봉기하게 된다.

삼별초는 왕족인 왕온·왕환(원종의 8대손)을 앞세우고 '고려를 다시 세운다'는 명분을 내세운다. 이때 삼별초의 배중손은 진도에서 죽고 김통정은 몽골元의 살리타이·자랄타이·홍복원·홍다구에게 제주도 항파두리성에서 패한다. 결국 여몽연합군 김방경 장군의 추격 끝에 김통정 장군은 흙붉은오롬에서 자결함으로 원종 14년 삼별초난은 끝을 맺는다.

1274년, 삼별초를 제압한 몽골元은 제주도에서 목마장 경영을 위해 1,400명의 몽골인을 제주도로 이주시킨다. 이때 목마를 책임진 좌형소 등의 대원大元 좌씨가 당올레 등지에 입주하며 한동리 마을을 이룬다. 그 후 1295년(충렬왕 21년)에 고려는 제주도에 목사를 파견하게 된다.

<몽골 다루치가 주재하던 성산읍 수산리에 있는 왕메의 현재 모습>

고려는 초대 제주목사로 '최서'를 파견하는데, 그는 원나라 다루가치(총독 목마총관부장)를 폐지한 후 첫 번째 목사로 부임한다. 그중, 3대 목사 송영은 '청렴결백'하게 선정을 베푼다. 그러나 4대 목사인 장윤화는 가렴주구苛斂誅求 하므로 도민들에게 축출되고 결국 파직당하게 된다.

또 한편, 3대 목사였던 송영은 무슨 이유에서인지 목사직에서 파직당한다. 그러나 제주도민들은 그의 선정을 들어 고려에 복직을 청하므로 송영은 다시 목사로 복직되어 외적 방위 등 선정을 베푼다. 제주목사들의 행적은 '청렴결백淸廉潔白'과 '가렴주구苛斂誅求' 두 가지 중 하나다.

청렴淸廉은 '성품과 행실이 고결하고 탐욕이 없다', 결백潔白은 '깨끗하다·희다·잘못이나 죄를 저지른 것이 없다'라는 뜻이다. 또한, 가렴苛斂의 가는 '맵다·사납다·번거롭다', 렴은 '거두다·긁어모으다·부과하다'

로 '조세 따위를 가혹하게 거두어들임'을 말한다. 주구誅求의 주는 '베다·죄인을 죽이다·치다'이다. 관청에서 백성들에게 곤장을 치거나 옥에 가두거나 목을 베어 재물을 강제로 뺏는다는 말이다.

1978년 박정희는 삼별초군들을 '외세 침략에 대항한 국가 영웅'으로 보고 항파두리성의 복원과 항몽순의비를 건립하도록 한다. 이제껏 삼별초는 무인 사병집단의 저항으로 보는 시각이 있었다. 그러나 이 역시 반도인의 견해이다. 삼별초는 고려·몽골과 무관하게 제주도민들을 '성 쌓기와 전쟁'에 몰아넣어서 부정적이다. 그러나 박정희는 삼별초를 성역화함으로써 군부독재를 합리화하는 데 이용한 것이다.

북왕국 이스라엘 아합왕은 왕궁 근처의 한 포도원을 '나물 밭菜田'으로 만들고 싶었다. 그러나 그 포도원은 나봇이라는 사람의 것이었다. 왕은 나봇에게 포도원을 팔 것을 요청했지만, 관례는 조상의 땅은 팔 수 없었다. 5:33-34 LevIticus 아합의 욕망은 율법에 저촉되는 범죄인데 아내 이세벨은 간계로 포도원을 취한다. 왕의 지위를 이용하여 '가렴주구' 한 것이다.

아합과 나봇의 포도원은 고려시대 삼별초난·목호의 난, 조선시대 이재수·방성칠의 난에 비하면 코미디 수준이다. 고려·조선의 목사들이 제주에서 저지른 가렴주구 행위가 제주인의 아픔이 되었다. 또한, 청렴결백한 목사들의 치적은 제주도민들에게 내일을 살아갈 지표가 될 것이다. 5:33-34 LevIticus

고려 시기 제주목사 행적(2)

고려 말기, 탐라는 고려의 1개 목濟州牧으로 전락한다. 원나라가 직할 통치를 하던 1274년, 많은 몽골인들이 제주도로 이민 오게 된다. 그러나 21년 후 원元은 제주에서 다루치(다루가치: 사실상 제주총독)를 폐지했다. 1295년, 고려 충렬왕(21년)은 1대 제주목사로 최서를 파견한 이후 고려 시기 제주목사는 30대, 유구산이 마지막이 되었다.

유구산에 대한 기록은 희귀하나 그 사적은 무난했던 걸로 보인다. 그는 고려에서 조선 태조 2년 때까지 목사직을 수행하여서 고려의 마지막 목사이며, 조선조 첫 목사가 된 것이다. 앞서 필자는 제주목사들의 행적을 •'청렴결백淸廉潔白'과 •'가렴주구苛斂誅求' 중 하나라고 하였는데 하나를 더한다면 •'쟁란불휴爭亂不休'라 하겠다.

'쟁爭'은 전쟁 같은 정변을 일컫고, '난亂'은 삼별초의 난·목호의 난과 같은 난리가 '불휴不休', 끊임없었다는 것이다. 실제로 고려 말 목사들의 행적을 살펴보면, 9대 목사 정천기(1356년 부임)가 난에 연루되어 주살되고, 11대 장천년(1356년 부임)은 공민왕 5년에 목호의 난 중에 목호들에게 피살되고, 12대 목사인 윤시우(1356년 부임)도 같은 해 10월에 목호의 난의 처단을 위해 부임했으나 오히려 목호들에게 피살되었다.

14대로 부임했던 박도순(1362년 부임)도 공민왕 11년 고복수의 사주를 받은 목호들에게 주살되었다. 15대 목사 성준덕은 같은 해(1362년 부임) 고복수의 난을 평정하였다. 그러나 17대 목사 이용장(공민왕 21년)은 명나라에 보낼 말을 고르려고 부임했으나 몽골 이민자들인 목호들에게 피살된다.

<목호의 난이 발발했던 안덕면 광령리 왕이메 지역은 서아막 목장의 중심지였다>

18대 목사인 우인열도 목호의 난을 수습하려고 부임하였으나 결과가 없이 돌아간다. 19대 목사 이하생은 1372년 6월(공민왕 21년)에 부임하고, 2년 뒤인 1374년(공민왕 23년) 목호들에게 항복을 권유하던 중에 피살된다.

1374년 이하생 목사가 피살된 두 달 후, 공민왕의 명을 받은 최영 장군은 25,000명(기록마다 차이가 있다) 토벌군들로 목호의 난을 소탕한다. 그러나 일부는 오키나와로 피신하였는데 아마도 동쪽 끝 성산포에서 간 것으로 보인다.

이들 삼별초들이 오키나와에 이르러 나하성을 세우고, 중세문화를 전수하게 된다. 이들은 함덕포로 상륙한 고려군들의 추격을 피하여 피신한 것으로 보인다. 명월포로 상륙한 고려군들은 서귀포 범섬까지 추격하여 끝을 맺는다.

20대 목사 박윤청은 1374년 공민왕 21년 9월에 부임하여 최영 장군과 더불어 목호의 난을 어느 정도 정리한 것으로 보이나 차현우의 난 때 피살당한다. 차현우의 난은 1375년 우왕 1년에 발발했는데 차현우는 몽골 이민자 목호로 보인다.

21대 김중광 목사 때에 이르러 목호의 난이 진압된다. 김중광은 이후 우왕 9년에 다시 26대 목사로 다시 부임한 걸 보면 제주민과 정부의 신임이 컸던 것 같다. 우왕 11년, 조정에 100여 필의 말을 진상한 것도 그의 치적 중 하나로 알려졌다.

고려 말기에 제주목사들 중에는 •피살당한 목사가 6인 •가렴주구로 파직당한 목사가 1인 •기록이 없는 목사가 15인 •청렴결백한 목사 2인, •평안, 무사했던 목사는 2인에 지나지 않는다. 이같이 고려 시기 제주목사들의 기록은 끊임없이 쟁란 중에 피살당하는 생사기로에 있었다.

제주도는 절해고도로 가까이서 병마 지원을 받을 수 없었다. 또한, 이질 문화인 고려의 치리를 거부한 몽골 이민자들이 많았다. 그러나 제주인이 문제가 되어서 일어난 쟁란은 없었다. 원인은 '외래인들이 제주에서 주권을 차지하기 위한 쟁란'이었음에 비애를 느낀다.

조선시대 제주목사 행적(1)

조선 태종 3년부터 제주도는 조선이 파견한 목사를 통하여 직접 통치가 시작된다. 고려 때 제주에 대한 통치 방식은 탐라왕가와 정부 파송의 목사, 원나라가 파견한 다루치의 3원 통치였었다. 그러나 조선시대에 이르러서는 그 통치 방식이 이전 고려 때와는 완전히 달라졌다.

조선에 이르러 원나라와의 관계는 끝났고 명나라와 수교를 맺는다. 그러나 명나라가 제주를 직접 통치하지는 않았다. 조선조에 태종 때에 이르러 조선 정부의 직접 통치가 시작되었다. 제주는 이로써 고려시대 때 목사들과는 치리 방법이 전혀 달라질 수밖에 없었다. 제주도는 조선의 1개 목에 지나지 않았다.

6대 박덕공 목사(1401~1403년) 때는 태종의 중앙집권정책에 의해 제주목은 완전한 '조선화'가 시작되었다. 그 결과 탐라성주 고봉례는 좌도지관, 차상급인 탐라왕자 문충세는 우도지관이라는 일개의 지방 영주로 전락시켜 버린다.(『탐라지』, 『고려사』, 『조선왕조실록』 참조)

태종 9년 4월에는 고려 시기에 설치된 동아막(동제주)과 서아막(서제주)을 완전히 폐쇄 시킨다. 또한, 이민자 목호와 원나라의 말 관리 시설을 철폐하게 된다. 한편 태종 14년, 12대 목사 오식(1414~1416년) 때는 좌도지관과 우도지관 직책마저도 폐지 시켜 버린다. 그리고 정의현과 대정현이 설치되고 1목, 2현의 삼읍(삼성) 체제를 시행하며 탐라는 완전히 조선의 중앙집권체제 아래 1개 지방으로 편입되어 버린 것이다.

14대 정을현(1419~1420년 재임) 목사는 세종 1~2년에 조정 내 왕실이 소용하는 각종 물자를 관장하는 기관(조달청 같은 곳)을 설치하는 한편, 제주 각지의 토지측량과 등재를 시작한다. 18대 조희정(1425~1426년) 목사는 제주목이 관할·수거하는 물품들을 개인소유로 빼돌리다 적발당하여 1년 만에 목사직에서 파직당하게 된다. 아마도 그가 제주에서 탈취한 품목은 말총제품·건해삼·건전복 등이 아닐까 추측된다.

26대 기건 목사는 세종 25년부터 재임(1443~1445년)하였는데, 그는 청백리로 명성을 떨쳤다. 그는 나병 환자들을 위해 해변에 치료막을 설치하여 의생과 스님들에게 치료케 하였다. 또한, 제주인들이 너무 힘들게 전복 따는 것을 보고 가련히 여겨 조정에 진상을 못 하게 한다. 어쩌면 성군인 세종대왕이었기에 그의 상소가 통했을는지 모른다.

당시 전복을 채취·보존·운송하는 것은 어려운 일이었다. 또한, 제주도에 할당된 공물들은 다른 지역에서는 대체하기 어려운 것들이다. 이런 제주도의 토산품은 백제나 통일신라·고려 때에도 제주의 특산품으로 조공했던 것이다. 그러나 조선이 제주도를 직할령으로 편입시키며 그 이전 시대와는 전혀 달리 현물로 세금을 대체하고 정기적으로 본토에 공납하였기에 그 어려움은 더 커졌을 것이다.

조선시대 제주도에 부과된 전복 진상품은 그 양이 많을 뿐 아니라 관리들이 사욕을 채우기 위해 몇 배나 가중되었다. 전복을 캐는 포작인鮑作人 좀수海南들은 그 일을 하다가 익사하거나 견디다 못해 육지로 도망가는 일이 많았다.(『남사록』 참조) 그로 인하여 포작인(전복을 캐는 사람)

의 수가 줄어들자 포작 할당량을 맞추기 위해 여자들이 좀녀海女로 나서게 되었다.

<물질하는 좀녀들: 최근에는 물옷을 입지 않고 고무옷을 입는다>

원래는 독신 남자들이 포작인으로 좀수를 하였는데 포작인이 되면 결혼도 못 하고 늙어 가니 기피 대상이었다. 그들에게는 바다 일 외로 뭍의 농사와 말 키우기, 사냥 등의 일이 뒤따랐다. 따라서 육지(한반도)로 달아나면 무엇을 하든 먹고살 수 있다 하여서 도망가게 되었다. 이로 인하여 제주의 포작인의 수는 날로 줄어들게 되므로 이 일에 여자들이 동원되었던 것이다.

이스라엘이 가나안 입성 시, 아이성 전투에서 실패하게 된다. 그것은 아간이란 자가 "바친 물건을 불사르라."라고 했으나 그 명을 어기고 '시날산 외투'를 훔치므로 가나안 정복에 실패하게 된 것이다.7:15 Joshua

개인의 것이나 국가의 것이나 훔치는 것은 개인 범죄로 그치지 않고 사회악으로 보았다. 조희정 같은 목사가 많고 기건과 같은 청백리가 적음에 제주인에게 아픔이 있다.

조선시대 제주목사 행적(2)

조선시대 제주목사는 승전의 기회로 초임 발령을 받거나 정치 문제로 좌천되어 오는 예도 있었지만, 매관매직으로 온 사람들도 많았다. 조선시대에 283명의 목사가 오갔는데 제주목사의 임기는 보편적으로 2년 정도였으나 1년이 못 되는 경우도 많았다. 장수로 재임하였다고 해도 5년을 넘지 못하고 낙마한 인물들도 많았다.

<정의현 : 서귀포시 표선면 성읍리 민속마을의 현재 모습>

그중에는 경질·파직·압송당한 이들도 있었고 때로는 탄핵을 받아 구속·유배·사약을 받거나 사형을 당한 목사들도 있었다. 283명의 목

사를 분류해 보면 •사직당한 이들은 10명 •경질당한 이가 16명 •파직당한 이가 31명 •탄핵·압송당한 이가 3명 •구속당한 이가 2명 •유배 간 이가 3명 •사약이나 사형당한 이가 2명이었다.

이처럼 불명예로 낙마한 까닭은 여러 가지 이유가 있었겠지만, 이들은 이미 제주로 올 때 이름을 남기기 위하여 주변을 정리하기보다 매관매직한 것의 본전을 뽑으려고 혈안이 되어 돈벌이에 급급하였다. 제주 사람들은 그들을 도비상귀盜匪商鬼: 도적·비적·장사하는 귀신라 불렀다.

18대 조희정(1425~1426년, 세종 7년) 목사는 관청 물품들을 개인소유로 빼돌리다 적발되어 파직되었고, 김호인(1489~1470년, 예종 1년)은 10달간 재임하며 가렴주구(가혹하게 세금을 징수하여 빼돌리다)로 파직당했고, 53대 유한(1505~1506년, 연산군 11년) 목사도 재임 8개월 만에, 56대 장림(1510~1510년, 중종 5년), 83대 이선원(1565~1565년, 명종 20년)은 열 달간 재임 중에 가렴주구로 1달 만에 파직되기도 하였다.

184대 박태신(1747~1749년, 영조 23년) 목사는 열 달간 재임 중 같은 혐의(가렴주구)로 파직되고 199대 남익산(1767~1769년, 영조 43년) 목사는 17개월간 재임 중에 진휼곡을 필요 이상 조정에 요청하였다가 안핵사에게 적발되어 경질되었다. 160대 백시구 목사는 전임지에서 세금 과다 혐의로 붙잡혀서 갔고, 191대 허유(1759~1760년, 영조 35년) 목사도 재임 7개월 만에 전임지에서 실책으로 파직당했으며, 282대 홍종무 목사는 세금을 과다 징수하므로 도민들의 원성을 사서 면직당하였다.

249대 이의식(1846~1848년, 헌종 12년) 목사는 탐욕스럽고 포악하여 "호랑이 같았다."라고 말하며, 256대 정우현(1858~1860년, 철종 9년) 목사는 석 달 재위 중에 횡포를 부리다가 암행어사에게 적발되어 경질당한다. 194대 이달(1763~1763년, 영조 39년) 목사는 군사를 제멋대로 끌고 다니다 경질되고, 207대 김시구(1763년) 목사는 4개월 재임 중에 무고한 제주 여인(의녀 홍윤애)을 죽임으로써 제주판관·대정·정의현감 등이 모두 갈리고 암행어사가 석 달간 진상 조사를 벌인 후에 경질 당한다.

그 반면에 261대 양헌수(1864~1866년, 고종 1년) 목사는 각종 세금폐단을 줄여 선정하고, 1866년 병인양요(천주교란) 시 프랑스군을 격퇴한 영웅이요, 청백리로 이름났다.

그러나 성경의 선한 왕, 악한 왕은 세상의 리더들처럼 감세하거나 외적을 물리치거나 안위시키는 것보다 '하나님을 잘 섬겼느냐?'에 달려 있었다. 하나님을 두려워하는 사람은 당연히 세상을 두려워했을 것이고, 그러기에 세상이 보기에도 선한 왕으로 불리기에 합당했을 것이다.

유다 10대 왕 웃시야(B.C.791~739년경 재위)는 적군 블레셋과 싸워 이기고, 아스돗 성벽들을 무너뜨린다. 그리고 새 성읍들을 세우고, 암몬에게 조공을 받고, 이집트 국경까지 세력을 확장시킨다. 또한, 예루살렘 성벽을 견고히 하고 많은 가축과 저수 동굴을 파는 등 선정을 베푼다. 그러나 그는 강력해지며 교만해져서 하나님을 배신하고 무시한다.

웃시야 왕은 제사장만이 할 수 있는 분향 제단에서 향을 피우려고 성전에 들어갔다가 나병이 생겨 평생을 별궁으로 쫓겨나 지내다 죽게 된다. 하나님을 섬기는 사람은 사람을 보지 않고 위에 계신 하나님 바라고 믿는 사람들이다.

조선시대에 제주목사濟州牧使의 면면을 보면 이스라엘 열왕들의 역사적 기록을 보는 듯하다. 선한 목사가 처리하는 동안에는 백성들이 평안하였으나 악한 목사가 처리하는 동안에는 백성들은 도탄에 빠지고 불안하였다. 이스라엘의 경우는 그 근본을 하나님과의 관계에서 찾았다는 게 다르다.Judges Kings

출륙금지와 한반도의 왕따정책

임진왜란 때 거북선은 세계가 깜짝 놀란 조선 해군의 특수전함이다. 그러나 이 배의 모체는 해상왕국 제주의 '떡판배'라는 사실을 아는 사람은 많지 않다. 떡판배 위에 지붕을 씌운 것이 '판옥선'이요, 그 지붕 위에 적군의 접근을 방지하려고 고슴도치같이 철갑을 입힌 것이 철갑선이다. 그리고 전면 거북이 목에 화포를 장치했으니 이것이 곧 '거북선'이었다.

그러나 조선 인조 이후, 제주도민들에게는 출륙금지령이 내려진다. 필자의 소견은 광해군을 제주에 유리안치留吏按治 하였기 때문이 아닌가 생각된다. 이 일(出陸禁止)로 제주도는 창살 없는 감옥이 되었다. 세계사에 어떤 왕조가 200여 년간 무고한 백성을 감금시켰던가?

조선조의 제주도에 대한 이러한 왕따정책孤立政策은 •주체적으로 교역하던 해상왕국 탐라의 조선술과 항해술을 완전히 없어지게 되었다. •선박의 건조는 금지되고 •돛을 달고 원양항해를 하는 것도 금지되어 제주인들을 죄인일 뿐 아니라 원시인으로 만들어 버렸다.

오륙십 년 전만 하여도 제주도 포구에서는 '테우(터배)'라고 하는 뗏목들을 흔히 볼 수 있었다. 테우는 제주도 어민들이 연안에서 낚시하거나 자리돔 그물을 치거나 해녀들이 미역을 따는 데도 널리 사용되었다. 테우는 이동성은 별로였지만 거친 제주 바다를 살아가는 제주 어민들에게는 이보다 요긴한 것이 없었다.

테우는 여러 개의 통나무를 엮어서 만들었는데 그 재료는 구상나무였다. 구상나무의 장점은 부력이 뛰어나고 내구성이 좋았다. 그래서 구상나무는 '살아 천년 죽어 천년'이라 할 만큼 단단하다. 또한, 안전성이 뛰어나다. 그래서 용암이 흘러 험하고 날카로운 암반을 이룬 제주바다에 제격이었다. 그러나 구상나무는 이 험한 화산 암반을 쉽게 오갈 수 있기에 안전성이 좋았다.

<제주 사람들이 고기잡이를 위해 한라산 구상나무로 만든 터위(뗏목)>

테우는 제주인에 대한 조선조 '출륙금지령出陸禁止令'의 산물이요, 이로 인하여 나타난 제주민 고난사의 한 단면이라고 말할 수 있다. 조선조는 그 이유를 이렇게 포장하였다. "제주 백성들이 유리流離하여 육지의 고을에 옮겨 사는 관계로 세 고을의 군액軍額이 감소하자, 비변사備邊司가 도민島民의 출입을 엄금할 것을 청하여…"(『조선왕조실록』 인조 7년 8월 13일) 이루어진 일이라 하였다.

제주도는 섬의 특성상 고려 때는 원나라 귀양지로, 조선조에는 조선의 귀양지로 활용되었다. 이로 인하여 제주는 더욱 고립되고 발전이 가로막혔다. 이러한 '출륙금지령'은 수동적 체념문화를 고착화하는 원인이 되었다. 즉, "나는 제주 사람이니 어쩔 수 없다."라는 자괴감을 일으키게 하였다. 순조 때 200여 년간의 출륙금지가 풀렸지만 그것은 일제의 식민정책의 의한 것이지 조선왕조와는 무관한 것이었다.

예수님의 열두 제자 중 대부분은 어부들이었다. 베드로·야고보·요한·안드레·빌립·나다나엘 등이 그렇고, 세리였던 마태도 바다와 무관치는 않았다. 예수님은 바닷가에서 복음을 전하셨고, 배 위에서도 제자들을 가르치셨고, 풍랑 이는 바다 위를 걸어와 제자들을 구하셨다. 부활 후 처음으로 만난 이들도 갈릴리 바다의 어부들이었다 14:25 Matthew.

제주도에서 세계를 보면 열린 바다를 통하여 어디든 갈 수 있었다. 일제 강점기 때는 일본인 여객선 선주들이 턱없이 비싼 뱃삯을 불렀다. 이에 제주도민들은 스스로 주식을 모아 일본에 여객선을 띄웠다. 그 배가 곧 제주-오사카 간을 운항하던 복목환이다. 필자의 부친도 그 배를 타고 일본 유학을 하셨고 형제분들도 그 배를 타고 일본에서 사업하고 장사하셨다.

이제 제약 없이 열린 바다에서 누구도 우리를 제약할 수 없다. 예수님은 갈릴리 바닷가에서 베드로에게 "내 양을 먹이라" 21:17 John 라고 말씀하신다. 비록 유대는 로마 식민지에서 벗어나지 못했을지라도 그들은 열린 세계를 향하여 나갔다. 바다를 보라! 제주는 동서남북 어디든 열려 있다.

제주 생활의 키워드

은광연세恩光衍世 거상, 김만덕

갑인년 1794년 여름은 태풍까지 덮쳐서 흉년 든 제주는 아사 위기에 처하게 된다. 초근목피로 연명하던 사람들은 새해에는 식량 생산의 기대를 했으나 해를 넘겨도 식량문제는 해결되지 않는다. 조정에서는 제주 흉년의 피해를 보고받고 구휼미를 보냈으나 식량 실은 다섯 척의 배들은 엎친 데 덮친 격으로 풍랑에 모두 침몰해 버렸다.

사람들은 이런 상황을 하늘의 뜻이라고만 말할 뿐 구휼 대업에 나서지 못하였다. 이때 나선 여인이 김만덕이다. 그녀는 사비를 털어 육지에서 쌀 500여 섬을 사 와서 굶주린 도민들에게 나눠 준다. 그녀의 구휼을 받은 사람들은 아사 위기에서 벗어나게 되었다.

김만덕은 구좌읍 동복리에서 부친 김응렬과 모친 고씨의 2남 1녀로 태어난다. 부친은 제주에서 미역·전복·귤 등을 육지에 내다 팔고 쌀을 사 와서 제주에 되팔며 부자가 된다. 그러나 태풍을 만나 부친이 사망하고 모친도 뒤이어 사망하게 된다. 이런 입장에서 만덕은 퇴기 월중선의 슬하에 기생의 적에 오르게 된다.

그녀는 20세 때 관아로 찾아가서 양인 신분의 회복을 요청한다. "나는 어렸을 때 부모를 잃고 가난으로 부득이하게 기녀가 되었다." 라고 사정을 말하며 청원하였으나 거절당하게 된다. 그러나 그녀는 낙심하지 않고 기녀의 신분으로 객주를 열고 장사하는 큰 상인이 된다.

그녀는 천부적인 상술로 재산을 모아서 배를 만들고 쌀 무역으로 큰 이득을 얻는다. 그러던 중 1790년(정조 14년)부터 제주도에 큰 흉년이 든다. 이때 김만덕은 제주 사람들이 기아에 허덕이는 것을 보고 자신의 재산으로 육지에서 많은 곡물을 사들여 구호곡으로 쓰게 된다.

<제주항구 부두 근처의 김만덕 기념관에 있는 초상화>

1795년(정조 17년) 식량 위기가 절정에 달하자 김만덕은 자신의 전 재산을 털어 육지에서 곡식을 사서 수많은 아사 위기에 있는 제주도민들의 생명을 구한다. 그녀는 남존여비 사상이 만연한 조선 사회에서 나눔을 실천한다. 이러한 그녀의 선행은 조정에 보고되어 "그의 신분을 면천하라."라고 하지만 김만덕은 이를 사양한다.

정조는 김만덕의 선행을 치하하려고 그녀를 궁으로 부르게 된다. 당시의 법으로는 벼슬이 없는 사람이 왕을 대면할 수 없던 때이다.

이에 정조는 그녀에게 내수 의원 '차비대령 행수의녀(왕의 간호시녀)'라는 직책으로 출륙금지 된 제주에서 상경하여 왕을 접견하게 된다. 왕은 그녀에게 소원을 묻는데 그녀는 대궐 구경과 금강산 유람을 청한다. 그녀는 한양 도착 후 혜경궁 홍씨와 왕실 사람들을 만난다. 또한, 이때 정조는 '김만덕'을 주제로 친히 과거를 시행할 정도로 그녀의 선행을 치하한다.

1812년(순조 12년) 10월에 그녀가 사망하자 '구묘비문'이 세워진다. 그리고 30여 년 뒤인 1840년(헌종 6년), 추사 김정희가 제주도에 유배됐을 때 김만덕의 양자 김종주를 만나고 그에게 '은혜의 빛이 온 세상에 퍼졌다'라는 뜻의 '은광연세恩光衍世'라는 편액을 써 주게 된다.

예수님은 "너희는 세상의 빛이라 산 위에 있는 동네가 숨기우지 못할 것"5:14 Matthew이라고 말씀하신다. 폴 선생은 말한다. "즐거워하는 자들로 함께 즐거워하고 우는 자들로 함께 울라"12:15 Romans 그것이 하나님의 은혜의 빛을 온 세상에 퍼지게 하는 것이 아니겠는가? 귀한 말씀을 행함으로 실행되지 않는다면 그 믿음이 진실한 것인가? 야고보 사도의 편지에 귀 기울여 보자.

"이와 같이 행함이 없는 믿음은 그 자체가 죽은 것이라 혹이 가로되 너는 믿음이 있고 나는 행함이 있으니 행함이 없는 네 믿음을 내게 보이라 나는 행함으로 내 믿음을 네게 보이리라"2:17-18 James

군포막의 역사歷史와 성령의 역사役事

구좌읍 세화리 웃드르에 진쟁이무루로 나가는 길이 있다. 거기서 100여 미터 위로 더 나가면 두 개의 길이 교차한다. 동으로는 도랑쉬·용눈이·성산포로 나가고 서로는 비자림으로 나간다. 남북으로는 세화에서 송당으로 오가는 세송로가 있다. 남쪽으로는 송당으로 나가는 산길이고 북쪽으로는 세화로 내려가는 바닷길이다. 이 사거리까지 이르는 길이 '진쟁이무루' 길이다.

'진쟁이'라는 말은 '난쟁이'의 반대 말이라면 쉽게 이해가 될 것이다. 여기에서 '진'이란 제주어로 '질다(길다)'라는 말에서 나왔다. 제주의 산마루는 육지의 대재(竹嶺)·세재(鳥嶺)·추풍령(秋風嶺)에 비해서는 짧지만 진쟁이마루는 꽤 긴 마루다.

진쟁이마루 동쪽에는 '군포막'이라 부르는 지명이 있다. 이곳은 문성룡 장군 사후에 군대 장막으로 포를 쳐서 장례를 치렀다 하여 생겨난 지명이 군포막(軍包幕)이다. 문성룡 장군은 1779년(정조 6년, 241년 전)에 태어나서 1860년(철종 11년)에 작고하셨다. 그는 무역선 선주인 문여채 선주船主의 외아들로 태어난다.

제주목사가 제주 동쪽 끝인 별방진까지 순행한 후에는 세화리 문여채 선주 집에서 유하는 것이 보편적 선례였다. 한번은 별방진 순행을 마친 목사가 여채 선주 집에서 유하게 되었다. 여채 선주는 마침 목사에게 아들 성룡을 소개한다. 그런데 인사를 받은 목사는 그 용모의 비범함을 보고 말한다.

"문 선주! 아들 성룡을 보니 인물이 비범한 게 장군상이요, 여기 놔 둬서 될 일이 아니오. 내가 한양으로 올라갈 때 동행하여 무술원에서 연마하는 게 어떨까 하오!"

"사또께서 그리만 해 주신다면 제가 모시고 가지요!" 여채 선주는 동촌 제일의 부자이고 아들의 장래를 숙고하던 터라 목사의 청을 받고는 금방 수락하였다. 그래서 목사가 제주를 떠날 때 문 선주는 아들을 동행하여 한양까지 가는데 일체의 경비를 싸 들고 떠나게 된다.

목사는 성룡을 무관학교에 입학시키고 성룡은 그곳에서 무술을 연마하게 된다. 이후 성룡은 드디어 목사가 예상하듯이 무과시험에 합격하게 되었다. 그리고 나중에는 경복궁 위장(오늘날 대통령경호실장)으로 임명되어 한양에서 지내며 그 직분을 수행하게 된다.

성룡은 장군이 되어 경복궁 위장으로 그 임무를 마치고 나이가 들자 고향 제주도로 돌아오게 된다. 대부분의 사람은 벼슬을 하면 한양에 고래 등 같은 기와집을 짓고 한양 사람이 되거나 고향에서라도 누구누구 고택이라고 하는 집을 짓기도 한다. 예로써 율곡 이이 선생의 오죽헌 같은 곳이 그러한 집들이다.

그러나 성룡장군은 귀양객이나 머무는 제주도 초야로 귀향하게 된다. 그가 귀향하여 칩거하였는데도 왕의 지극한 사랑을 받아서 제주에서 한양까지 수륙 이천 리 길을 마다하지 않고 수차 어명을 받으러 상경하기도 하였다.

성룡 장군은 그 부친이 돈을 가지고 자랑하지 않았듯이 명예를 가지고 일체의 자랑을 하지 않았다. 그는 부친의 부를 이어받은 독자이고 동촌 제일의 부자였지만 "동네에서 벼슬 자랑, 돈 자랑을 하지 마라."라는 부친의 교훈을 따라 평생에 초가집에 거하시며 이웃 돌보기를 마다하지 않았다.

그는 현직에서 은퇴한 후에도 후진 양성에 힘쓰게 된다. 세화리 윗동네에는 아직도 성룡 장군으로 하여서 생긴 지명이 몇 있는데 그중에 '사장 동산'이란 곳이 있다. 이곳은 성룡 장군의 활쏘기 훈련장으로 후진을 양성하던 곳인데 오늘날까지 그 지명이 남아 있다.

"세화리를 지날 때 문씨 집 땅을 밟지 않고서는 지날 수 없다."라는 말이 있다. 이는 세화리가 문씨 집성촌이고 세화리에서는 지역에 부자가 많아서 하는 말이다. 사당의 훈장, 풍원(면장), 한약국 등을 운영하던 일가도 있었지만 성룡 장군의 부친은 무역선 선주로 가진 땅들이 그들보다 훨씬 많아서 집안에서도 말을 타고 다녔다고 한다.

그러나 성룡 장군은 부친과 마찬가지로 청렴하게 살았다. 그 후 그 자손들은 세화초등학교·세화중학교·동녘도서관·구좌지서·세화리사무소 등에 터를 기증하기도 하였다. 아직도 그 후손들의 공덕비가 남아 있다. 지역에서도 그로 인해 존경을 받는데, 당대 최대 부자요, 최대 명예를 누릴 만하나 장군은 "묘를 특별히 만들지 말며, 좋은 집을 짓지 마라. 이웃의 본이 되라"는 부친의 교훈을 따라서 문중에는 사당도 종가도 따로 전해지지 않는다. 지금은 읍내에 작은 상가를 가지고 거기서 나오는 기금으로 후손들의 장학금을 지급하는 등 좋은 일에 사용한다고 하니 좋은 일이다.

<군포막 지경에 보편적 제주 사람처럼 묻혀 있는 문성룡 장군의 묘>

선지자 예레미야가 감탄했던 레갑 자손들이 있다. 레갑자손은 선조의 명령을 따라 세상과 자손들에게 부끄러움 없는 모습을 지킨 아름다운 후손들이다.

"그들이 가로되 우리는 포도주를 마시지 아니하겠노라 레갑의 아들 우리 선조 요나답이 우리에게 명하여 이르기를 너희와 너희 자손은 영영히 •포도주를 마시지 말며 •집도 짓지 말며 •파종도 하지 말며 •포도원도 재배치 말며 … 너희 평생에 •장막에 거처하라 그리하면 너희의 우거하는 땅에서 너희 생명이 길리라 하였으므로 우리가 레갑의 아들 우리 선조 요나답의 우리에게 명한 모든 말을 순종하여 우리와 우리 아내와 자녀가 평생에 … 우리 선조 요나답의 우리에게 명한 대로 다 준행하였노라"35:6-10 Jeremiah

바울이 로마서에서 "나의 형제 곧 골육의 친척을 위하여 내 자신이 저주를 받아 그리스도에게서 끊어질찌라도 원하는 바로라"9:3 Romans 라고 하듯이 가문의 역사를 알고 지키는 것은 곧 선조를 사랑함이며, 가족 구원의 시작임을 알아야 한다.

열녀 김천덕과 룻의 이야기

애월읍은 고려시대 때 곽지현郭支縣이라 불리던 곳이다. 곽지리에는 '곽지리식 토기'가 출토되어 제주 역사의 한 모습을 보여 준다. 곽지리에는 '곽지 8경'이 전해지는데 그중에는 '제주 열녀 김천덕의 열녀비'가 있다. 임제는 제주도를 돌면서 열녀비에 대해서 일기 형식의 기행문인 『남명소승南冥小乘』을 썼는데 거기에 「김천덕전」이 나온다.

"열녀 김천덕은 곽지 사람으로서 일찍이 남편을 잃어 조석으로 상식하고 3년 상을 치른 뒤 종신 수절하였다. 지방관리가 천덕의 재색財色을 탐내어 달래기도 하고 어르기도 한다. 이에 김천덕은 자결로 정절을 지켜 1577년(선조 10년)에 조정의 정려가 내려졌다."라는 기록처럼 그녀의 순결을 높여서 오늘날까지 그 이름이 전해진다.

김천덕은 어려서부터 미모와 재주가 뛰어났다고 한다. 그의 남편은 공물을 수송하는 배의 선원이었는데 결혼 20년이 되던 해 추자도와 관탈도 사이에서 배가 침몰하여 죽고 말았다. 그러자 천덕은 보름·삭망과 제사를 지내며 재가하지 않고 남편을 흠모하여 수절하였다.

그러던 중 명월진 조방장이 김천덕의 시부媤父인 김청에게 술을 사주며 매수한다. 이에 시부는 그녀를 재가 시키기로 한다. 천덕은 알지 못하고 있다가 결혼하는 전날에야 그 사실을 알게 된다. 천덕은 목 놓아 통곡하고 스스로 그 집을 헐어, 불 지르고 목매어 죽으려는

데 가족들에게 발견되어 목숨은 건졌다. 하지만 얼굴에 흉터가 난 뒤였다. 그녀는 더러운 옷을 입고 죽기를 맹세하니 그 시아비가 다시는 출가를 말하지 못했다고 한다.(한철용 『사랑의 영웅들』 참조)

<애월읍 곽지해수욕장에 있는 김천덕의 열녀비>

고대 여성들은 남편이 죽으면 자기 뜻에 반하여 죽은 남편과 함께 묻혔다. 우리나라에서도 이러한 관습이 남아 있었다. 남편이 앞서 사망했으나 죽지 못하고 살아남았다 하여서 그 부인을 일컬어 '미망인 未亡人'이라 썼다. 김천덕은 제주 여인의 절개와 표상이 된다. 룻기서에 보면 시부를 잃은 시모에게 자신도 과부 되었으나 이렇게 말한다. "나로 어머니를 떠나며 어머니를 따르지 말고 돌아가라 강권하지 마

옵소서 어머니께서 가시는 곳에 나도 가고 어머니께서 유숙하시는 곳에서 나도 유숙하겠나이다 어머니의 백성이 나의 백성이 되고 어머니의 하나님이 나의 하나님이 되시리니 어머니께서 죽으시는 곳에서 나도 죽어 거기 장사될 것이라 만일 내가 죽는 일 외에 어머니와 떠나면 여호와께서 내게 벌을 내리시고 더 내리시기를 원하나이다"1:16-17 ruth

고대 이스라엘·한국·일본 등지에서 출가 여인은 남편이 사망할 때, 시형이나 시동생의 처가 되어야 했었다. 순장 풍습보다는 조금 나아 보이나 오늘날 사조로는 이해할 수 없는, 인권이 완전히 무시당하는 일이다. 그러나 옛날에도 자부를 아끼는 집에서는 자부를 출가시켜 주거나 보쌈이라는 이름으로 떠나갈 수도 있었다.

천덕과 룻의 경우는 지고지순한 사랑의 발로였다. 4.3 사건 때는 16세부터 60세 남자들이 집단 학살당한 곳이 많았다. 살아남은 부인들은 그 힘난한 세월을 살아왔다. 그들의 답은 '살당 보민 살아진다(살다 보면 살아진다)'라는 말이었다. 밭에서 바다에서 미친 듯이 일에 빠져 슬픔을 달래며 가정을 세워 오신 우리의 선조들의 가슴아픈 이야기다.Ruth

제주인의 절반이 죽은 목호의 난

탐라국은 삼국시대부터 독립국이었다. 통일신라 경순왕은 왕건에게 항복한다. 항복을 반대하던 마의태자는 통곡하며 금강산으로 들어가 베옷을 입고 초근목피로 연명하다 숨진다. 신라의 귀족·지방호족들은 신라를 고려에 갖다 바치고 부와 권력을 세습하며 지금도 기득권을 누리고 산다.

이때 탐라는 고려의 1개 주로 편입되고 고려 의종 7년인 1153년에는 지방관이 파견돼도 탐라 왕가의 고씨 성주, 문씨 왕자는 지위를 인정받고 120년간 관계를 유지한다. 그런데 고려가 원나라에 굴복할 때 이를 반대한 삼별초군은 새 왕을 옹립하고 강화도에서 진도를 거쳐 탐라에 이른다.

1273년, 삼별초의 탐라 입도는 제주사회 처음으로 좌우 갈등을 초래한다. 좌측은 삼별초군의 김통정 장군, 우측은 여몽연합군의 김방경 장군을 돕는 세력이었을 것이다. 그러나 삼별초는 여몽연합군에 의하여 대패하게 된다. 그리하여 원나라는 탐라에 총관부를 두고 제주를 중국 남송과 일본 정벌의 병참 기지로 만든다.

몽골이 탐라를 직할 식민지로 만들 때 공민왕의 반원 운동이 있었다. 그러나 몽골은 1356년까지 83년간 탐라총관부에 다루치로 목마장을 관할하고 동·서아막(한국 道와 郡에 해당하는 행정단위)으로 나누어 15,000명가량의 군사를 주둔시킨다. 이로써 제주도는 원 제국의 14

개 국립목장의 하나가 된다. 이로써 원은 탐라에 목호들을 보내어 말과 다른 가축도 기르게 된다.

1294년(충렬왕 20년), 탐라가 고려에 반환되자 고려는 목사를 두어 제주를 통치하게 된다. 1372년(공민왕 21년) 명나라가 세력을 얻자 고려는 명나라와 우호를 맺는다. 이후 명나라는 후금을 치는 데 소용할 군마를 고려에 요청할 때 고려는 제주에 말馬의 공출을 요구한다. 그러나 목호들은 "원나라 칸王이 하사한 말을 적국 명나라에 줄 수 없다."라고 하며 제주목사 여럿을 죽이는 난을 일으켰으니 '목호의 난'이다.

<목호의 난 중심지인 왕이메: 몽골인의 피같이 붉은 참꽃나무의 꽃이 피었다>

주둔군 형태의 몽골문화는 전 영역에 뚜렷한 흔적을 남겼다. 특히 목축지였던 제주의 여러 지역과 오름의 명칭부터 말과 목축에 관련된 언어까지 몽골문화와 몽골어의 흔적이 곳곳에서 발견된다. 또한, 제주 의식주 모든 실생활에 쓰이는 지명, 도구나 농기구명 등에 이르기까지 몽골과 깊은 연관을 찾을 수 있다.

1373년 명나라가 말 2,000필을 징발하자 제주도에서 말을 소유한 목호들은 강력히 반발하며 난을 일으킨다. 이에 고려 조정은 최영 장군에게 전라·경상 2개도 전함 314척, 군사 25,605명(숫자에 이견 있음)을 제주에 보내어 난을 평정한다. 이는 고려가 외세(몽골)를 친 것이라 말하나 이들은 이미 제주로 이민 와서 80년이 넘는데 외세일까?

고려 관리들의 폭정과 수탈은 사실상 제주인을 죽이는 결과를 초래하였다. 제주인은 누구를 더 가깝게 느꼈을까? 조선 초 편찬된 『고려사』, 『고려사절요』에 따르면 고려군은 몽골인과 그 자손들과 결혼 관계를 맺거나 혼혈아, 변발자·목호를 도운 자 등 남녀노소를 가리지 않고 사살함으로써 제주 인구 절반을 죽음에 이르게 한다.

태조 때, 판관 하담은 목호의 난을 이렇게 표현한다. "칼과 방패가 바다를 뒤덮고, 간과 뇌가 땅을 덮으니 목이 멘다." 여자와 아이들의 울음, 불타는 마을. 그들은 무슨 죄가 있었던가? 단지 제주를 낙토로 여겨서 이민 왔고 원나라(몽골) 태생으로 살아온 게 죄였던 것이다. 청년은 죽고, 뭇사람의 귀양지가 된 제주는 출륙까지 금지당한다. 애써 키운 말들은 공출당하고 섬사람들은 주린 배를 채우려고 송피를 뜯고, 톳과 파래로 연명하였다.

어떻게 이를 단지 '외세를 쫓기 위한 어쩔 수 없는 일'이라 하겠는가? 불과 70년 전에 있었던 4.3 사건도 다르지 않았다고 본다. "당신의 모친과 동생들이 당신을 보려고 밖에 섰나이다 예수께서 대답하여 가라사대 내 모친과 내 동생들은 곧 하나님의 말씀을 듣고 행하는 이 사람들이라 하시니라"8:20-21 Ruth

600년 전의 일이라고 치부해 버리겠는가? 오늘도 그리스도의 이름으로 불법을 행하고 예수의 이름으로 속죄를 말하며 십자가 아래 숨어서 자비를 바라는 이들에게 예수님은 과연 무엇이라 말씀하시는가? 불과 70년 전에도 불법을 행하면서 역사를 논하고, 자비를 말할 수 있단 말인가?

제주는 부부 중심 사회다

사람 살 만한 사회는 •여성의 지위 •여성의 힘 •여성의 자유에 달려 있다. 고구려 사회로부터 고려 사회에 이를 때까지 여성에게는 이 3가지가 있었다. 적어도 이조 600년 중에 유교가 정착하기 전에는 그랬다. 이조 600년 중에도 400년이 지나고 나서야 유교는 어느 정도 정착하기에 이른다.

그러므로 유교가 한국 사회에 발붙인 것은 조선 후기 200년과 일제시기와 근대화 시기를 합쳐서 100년을 더해도 300년 정도이다. 그러나 제주도는 한반도와 전혀 다른 구조이다. 왜냐하면, 제주도는 고구려의 남성문화와 폴리네시안의 여성문화가 절묘하게 조화를 이루는 곳이다. 그래서 제주는 부부 중심 사회가 된 것이다.

이러한 제주 문화의 실정을 모르면서 제주를 한반도의 일부로 그 관점에서 분석하려 한다면 아주 위험한 일이다. 제주도는 구미歐美와도 비교할 수도 없을 정도의 독자적 문화를 가지고 있다. 제주도는 날이 갈수록 한반도의 일방적 교육·문화로 인하여 본래의 만주-북방문화와 폴리네시안 남방문화가 점차 약화되고, 이제 사라지는 실정이다.

그중에도 가장 심한 변화는 제주가 세계 유일의 부부 중심 사회에서 점차 남성 중심 사회로 변화되어 가는 점이다. 서양의 기독교 문화는 성경을 잘못 해석하여 "여자는 교회에서 잠잠하라 저희의 말하는 것을 허락함이 없나니 율법에 이른 것 같이 오직 복종할 것이요 만일 무엇을 배우려거든 집에서 자기 남편에게 물을찌니 여자가 교회에서 말하는 것은 부끄러운 것임이라"라는 말씀이 여성의 지위를 땅에 떨어뜨려 버렸다14:34-35 1Corinthians.

그러나 이 말씀은 바울이 당시 풍속을 반대하면 사회적 저항을 받을 것 같아서 어쩔 수 없이 당시 풍속을 수용했을 뿐이다. 또한, "여자는 교회에서 수건을 쓰라."라는 문제도 문화적 해석일 뿐이다. 그러나 오늘날까지도 일부 보수 교단에서는 여성 안수(여성이 목사나 장로가 되는 것)를 반대한다. 그렇다면 여성들에게 이슬람교처럼, 아니면 천주교처럼 수건을 씌워야 할 것이다.

이슬람에 의하여 여성의 지위, 여성의 힘, 여성의 자유는 완전히 땅바닥에 떨어져 버렸다. 일본의 막부시대도 이와 다르지 않았다. 일본문화는 여성을 동물과 같이 취급하였다. 그래서 일본은 전쟁터에도 위안소를 설치했을 정도이다.

그러나 제주는 수렵사회로 남자는 사냥과 축산을 맡은 북방인과 같고, 여자는 해산물, 채소와 열매를 채취하므로 남방인과 같다. 즉 남녀가 동등하게 노동하는 세계 유일의 부부 중심의 전통을 이어 왔다. 그러므로 남자에 예속되지 않는 여성의 지위-힘-자유가 보장되었다. 이러한 전통은 농경사회에서는 유효했으나 산업화-정보화사회인 오늘날에는 맞지 않기에 남자들은 자기의 자리를 찾지 못하는 경향이 있다. 제주에서는 자식이 결혼과 동시에 분가하는 게 원칙이다. 시부모는 며느리의 밥을 먹지 않는다. 며느리를 '새애기'라 부르지도 않고 이름을 부른다. 며느리가 아이를 낳더라도 '누구 엄마'라 하지 않고, 택호-서울댁, 부산댁이라 부르지 않는다. 여자의 이름, 또는 '누구 각

시'라 부르고 남자도 이름, 또는 '누구 서방'이라고 부른다. 동네에서도 결코 누구의 어머니, 누구의 아버지라 부르지 않는다.

과거 세계나 고대 한국은 조상-노인-남성 중심 사회였지만 제주는 부부 중심 사회였다. 그러나 제주도 점차 자식 중심의 사회로 변해 간다. 이것은 국제적 현상이나 종교적 교리도 아니고, 지방화시대에 역행하는 현상이다.

또한, 신이민으로 제주에 이주하고도 제주문화를 모르기에 비웃거나 비도덕적이라고 말하는 것은 잘못된 일이다. 왜냐하면 육지에서도 이제야 산업화시대(1960년대) 이후에 부부 중심 사회를 배워 가는 입장이기 때문이다.

제주를 알고 제주문화를 회복하는 것은 여성의 지위-힘-자유를 찾는 일이다. 여자들로 하여금 남자의 입장을 일반화시키고 순응順應하게 하는 것은 그들을 남자에게 종속시키는 일이다. 한국 드라마의 가정사는 고부간의 갈등이지만 제주에선 고부간의 갈등은 아예 없다. 결혼과 동시에 자식을 분가시키기 때문이다. 제주 여성들의 독립적인 위치는 아주 오래전부터 이어 온 제주문화요, 풍속風俗이다.

<제주도 애기구덕은 박물관에서나 찾아 볼 수 있다: 해녀박물관 소장>

제주에는 유럽인들처럼 요람이라는 '애기구덕'이 있다. 애기구덕은 대나무 바구니를 길게 만들어 밑에는 롤링이 되는 둥근 나무가 박혀 있다. 한반도에서는 부부 사이에 아기를 재우거나 엄마가 아기를 껴안고 잔다. 그러나 제주에서는 아기를 구덕에 눕히고 부부의 발 아래 둔다. 혹 아기가 울어도 껴안지 않고 발로 몇 번 흔들어 주고 만다.

제주는 노인을 위해서도, 자식을 위해서도 아니고 오직 부부에 의해서 판단하고, 결정하고, 행동한다. 자식에게 돈이나 재산을 물려줄지언정 결코, 손자를 보며 밥을 얻어먹는 노인은 없다. 아름다운 이 전통은 반도인(육지인)들이 이해할 수 없는 제주 사람들의 역사가 빚어낸 애환이 숨겨져 있다.4:34-35 2Chronic

삼무의 원인과 결과

　제주의 신이민들은 제주가 한반도와는 전혀 다른 문화라는데 당혹해 한다. 문화의 중심인 '제주어'가 '한국어'와 근원이 다르기 때문이다. 일반적으로 제주를 한국의 일부로 보는 경향이 있다. 신이민의 실수는 육지인 중심의 재在제주 한국문화를 만들려 하는 것이다. 그러나 제주는 자연·역사·문화가 한반도와 전혀 다른 세계임을 알아야 한다.

　아름답고 정겹던 제주전통이 외지의 도래인들에 의하여 무참히 짓밟히고 있다. 시부모를 모시지 않고 자기들끼리 산다고 불효자라 오해하거나 욕하는 경우가 있다. 지나친 ᄌᆞ냥貯藏정신을 인색하다고 말한다. 자기들끼리는 "삼춘! 삼춘!" 하면서도 도래인(外地人)들을 지나치게 경계하며 자기들만의 세계에서 육지인을 무시한다(텃세 부린다)고 하지만 모르고 하는 말이다.

　삼무의 전통은 제주를 여는 또 하나의 키워드다. 삼무의 배경을 알면 제주도 사람들의 내심을 이해하게 될 것이다. 어떤 제주인의 집을 가더라도 3년 치 양식을 가지고 산다. '먹다 남아서 ᄌᆞ냥(저장)하는 게 아니다.' 거기에는 피눈물 나는 제주인의 아픈 역사가 담겨 있다.

　제주의 자연·사회의 재해는 극심하였다. 1454년(단종 2년)에는 지진이 발생하여 많은 인명 피해가 있었다. 1645년(인조 23년)에는 '가뭄과 큰 홍수가 동시에 발생'하여 흉년이 들어서 조정에서는 진휼곡 2

천 석으로 구휼하였다. 9년 후인 1653년(효종 5년)에는 '최악의 흉년'이 들었다. 16년 후인 1669년(현종 13년)에는 '큰 흉년이 강타'하여 진휼에 힘을 쏟았다. 5년 후인 1672년(숙종 1년) 가을에는 최악의 흉년이 강타하여 구휼에 힘을 쏟았다고 전한다.

사회적 재해로는 삼별초의 난, 김방경 장군이 이끌던 여몽연합군의 격전, 몽골의 100여 년 식민화, 목호(몽골인 목자)의 난과 목사들의 피살, 최영 장군의 여명연합군 대전, 수 없는 왜인의 침입, 150년 전 천주교인들의 신축교란(을축년 사건)과 프랑스의 침공, 이재수의 난, 방성칠의 난, 일제 침략과 태평양전쟁, 일제 전쟁기지를 위한 36년 간의 침탈이 있었다. 70년 전에 일어난 4.3 사건은 농경과 추수를 불가능하게 하였다.

제주인의 지혜와 변화는 색다르다. 전란과 흉년을 이겨 내는 방법은 •핵가족화(부부 중심)로 각 가정이 각자도생의 길을 찾는 것이다. 끌어안고 있다가 모두 한 통에 죽을 수 있기에 소가족(핵가족) 단위로 떨어져 각자의 살길을 찾아야 했다. 또한, •각 가정이 3년 치 이상의 양식을 준비하고 필요에 따라서 •괸당(家族)의 연대를 모색(平和時)하였다.

제주인들은 근면하여 3년 치 양식을 저냥貯藏하므로 태풍이 불고 대란이 일어나도 안정을 기할 수 있기 때문이다. 그렇기에 대문大門 없는 •무문사회大門社會, 도적盜賊이 없는 •무도사회無盜社會, 걸식乞食이 없는 •무걸사회無乞社會, 즉 삼무사회三無社會, 삼무도三無島를 만들어 낸 것이다.

이처럼 제주사회는 자연·사회재해로부터 •가족제도가 변화되었다. 그것은 재난을 예비한 소가족제도로 •각자의 양식은 소가족이 책임지는 경제생활이다. 또한, 그로 인하여 •누구에게 책임을 돌리지 않는 사회제도와 전통을 이루어 낸 것이다. 이것이 곧 삼무의 열쇠를 푸는 키워드이다.

<정낭은 삼무의 상징으로 도적을 막기 위함보다 정보 전달의 수단이었다>

바울 선생(宣敎師)은 자발적 후원을 거절하지는 않았으나 자신의 생활을 의탁하지 않고 스스로 견지하였다. 또한, 자신뿐 아니라 자신에 속한 사람(대원/팀)들에게도 그렇게 일하도록 하였다.

그러므로 바울은 이 점에도 제주선교(宣敎)와 제주목회(牧會)의 귀한 모범을 보여 주고 있다.18:3 Act

선교는 그 지역을 잘 알고, 그 지역 사람으로 살며, 그 지역의 필요를 채워 주고, 그 지역의 빈틈을 찾아 자기의 일을 감당해 나가는 것이다. 이것이 과거 한국 선교의 성공 요인이었으나 제주의 목회자와 교회들은 이를 본받지 못했기에 오늘날 제주사회와 제주교회를 이완시키는 결과를 낳은 것이다.

"내가 궁핍하므로 말하는 것이 아니라 어떠한 형편에든지 내가 자족하기를 배웠노니" 이러한 자족함이 신이민이 제주사회에 적응하는 생활이 될 것이다4:11 Philippia.

제주는 수렵사회다

제주를 여는 키워드 중의 하나는 제주사회는 수렵사회狩獵社會라는 것이다. 이는 농경사회-산업화사회-정보화사회보다도 훨씬 이전의 사회현상일 수 있다. 하지만, 인류학적으로 볼 때 사냥·채집의 결과물을 구성원들이 공평히 나누며 살아가는 삶이다.

약 1만 년 전 인간이 농경을 시작하고 저장하며 집단이 커지고, 계급 차이가 나타나 사회구조가 분화된 복잡한 사회로 변해 온 것이 사회 발전 과정의 견해다. 그러나 제주도는 자연환경상 농경사회로 갈 수 없는 구조였다.

제주사회는 전과 다르게 급속히 변화되고 있기 때문이다. 그 이유는 제주도가 한국의 일부로 교육되고, 본토인들의 급격한 출도出島 현상이 일어나고, 다수의 외지인들이 입도入島하기 때문이다. 전통적인 제주사회는 급격히 붕괴되고 있다.

그리고 제주와는 맞지 않는 한국법으로 처리되며 제주의 전통법은 무시당하고 있다. 그것은 제주 이주민들(100년 이하)이 인구가 이제는 50%에 이르기 때문이다. 본토인의 인구가 소멸 될 위기로 몇 년 안 가서 굴러온 돌이 박힌 돌을 빼내게 될 것 같다.

몽골 침입 이전에는 해변에서 한라산까지가 공동목장이던 땅들이 몽골 치리 100여 년 동안 10여 개의 목마장으로 분할된 것이 현재 읍면 경계의 기본이 되었다. 또한, 조선시대에 목마장이 해제되고, 일제 시기에는 개인이 등기하지 않은 땅은 일본 정부의 땅이 되었다. 해방 이후에는 국유지가 되어 장영자 같은 이들이 국가로부터 불하를 받고 매각되며 과거의 방목·수렵·산야채·약초 채취도 못 하는 지경에 이르렀다.

반세기 전만 해도 제주 사람들은 한 달을 조금과 사리로 나누어 반농반어 하며 살아왔다. 사리 물때에 여자들은 바다로 나가 해산물·해초를 딴다. 밀물이 되면 남자들이 모래밭에 있던 배를 띄워 고기를 낚거나 그물을 던졌다. 그러면 언제든 집에 있는 사람은 남녀의 구별 없이 아기를 보고 집안일을 해야 했다. 그것이 부부 중심, 반농반어半農半漁 가정의 보편적 생활 패턴이었다.

그런데 외지인들이 이런 풍습을 모르니 어쩌다 집에서 밥하고 애기 보는 남자를 보고 제주도에는 여자가 밖에서 일하고 돈 버는데 남자들은 집에서 애기나 보고 있다는 오해를 받아 왔다. 그것은 제주도의 풍습과 가족관계와 가사분담을 모른 까닭에 생겨난 일이다.

조금 물때에는 육지 일을 하는데 남자들은 사냥·목축을 하고 여자들은 밭을 매거나 땔감을 하였다. 남자들은 밭을 갈아 씨를 뿌리거나 추수 때 우마차를 몰고, 김매거나 비료를 치거나 땔감을 하는 일은 여자의 몫이었다. 남자들이 사냥하러 가서 아이를 볼 수 없을 때 여자들이 밭에 나가게 되면, 아기구덕(대바구니)을 지고 가서 일을 했다.

제주에서는 80살이든 90살이든 서로 분가하여 살기에 고부간의 문제는 애초에 없다. 서로가 자기 짐승을 보며 자기 농사를 짓기에 품앗이는 하여도 공짜는 없다. 몽골이나 중앙아시아에서는 지금도 그렇게 살고 있다13:8-12 Genesis.

훈자왕국(파키스탄)에서는 살구나무를 얼마나 가졌느냐에 따라 부자라 하고, 이스라엘에서는 가축을 얼마나 가졌느냐에 따라 부자라 한다. 한반도에서는 농경사회이기에 논을 얼마나 가졌느냐에 따라 부자라 했고, 논을 많이 가진 사람을 지주라 하였다. 그러나 제주는 수렵사회-목축사회이기에 말과 소를 얼마나 가졌느냐에 따라서 부자라 하고, 우마를 많이 가진 사람을 목호라 하였다.42 Job

제주도는 들과 바다를 품은 섬이다. 그렇기에 바다만 가지고 살거나 들판만 보고 살 수 없다. 해안가 사람들 중에는 대부분 반농반어였고 중산간 사람들은 반농반축半農半畜이었다. 그리고 바다와 들은 모든 분야에 관계가 있다.

바다의 마른 해초들은 밭에 거름이 될 뿐 아니라 병충해를 방지하고 소나 말들에게는 염분을 섭취하는 먹이가 되기도 한다. 가축의 노동력이나 부산물은 농경에 필요하였고 농경의 부산물이나 찌꺼기들은 가축의 먹이가 되므로 유관하다.

외할머니 친정은 중산간이어서 사냥꾼들의 이야기를 자주 들려주셨다. •사냥 팀을 결성하는 법 •사냥하는 법 •사냥물의 분배 하는 법 •사냥한 고기의 이용과 저장법 등을 세밀하게 들려주셨다.

<제주 바다 해변에서 해초를 줍는 좀녀의 모습>

그러나 그 이야기들은 이미 오래전 일이고 필자가 직접 함께하지 못했고 너무 어렸을 적 들은 이야기라 더 이상 기억할 수 없다. 그런 할머니에게 잘 배워서일까? 어머니는 종종 아버지가 앓고 나면 꿩고기 엿이나 오소리 엿 등을 만들어서 보양해 드리던 기억이 생생하다.42 Job, 13:8-12 Genesis

이어도와 설렁거스

제주 좀녀海女들이 하는 말 중에 "칠성판을 등에 지고 삶과 죽음을 오간다."라고 하는 말이 있다. 또 다른 말은 "좀녀는 저승에서 벌어서 이승에서 쓴다."라고 한다. 좀녀들이 긴 숨을 참고 몇 길 바닷속으로 좀수해 들어가면 그곳이 곧 죽음의 세계요, 지옥일 텐데 오히려 그녀들은 '그곳에서 돈을 벌어서 세상에서 쓴다'고 한다. 어떻게 죽을 수도 있는 그곳을 저승이라고 하면서도 그 일을 계속할 수 있는가?

< 좀수들이 물질 후 불턱에서 몸을 녹이는 모습: 구좌 해녀박물관에 전시된 모습>

그녀들이 말하는 '저승'은 어디일까? 그녀들이 말하는 그곳은 '이어도'로 나가는 곳, 즉 '저승의 통로'이다. 그래서 물질하다가 죽어도

저승(이어도)으로 간다는 믿음이 있다. 제주에서는 1년에도 여럿 줌녀분들이 영원한 이어도로 떠나신다. 줌수들은 행여 죽을지라도 물질하는 것에 조금도 두려움이 없다. 왜냐하면, 물질하는 그 자체를 저승의 일로 보기 때문이다.

고려시대 때 몽골에서 이민 온(16개 성씨) 이들은 제주도가 '설렁거스-무지개의 나라'임을 알고 제주로 이민 오게 된다. 그들은 제주도를 '낙토樂土'라 여겼으니 이는 곧, 낙원樂園이란 말이다. 제주도야말로 그들이 살던 몽골과는 비교도 되지 않았다. 겨울에도 푸른 잎이 청청하니 몽골과는 비교할 수도 없는 낙원이었다.

몽골 여인들은 짐승의 젖을 짜는 일, 버터나 치즈를 만드는 일을 한다. 짐승의 마른 똥(아르가)을 주워서 게르(천막)에서 취사와 난방을 하는 게 그녀들의 일상이었다. 그러나 제주의 겨울은 몽골 초원의 겨울과 비교되지 않을 정도로 따뜻했다. 그야말로 낙토의 설렁거스(무지개의 나라)가 따로 없었다.

몽골인들에게 설렁거스가 있었던 것처럼 제주 줌녀海女들에게 이어도가 없었다면, 그 깊은 물속을 어찌 들어갈 수 있었을까? 그녀들은 대부분 잠수병을 가지고 있었다. 바다 깊이 들어가면 수압으로 인해 뇌혈관이 쪼그라들어 두통을 앓는다. 그런 그녀들이 잠수병을 가졌음에도 두려움 없이 물질할 수 있는 것은 이어도의 소망이 있었기 때문이다.

북방 이민자들에게 제주도는 곧 설렁거스였다. 그러나 남방불교가 사라지고 포작인(전복 캐던 남자 줌수)들이 사라졌듯이 줌녀들도 이제 사라질 위기다. 이어도를 그리던 어머니들이 그곳으로 가셨듯이 천국은 북방 이민자들처럼 찾는 자들의 것이다. 구레네 시몬은 흑인으로서 예루살렘을 찾았다가 로마 군병에게 붙잡혀 억지로 십자가를 지었다. 그러나 그가 진 십자가가 오히려 구원의 복이 되었다.

"마침 알렉산더와 루포의 아비인 구레네 사람 시몬이 시골로서 와서 지나가는데 저희가(Roma軍人) 그를 억지로 같이 가게 하여 예수의 십자가를 지우고" 제주의 해녀들에게 이어도가 있고, 몽골 이민자들에게 설렁거스가 있듯이 예수를 믿는 이들에게는 천국이 있음이 곧 믿음이요, 소망이다.15:21 Mark

대낭 방장대와 머귀낭 방장대

얼마 전 장례식장에 문상을 다녀오며, 30년 전 어머님의 장례식 치르던 때를 생각하니 마음이 울적하였다. 10년이면 강산도 변한다는데 50년 가까이 되었으니 무엇인들 변하지 않을까마는 그래도 관혼상제는 세계 어느 곳이나 그 민족문화를 가장 잘 표현해 준다.

필자는 30여 년간 세계 여러 나라를 순행하며 일하였다. 특히 중국과 타이완, 인도차이나와 인도네시아, 몽골-중앙아시아 등에는 오래 머물며 남다른 관심을 가지고 당지의 관혼상제 등을 자세히 살피려 하였다. 왜냐하면, 그것이 곧 인문학의 바탕을 연구하고 해외정책을 수립하는 필자의 업무이기도 하였기에 관계가 깊다.

몽골이나 중국 등, 아시아 지역은 어느 정도 옛 전통을 찾을 수 있으나 중앙아시아는 공산-사회주의를 겪으며 변형되었고 이슬람을 신봉하는 나라들은 종교의 영향을 받아서 민족 전통을 찾기가 어려웠다. 물론 그들도 우리처럼 사회가 발전됨에 따라 변화되지만, 그러나 관혼상제는 사상보다는 민족과 종교의 영향이 관계가 깊었다.

최근의 장례식은 육지 방식과 제주 방식의 차이를 가름하기 어렵다. 장례식장을 이용하거나 화장장을 이용하거나 정리된 묘지를 이용하는 등의 외부적인 모습은 거의 비슷해 보인다. 그러나 제주의 장례식은 식사의 내용이나 조문 방법이 다르다. 그래서 설치된 단에 조의

금을 내지 않고 자기가 아는 상주에게 직접 조의금을 드린다. 그러면 조의금 받은 상주는 조문객에게 답례품을 주는 것 등은 육지에 없는 방법으로 예전과 다르지 않아 보인다.

30년 전 부모님 장례식 때만 하여도 망자를 집에 모시고 장례를 치렀다. 예전의 장례식은 육지와 전혀 다른 모습이었다. 육지에서는 상여꾼들이 상여를 메고 버티면 상주들은 그때마다 술과 봉투를 찔러 준다. 상여꾼들은 일당을 받고 고용된 사람들이 대부분이니 그럴 것이다.

그러나 제주에서는 그런 일이 있을 수 없었다. 왜냐하면, 상여를 메는 이들이 100% 상주의 상여 모임에 속해 있기 때문이다. 또한, 제주에는 길게 늘어뜨린 두 줄의 광목을 상여에 매면 초상집 여자 친척·친구·신도들이 부조하는 마음으로 광목 줄을 끌어 준다. 그래서 상여꾼들이 버티려 해도 여인들이 상여에 멘 광목 줄을 끌어당기기에 버틸 수가 없었다. 이는 제주도만의 고유한 풍습이었다.

시대가 조금 더 흘러 장지까지 트럭을 사용하여 상여를 모셨는데 이런 풍습도 이제는 모두 사라져 버렸다. 그러나 상주들이 삼베옷을 입고 삼베 두건 쓰고 방장대(상주가 짚는 지팡이)를 짚는 것은 아직도 완전히 사라지지는 않은 것 같다. 사전에 '방장대'라는 말은 제주방언으로 나와 있다. 그러나 중국에서는 아직도 방장대(상제/喪杖가 짚는 지팡이)를 사용하는데, 중국어 사전을 찾아보니 상장은 '•곡상봉(哭喪棒: 상제가 짚는 지팡이) •상봉(喪棒: 상제가 짚는 지팡이) •애장(哀杖: 슬픔을 상징하는 지팡이)

• 장(杖: 지팡이, 막대기, 쥐다)'이라고 나와 있다.

<제주도에서는 어머니 장례식에는 머귀낭 방장대를 짚는다>

불과 30년 전만 하여도 제주도 상주들은 죄인처럼 삼베옷을 입고, 허리에 새끼 줄을 매고, 삼베 두건을 쓰고, 지팡이를 짚는 게 보편적이었다. 이런 모습은 규모를 갖춘 제주인들의 가정에서는 지금도 볼 수 있는 모습이다.

제주도의 방장대는 단순한 장(杖: 지팡이, 막대기, 쥐다)이 아니라 매우 특별하다. 부친상에는 대낭(대나무) 방장대를 짚었다. 대나무는 속이 비어 있다. 또한, 대나무 마디가 띄엄띄엄한 것처럼 부친은 '띄엄띄엄 생각난다'는 의미가 있다. 모친상에는 머귀낭(머귀나무) 방장대를 짚었다. '어머니는 속이 깊고 머귀나무 가시처럼 고생하셔서 자꾸자꾸 생각난다'는 의미라고 한다. 그러나 두 방장대의 공통점은 구멍이 나 있어 '땅에 상주와 하늘의 망자를 이어 준다'라는 뜻도 있다.

모세는 도망쳐 나온 애굽으로 돌아간다. 성경에는 "모세가 그 아내와 아들들을 나귀에 태우고 애굽으로 돌아가는데 하나님의 지팡이를 손에 잡았더라"라고 한다. 모세의 손에는 목동의 지팡이가 아닌 하나님의 지팡이가 들렸다. 목동 모세의 지팡이는 '인간의 지팡이'였으나, 애굽으로 가는 모세의 지팡이는 이스라엘 민중을 인도하는 소명자의 지팡이요 '하나님 능력의 지팡이'가 되었다.4:20 Exodus

성도는 자신이 죽을 자리에 대신 죽으신 예수를 조상하는 죄인이다. 그럼에도 '민중의 지팡이'를 마구 휘둘러 대는 지도자는 그 끝이 좋지 않다. 과연 그 손에 쥔 지팡이는 어떤 지팡이일까? 대낭 방장대를 짚고 가끔 생각하지 말고, 머귀낭(가시나무) 지팡이를 짚은 듯이 살아야 할 것이다. 가시에 찔려 고통받으신 그분을 깊이 묵상해 봐야 한다14:2 Exodus.

제주도 장례문화의 변화

　필자는 중국에서 20년을 지내는 동안 대륙의 한족(인구 92%: 14억 명)과 소수민족(8%: 1억명 좌우)들의 장례식을 많이 보아 왔다. 대륙에서는 공산화되면서 3세대가 되어 가지만 같은 민족이라도 타이완으로 나온 한족들의 경우는 아주 다른 모습이다.

　대륙에서는 공산주의의 영향으로 죽음에 큰 의미를 두지 않기에 1박 2일 내로 장례가 끝나 버리는 경우가 허다하다. 그러나 타이완에서는 도교·불교·천주교·기독교 할 것 없이 그 내용은 종교적일지라도 장례식 기간은 대부분 한 달쯤 진행되었다. 나중에 그 이유를 알게 되었는데 이유인즉 타이완의 한족들은 유족들이 세계 각지에 흩어져 살기에 멀리 있는 형제자매·일가친척들이 장례식에 참석하려면 많은 시간이 필요하기 때문이다.

　또한, 타이완은 국토가 작으니 매장이 쉽지 않다. 대부분은 화장하고 유골을 바다에 뿌리는 게 보편적이다. 그러다 보니 타이완 정부는 해안이 오염된다고 하여서 해안에서 수십 킬로 밖으로 나가서 유골을 뿌려야 한다는 규정이 있다. 그래서 장례 예식의 마지막 과정은 멀미를 무릅쓰고 먼 바다로 나가야 한다. 그래서 가까운 친지나 신도들도 하관 예식은 선상에서 드리게 된다.

　제주의 경우, 장례 절차는 아주 다르다. 장례가 나면 상가에서는 성복成服하여 상복喪服을 입는다. 성복 때는 사돈집에서 팥죽을 쑤어서 물허벅(물항아리)에 넣어 상가로 지고 간다. 그러면 상가는 팥죽을 대접한다. 성복 때 상가의 부녀들은 상복과 음식을 준비하고, 남자들은 관을 짜고 돼지를 잡고 차일을 쳐서 일포에 손님 맞을 준비를 한다.

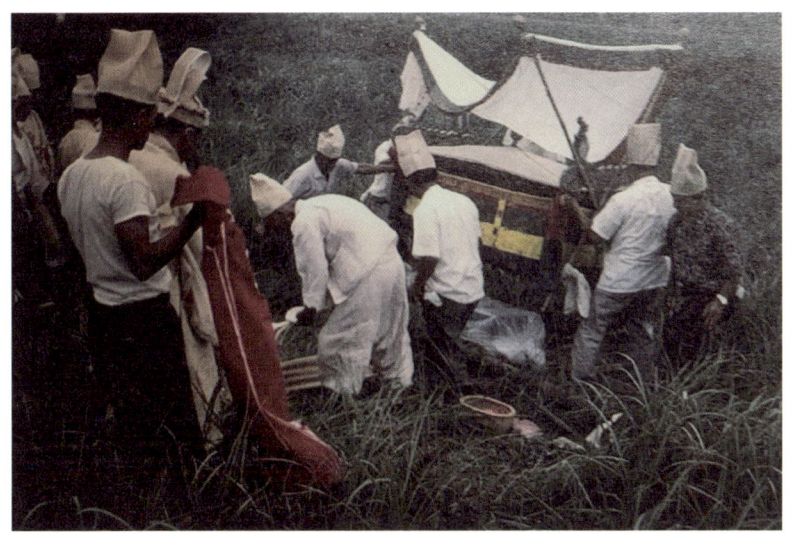

<1971년 제주의 장례문화를 일본인이 찍은 사진을 통해 볼 수 있다>

한반도와 아주 다른 제주도의 장례풍속 중의 하나는 장지를 얻는 풍속이다. 육지인들이 제주도 들판을 보면서 가장 이해 안 되는 것은 농지나 목초지 가운데 돌로 쌓은 묘지들이라고 한다. 제주도에서는 울타리를 쌓는 울담, 밭에 쌓는 밭담, 산(묘)에 쌓는 산담이 있다. 울담·집담의 용도는 여름 태풍과 겨울 강풍을 막는 거라면 밭담·산담은 우마의 침입과 산불이 묘역으로 들어가는 것을 막으려는 조치이다.

또한, 망자가 사전에 못자리를 못 구했을 때는 상가에서 정시地官를 빌려 못자리를 찾는다. 정시가 못자리를 구하면 상주는 지주地主에게 쌀 한 말(제주에서는 4되), 돼지 뒷다리, 술 한 되를 가지고 가서 묏자리를 청한다. 그러면 웬만큼 원수지지 않으면 허락하지 않을 수 없었다. 만약 묏자리도 허락하지 못할 정도면 그 마을에서 살기 어렵다.

장례 전날 밤에는 두 사람을 먼저 보내어 토신山神祭에게 닭을 드린다. 일만 팔천 신들의 고향인 제주에는 가는 곳마다 신들이니 묘를 쓰기 전에도 토신제를 드렸다. 한번은 어떤 상가에서 젊은 사람과 이빨이 없는 노인을 짝지어 제물로 닭 한 마리를 주어서 보내었다. 젊은이는 "옳거니, 오늘은 이빨 없는 노인과 같이 가니 제물로 드린 저 닭은 내 차지겠지!" 생각하며 제사를 마친 젊은이는 그 닭으로 죽을 끓여서 노인 앞에 놓았다. 그랬더니 노인은 "나는 이빨이 없어서…." 하면서 휴대한 작은 칼로 닭 한 마리를 순식간에 먹어 버리더라는 이야기다. 나중에 몽골에 가서 보니 아이나 여자나 할 것 없이 수저는 없는데 누구나 칼이 있었다. 몽골인들은 한입에 고기를 물고 칼로 신기하게 고기를 베어 내는 것을 보고 탄복이 나왔다.

아브라함은 아내가 사망하자 헷족속에게 매장할 땅(Makbella-Cave)을 구한다. 그는 그 밭 모두를 구입하여 장지로 삼았다. 그러나 제주도에서는 그 땅 전부를 사지 않아도 쌀과 고기와 술 한 병으로 묏자리를 구할 수 있었다. 그러나 이제는 장지로 쓰인 묘지일지라도 새로 땅을 구입한 외지인들이 '자기 땅(골프장·목초지)에서 나가라!' 한다. 그러니 제주의 장례문화도 변할 수밖에 없게 되었다. 그래서 이제는 제주의 산과 들에도 변화된 장례문화로 점차 옛모습 찾기가 어렵게 되었다.23 Genesis: Makbella-Cave

1795년, 갑인년의 흉년

    6.25 전쟁이 끝나던 1950년대 후반, 우리가 다니던 국민학교 뒷마당에는 기다란 초가집이 있었고 거기에는 커다란 가마솥이 걸려 있었다. 점심시간이 되면 미국에서 원조한 옥수숫(강냉이)가루로 끓인 노란 옥수수죽을 노란 알루미늄 양재기에 담아서 맛있게 받아먹던 기억이 새롭다. 그러나 중학교에 입학하고서는 도시락을 못 쌀 때가 더 많았고 도시락이 없는 날에는 우물물로 배를 채우던 때가 많았다. 벌써 60년 전 이야기다.

    조선시대인 1790년부터 1796년까지 제주도는 7년 동안 전무후무한 대흉년을 겪는다. 정부는 1790년 이홍운을 244대 제주목사로 파견하나 경질되고 245대 목사로 이운빈을 파견하나 성과가 없었다. 그래서 246대 목사로 1792년 3월 이철운을 파견하나 흉년에 배고픈 백성들에게 관심 두지 않고 방책도 내지 못하여 못한 백성들이 상소를 올린다.

    장령 강봉서는 1793년 12월, 제주목사 이철운과 정의현감 고한조에 대하여 "흉년이 강타하였음에도 수령들은 '하늘의 뜻으로 흉년이 들었는데 어쩔 수 없다' 하며 백성들의 구휼을 소홀히 하고 직무를 태만하고 부정하였다."라고 상소한다. 이에 조선 조정은 안핵어사로 홍문관 교리 심낙수를 제주에 파견하여 조사토록 한다.

    그 결과로 목사와 현감은 파직되고 압송당해 가고 이철운 목사는 고금도로 유배된다. 그리고 어사 심낙수는 247대 제주목사로 임명되어 굶주린 백성을 잘 다스리도록 한다. 그러나 제주인들은 말하기를 갑인년(1794년)에는 "지(자기) 똥도 못 먹었져!"라고 말한다. 심낙수는 조정에 보고하기를 "제주도 흉년에 먹다 남은 건, 물뿐이다."라고 하였다. 제주에서는 갑인년 흉년 당시 부황으로 굶어 죽은 사람이 6만 5천여 명이었다고 한다.

<1971년 일본인이 찍은 푸는체 앞의 아이들>

선진국이 가축들에게 먹이는 사료를 식량으로 전환한다면 후진국의 식량문제를 해결해 줄 수 있다고 한다. 또한, 북한이 미사일 쏘는 것을 그치고 백성들에게 돌린다면 식량문제를 해결할 수 있다고 한다. 2015년 외몽골을 방문하였을 때 서귀포에서 파송한 평신도 부부를 만났다. 그들은 몽골식 게르(천막)에 살며 몽골 사막 현지에서 새로

운 농업기술을 가르치는 데 열심이었다. 누가 강도 만난 자의 이웃이며 누가 가난한 자의 벗일까?

 몽골은 10여 년 전(2014년경) 대설과 극심한 한파로 초원의 양 떼와 가축들이 수없이 죽었다. 오직 가축으로 살아가는 그들에게 가축들의 죽음은 초원에서 더는 살 수 없게 되었다. 그래서 오갈 데 없는 사람들이 수도(울란바토르)에 사는 친척 집 마당이나 시 외곽 공지에 게르(천막)를 쳤다. 도시 빈민으로 삶을 시작하는 저들의 모습은 너무 처참해 보였다.

 그들은 하루를 살기 위해 5리터들이 물병을 가지고 산 아래 동네에서 주유소에 기름을 사듯이 물을 산다. 무엇보다 가장 큰 문제는 배변의 문제다. 공동 화장실마저도 제대로 없는 곳에 몇 가구가 어울려 임시 변소를 만들어 쓴다. 천막 안에서의 난방과 취사를 위해서는 멀리 초원으로 나가 말똥이나 소똥(아르가)을 주워 와야 하니 초원에서보다 훨씬 어려운 지경이었다.

 그럼에도 슬픔을 모르고 그들은 밝은 얼굴로 웃는다. 그들을 보는 내가 더 미안할 지경이었다. 그네들과 초원에 나가 민들레를 캐어 무쳐 먹고 맹이(산마늘)을 함께 캐어서 장아찌 담그는 방법과 김치 담그는 방법을 가르쳐 준다. 갑자기 6·25 전쟁 이후에 우리의 모습을 보게 되니 가슴 아프다.

 "셋째 인을 떼실 때 내가 들으니 셋째 생물이 말하되 오라 하기로 내가 보니 검은 말이 나오는데 그 탄 자가 손에 저울을 가졌더라" 가난한 자는 기근과 굶주림으로 죽어 가는데 가진 자의 이기심과 탐욕은 해결을 못 하도록 길을 막는다. 이것이 인간 본성, 보수의 모습이요, 전적으로 타락한 인간의 모습이다.6:5 Revelation

보릿고개와 제자들

1950년대는 6.25 전쟁이 휴전으로 나아가며, 제주도의 4.3 사건도 끝을 맺을 때다. 보리밥 한 사발을 게 눈 감추듯이 먹고, 뛰어다니는 내게 "얘야! 들라키지 말라. 배 꺼진다. 뛰지 마라." 하시던 할머니의 말씀이 생각난다.

초등학교 때, 그날 당번이 옥수수죽을 퍼 오면 참새 새끼들같이 재잘거리며 노란 양재기에 죽을 배급받고 순식간에 들이켜던 시절이 있었다. 연합군으로 참전했던 이들이 우리를 보고 얼마나 안쓰러워했을까. 필자는 지금도 기억하고 있다. "이 책은 유네스코가 지원하여 출판한 교과서…"라는 것.

<2016년 미얀마 산주 방문에서 만난 소수민족 아이들의 공부방 모습>

"스불론 땅과 납달리 땅과 요단강 저편 해변 길과 이방의 갈릴리여 흑암에 앉은 백성이 큰 빛을 보았고 사망의 땅과 그늘에 앉은 자들에게 빛이 비취었도다"4:15-16 Matthew

이사야 예언자가 예언을 전한 땅들, "나사렛에서 무슨 선한 것이 날 수 있느냐"1:46 John 하고 비꼬아 말하던 땅들에 새바람이 분다. 역사를 배움으로 얻은 것은 무엇이며, 여행을 통하여 얻을 것은 무엇인가?

세계의 곡창이라는 우크라이나의 전쟁·미얀마의 내전·중국의 정치불안과 흉년은 이제 전 세계를 강타하고 있다. 그에 비하여 싼 곡식을 사 먹으면 된다며 식량 농사를 포기해 버린, 1억 인구의 필리핀은 곡물 수출국에서 수입국이 되며 국가는 위기를 맞게 되었다.

인구가 경제라는 공식을 몰랐던 한국은 '밥숟가락 하나를 덜면 그만큼 가정경제를 일으키지 않을까 하였지만, 그것은 인류를 거역하는 일이었다. 물론, 군사독재 정권이 국민에게 어느 정도 호응을 얻기도 하였다. 필자가 '예비군훈련' 받던 때에는 "정관수술을 하겠다."라고 하면 예비군훈련을 면제해 주기도 하였다. 그것이 무식한 백성들을 오도한 정부, 앞을 보지 못한 정부의 무능한 조치였다.

박정희 정권은 농군학교 교장이던 김용기長老님의 훈련에 적극적으로 호응하여 "새벽종이 울렸네. 새 아침이 밝았네…."라고 노래하면서도 "한국 인구 1억이 되어야 한다."라는 선지자 김용기의 외침은 받아들이지 않았다. 하나님의 의도를 타파하려는 인간의 죄악에 기인한 죄의 결과이다.

변방 땅이라 할지라도 메시아를 기다리는 순박한 사람들에게는 김만덕처럼 자신의 것으로 선하게 베푸는 사람들이 의인이다. 배고픈 백성들은 눈앞의 것만 바라본다. 인본주의자들에게 '1억 인구'는 폭탄 같은 말이고 총을 든 혁명정부군에게는 죽음에 맞서는 일이었지만 선지자는 다르다.

유대인들의 전례 중 하나는 '안식일에 곡식의 이삭이 무릎 위로 자랐을 때 곡식밭을 지나지 못한다'고 한다. 예수님 제자들은 보리밭을 지나며 보리 이삭을 따고, 비비고, 먹었으니 이는 율법의 1점 1획도 지켜야 한다는 보수주의자인 바리새인(律法主義者)들에게는 천인공노할 죄인이다.

예수님은 그러나 죄를 고발하는 이들에게 말씀하신다. 다윗을 따르는 부하들은 제사장만 먹을 수 있는 진설병(떡)을 먹었다는 것이다. 그렇다. 법보다 중요한 것은 배고픈 자들을 먹이는 것이요, 그 일이 예배하는 일만큼 중요한 일이다. 왜냐하면, 예배드릴 인간이 있어야 하나님이 계시기 때문이다.

외할아버지가 생각났다. 배고픈 시절, 제사를 준비한다고 온 사방에 냄새를 피울 때, 그 냄새에 환장한 아이들이 동서남북으로 들랴켰다(뛰어다녔다). 부인들은 말한다. "조금 더 기다려라. 제사를 치르고 나서야 떡을 먹을 수 있어…." 마침 오랫동안 병석에 누워 계셨지만 할아버지는 그 말을 듣고 문을 열어 말씀하셨다. "아이들에게 떡을 먼저 먹이게. 자손 없이는 조상도 없네!" 4:12 Matthew

조상보다 아이들이 먼저 떡을 먹을 수도 있다. 자손 없는 조상이 없기 때문이다. 다윗왕의 부하들이 제사장들만 먹을 수 있는 떡을 나누어 먹었다. 예수님 제자들이 밀밭을 지나면서 이삭을 비벼 먹기도 하였다. 하나님은 인간을 만드시고 심히 좋아하셨다. 인간이 있으므로 예배받을 수 있기에 인간은 소중한 존재이다.

귀국선과 제주 흉년

탐라국의 지위를 가지고 있던 제주가 고려 후기로 가면서 영주목이라 불리며 탐라는 서서히 빛을 잃게 되었다. 조선조 태종 3년, 제주도 영주목은 반도 직할령이 되고, 제주목이라는 이름으로 바뀌었다. 부속국에서 본국의 바다 건너 하나의 목濟州牧으로 편입되어 버렸다. 이로써 조공을 바치던 도민들은 세금을 바치는 조선 백성이 되어 버린다.

제주도민들에게 있어서 조선시대는 가장 치욕스러운 때였다. 일본에 의해 강점된 후에는 조선 정부가 영향력을 가질 수도 없기에 제주는 다시 일본이 직할하는 태평양전쟁의 최후 보루로 전락하게 되었다. 제주도민들은 일본의 태평양 전쟁에 동원되어 갖은 고통을 당하게 된다.

그러나 일제 강점기 때 제주도민들은 주식을 모아 제일濟日 여객선을 띄워서 일본과 직접 교류하게 되었다. 그래서 일본으로 공부하러 가거나 공장 일을 나가거나 제주에서 생산되는 수산물을 거래하거나, 일본인들이 직접 해초공장을 설립하기도 하였다. 또한, 제주 좀녀들은 일본 영향력 아래 세계 전 지역으로 물질을 나가기도 하였다.

그러던 중에 해방을 맞으며 제주도는 가장 큰 위기를 맞게 되었다. 일본에 살며 출근하던 제주인들이 들어오며 제주는 돈 들어올 곳 없는 가장 혹독한 보릿고개를 맞게 되었다. 그 당시에 구황식물로 등장한 것이 고구마·톳·파래와 같은 것이었다.

<제주도 사람들이 투자하여 띄웠던 제주~오사카 간의 화객선 복목환>

1940년대 말은 최악이었다. 뒤이어 4.3 사건과 1950년 들며 6.25 동란을 겪으며 제주도는 온갖 어려움을 겪어야만 했다. 눈이 시리도록 푸르러 아프던 봄날, 어머니는 고구마를 쪄 놓거나 절간고구마(빼떼기)를 삶아 놓고, 김매러 가거나, 나무하러 가거나, 바다로 나가셨다. 누나는 그런 어머니의 일을 도와야 하니 가슴 아프게도 중학교마저 중퇴하고 어머니 일을 도우러 다니셔야 했다.

할머니께 "오늘도 점심을 굶어수다!"라고 하면 "쑥을 캐 오거라. 쑥범벅(버무리)를 해 주마."라고 하셨다. 그러고는 캐 온 쑥으로 버무리를 해 주며 옛날얘기를 들려주셨다. 그런 할머니가 돌아가신 지 60년이 지난다. 이제는 영양식이 된 톳밥·쑥버무리를 먹자니 목이 멘다. 제주의 보리밭이 저리 고운데….

어린양이 두루마리의 일곱 인을 뗄 때, 하나님의 심판이 시작된다. 셋째 인을 뗄 때 검은 말 탄 자가 나오는데, "한 데나리온(하루 품삯)에 밀 한 되요 한 데나리온에 보리 석 되로다"6:6 Revelation라는 음성이 들린다. 검은 말을 탄 자가 온 세상에 심각한 기근을 일으키는 권세를 가지고 다시 세상에 나타난다. 이제는 기근이 이 땅에서 사라지기를 바라며 구원을 찾아야 할 때이다.8:1 Revelation

간 빼 먹는다는 오해와 호열자

옛날에는 전염병을 신의 저주로 여겼다. 하나님은 이스라엘을 노예로 붙잡은 이집트의 바로에게 악질과 독종 재앙이라는 전염병으로 징벌하신다. 이는 하나님의 심판이나 인문학적으로 사회 변화가 묻어 있다. 그러므로 그 당시 사회상, 전쟁의 승패가 담겨 있다. 전염병의 예방과 치료약의 연구는 인류의 생존과 발전을 담보하는 중요한 일이다.9:11 Exodus

가장 오래된 나병(문둥병)은 B.C.2400년 전 이집트에서 시작되고 구약성경에서 자주 언급한다. 나병은 이집트-중동-유럽-중국을 거쳐 한국까지 이르러 일제 강점기 이후 남부지방에 특히 유행하였다. 필자가 국민학교를 다니던 시절에 6.25 전쟁과 더불어 나병이 국가적으로 유행하였는데 "문둥이가 보리밭에서 사람 간을 빼 먹는다."라는 얘기를 듣고 무서워서 보리밭 근처를 지나지 못했던 기억이 난다.

흑사병-페스트는 1347년 중국에서 유럽으로 번져서 로마제국 멸망의 원인이 되었다. 당시 유럽 인구의 1/4인 3,000만 명, 중국 인구 1,300만 명(원나라 인구의 90%), 중앙아시아-중동의 2,400만 명이 사망하였다. 이를 신의 저주로 보고 신부에게 안수 받으며 페스트는 더 크게 번져 나갔다.

파라티푸스는 B.C.430년부터 4년간 아테네에서 유행하여 인구 1/4이 숨졌다. '에르난 코르테스'의 500여 명의 에스파냐 군대가 신대륙에 천연두를 퍼트려 인디언들이 죽게 되었다. 그 결과 스페인이 남미에서 승전할 수 있었다.

발진티푸스는 1812년 나폴레옹 군대 2/3가 사망하여 러시아 원정의 실패 원인이 되기도 하였다.

결핵은 『가락국기』에도 나올 만큼 오래된 병이다. 고려시대에도 발생한 전염병이 전쟁으로 인하여 전파되었다.

콜레라(호열자)는 1876(고종 16년)~1879년경 일본에서 전염되어 세계 일곱 번째로 대유행하였다. 우리 동네에도 하루에 여러 곳에 제사가 몰렸는데 '호열자 시깻날(제삿날)'이라고 하였다. 박경리 소설 『토지』에서 서희 할머니가 사망하고 온 동네에 초상이 났던 것도 호열자 이야기다.

1920년 우리 가문의 일지를 보니 스페인독감과 정체 모를 유행병으로 단 5일 동안에 세 번의 초상을 치렀다는 기록이 나와 있다. 1920년 6월 24일 평인(백부), 26일 명우(증조부), 29일 증조모께서 돌아가셨다.

중국발 우한독감(코로나바이러스)이 전 세계를 공포에 빠트렸다. 중국에서 시작된 전염병의 최다 희생국은 오히려 미국이었다. 미국의 트럼프 대통령은 대놓고 코로나를 '우한(中國 무한시)바이러스'라고 말하는 지경이다. 빌게이츠는 2017년 뮌헨 안보 콘퍼런스에서 바이러스의 위험을 가지고 "전염병이 핵폭탄이나 기후변화보다 훨씬 위험하다. 전염병의 확산 가능성이 매년 늘어난다."라고 경고하였다. 또한 "핵무기가 수백만 명을 죽일 수 있으나 바이러스는 수억 명도 죽일 수 있다."라고 지적한다.

바이러스의 원종-변종-신종이 계속 인류를 위협하나 바이러스를 죽일 약도 개발되어 예방, 치료를 시작하였다. •머지않은 날 예방, 퇴치할 약들이 발명될 것이다. •그러나 약의 발전보다도 더 중요한 것은 검증된 음식을 먹고 •자신을 병균으로부터 지키는 의지가 중요하다. •발병을 조치할 국가와 국제사회가 함께 매뉴얼을 만들고 공유하는 게 중요하다.

성경에서는 우리가 회개하고 하나님께로 돌아가서 그분의 뜻을 공유하고, 다시 오실 메시아를 고대하는 '마라나타 신앙'으로 병마에서 영원히 구원받을 것을 촉구하고 있다. 머지않은 날 코로나바이러스도 지난날의 나병이나 호열자처럼 역사 속에 묻히며 옛날이야기로 전해질 것이다.5:20 Job, 9:11 Exodus, 6:5 Revelation

도비상귀盜匪商鬼의 속이는 저울

　제주문화의 바벨론 포로기는 조선시대다. 1403년(태종 3년)에 탐라국은 조선 정부에 강제 병합된다. 반도에서 남하한 삼별초 군대와 그 세력을 몰아낸 김방경 장군, 그리고 100년 후 세력을 잡은 몽골을 몰아낸 최영 장군의 무력진압이 제주인에게는 반도의 무력을 보여 준 셈이다. 그 후 조선 정부는 탐라 고씨高氏 왕가는 좌도지관(지사), 문씨文氏 왕자는 우도지관(지사)으로 격하되어 지방 영수로 만들어 버린다.

　조선 정부는 제주를 병합하고 귀양지로 쓰며 제주 사람들도 귀양객과 마찬가지가 되었다. 돛단배를 띄울 수 없게 하고 출륙금지령을 내려서 출륙의 뱃길을 막았다. 선한 목사는 몇에 지나지 않고 대부분 탐관오리였다. 그들은 벼슬을 돈 주고 산 후에 제주에서 세금을 거두었다. 고려시대는 자치국으로 조공만을 바치던 것이 사라지고 제주인들에게 직접 과세課稅하기 시작하였다.

　제주목사는 제주인을 세금 징수원으로 쓰지 않고 육지에서 온 보부상褓負商들을 채용하였다. 그들은 세금을 빙자하여 도민들을 겁탈하였다. 한 예로 조세관은 감귤이 열릴 때 수를 세고, 현물(세금)을 받을 때는 태풍 불어서 떨어진 것은 아랑곳하지 않고 모자란다고 곤장을 쳤다. "내가 너희에게 주려고 감귤을 키우랴!" 하고 제주인들은 밀감나무를 모두 죽여 버렸다.

제주에서 처음으로 감귤이 등장한 것은 63대 제주목사 이수동(1526년 4월 중종 23년) 때였다. 그는 제주 역사상 최고의 목사 중 한 사람이었다. 그는 감귤 납세의 폐단을 알아차리고 감귤을 개인 세금으로 부과하는 것이 옳지 않다고 이를 시정하였다. 그래서 별방진과 수산방어소에서 직접 귤원을 조성하여 충당함으로 감귤 진상에 문제를 해결하였다.

그러나 그 후 185대 목사나 211대 윤득구 목사는 조정에 진상한 귤이 부패하였다는 혐의로 파직을 당하였고, 242대 박정복 목사는 귤을 진상하지 못하였다는 이유로 경질당하기도 하였다.

귤은 조정에서 제사용으로 사용되는 진귀한 용도였기에 관리가 엄중하였다. 그래서 제주인들이 세금을 징수하는 이들(보부상)을 일컫는 말이 곧, '도비상귀盜匪商鬼'였는데 이 말을 모든 도래인到來人에게 적용하였다. 간혹 '도래인'들이 "제주 사람들은 '불친절'하다."라고 하는 말은 틀린 말은 아니나 제주 역사(정서)를 전혀 모르기에 하는 말이다.

혹 간은 "제주 사람은 육지 사람들을 육지 놈이라고 괄시하고, 차별하고, 냉대한다."라고 한다. 이 말은 틀린 말은 아니나 '육지 놈'이라고 하는 그놈도 '제주 놈'은 아닐 것이다. 제주 사람은 '육지 놈'이라는 속된 말을 쓰지 않고 '도비상귀'라는 밀어密語를 쓰기 때문이다.

제주인의 DNA 속에는 도래인에 대한 경멸이 있다. 제주 사람들을 이용하고, 제주 사람들의 자본을 무력으로 뺏고, 무시해 온 사람들에 대한 불신이 밑바탕에 깔려 있다. 필자는 제주인은 밤(열매)과 같다고 비유한다. 밖으로는 까칠 하지만 그 속은 알밤과 같다. 필자는 '알랑알랑'하는 사람들이 친절을 오해하여 보증 선 사람들이 뒤통수를 맞는 경우를 여러 번 보아 왔다.

또한, 도내 국가·지방 관광지는 무료입장 또는 50% 이상 할인하는데 육지인의 시설 관광지는 10~20%나 할인하는 척하지만 본래 가격이 엄청 비싸다. 도내인들이 육지인의 시설을 이용해 주는 것만으로도 감사해야 하나 생색을 내는 것은 곱게 보이지 않는다. 그들은 단지 제주 땅을 국법으로 수용하고 있는 것뿐인데….

"공갈을 그치라"6:9 Ephesians 남의 것을 취하려 협박하고 속이고 몰래 훔치는 짓에 대해 성경은 이렇게 말한다. "속이는 저울은 여호와께서 미워하셔도 공평한 추는 그가 기뻐하시느니라"11:1 Proverbs

예전에는 추를 달아 무게를 재었다. 자기 이익을 위하여 물건을 살 때는 가벼운 저울추를 쓰고, 소비자에게 팔 때는 무거운 저울추를 이용하는 것을 성경은 말한다. "재물은 진노하시는 날에 무익하나 의리는 죽음을 면케 하느니라"11:4 Proverbs

제주 잔칫집과 돗괴기반

어느 날 조카 결혼식結婚式에 참여하게 되었다. 오랫동안 해외 생활하다 보니 가까운 친지들의 관혼상제冠婚喪祭 때 멀리서 소식을 접할 때가 있다. 3촌 이내의 가족 행사일 경우는 필자가 참석하지만 참석하지 못할 경우에는 아내라도 귀국하여 참여하던 때도 있었다. 그런데 귀국 중에 조카의 결혼식 소식을 듣고 오랜만에 형제들과 함께 조카의 결혼식에 참석하게 되었다.

제주에서는 육지와 달리 아침 일찍부터 저녁때까지 결혼 잔치가 계속되었다. "무슨 잔치를 온종일 하는가?"라고 불평하는 필자에게 한 형제가 말한다. "형님! 옛날 같으면 적어도 사나흘 날을 버려야 하는데 그래도 하루라니 다행이지 않습니까?" 그 말을 들으니 그도 그렇지 싶었다. 그러고 보면 하루로 마치는 것만도 다행이다 싶었다.

농경사회·산업화사회도 지나고 정보화사회에서는 이해 불가한 일이다. 한편으로는 풍속을 지키려는 안간힘에 갸륵한 마음도 든다. 그렇게 생각하니 오래전 결혼식 풍속이 생각난다. 제주에서는 결혼식 며칠 전부터 가까운 친척들이 결혼식을 준비한다. 남자들이 차일遮幕을 치고 밥상과 그릇을 빌려 올 때, 부녀들은 음식 재료들을 준비한다. 한편, 신부 집안에서는 이불과 침구 등을 준비하느라 바쁘다.

잔칫집에서 가장 중요한 것은 고깃반(각자에게 주는 고기쟁반)을 만들기 위해 돼지를 잡는데, 이 일은 남자들이 하는 일이다. 남자들은 돼지를 바닷가로 몰고 가서 잡는데 먼저 선지를 받는다. 한편에서는 내장을 정리하여 수에(몽골어: 창자 또는 순대) 담을 준비를 한다. 그렇게 손질할 때 나오는 게 '오줌풋게'다. 이것은 돼지의 오줌보인데 돼지를 잡는 어른들이 구경하는 아이들에게 던져 주면 아이들은 보릿짚 막대로 바람을 불어 빵빵하게 만들어 차고 놀았다.

　잔칫집에서는 돼지고기를 맡아서 주관하는 '도감'이 있었다. 도감은 잔칫집의 고기를 담당하는 사람이다. 주인도 도감에게 사정을 해야 수육을 사용할 수 있었다. 왜냐하면, 대략 몇 명의 손님을 예정하면 그것에 맞게 도감이 고기를 짐작하고 가늠하기 때문이다. 남자 친척들이 고기와 수에를 정리하여 고기를 삶아서 도감에게 인계하고 나면 드디어 '돗국물(몸국/모자반국) 끓이기'에 들어간다.

　혼례 날은 보편적으로 동지冬至가 지나서 날을 잡는다. 추수秋收를 마쳐야 하는 것도 있지만 제주 날씨는 덥고 습하기에 하늬바람北西風이 불어야 음식이 상하지 않기 때문이다. 도감은 고기를 받아서 갈고리에 매달고, 남자 친척들은 고기 삶은 물에 몸국을 끓인다. '돗국물'은 고기를 삶았던 것에 김장김치·푸른 나물(유채)·모자반(해초/몸)을 넣고 나중에 메밀가루를 풀어 넣어 끓이는 게 일반적이다.

　끓인 몸국은 동네 노인들에게 먼저 갖다드리거나, 아니면 노인들에게 드릴 몸국을 얻어 가기도 한다. 결혼식 전날부터 잔치는 시작된다. 이날을 가문 잔칫날이라고 하는데 동내 사람들·먼 친척들·부친의 직장이나 부모의 친구들은 이날에 참석하는 게 보편적이다. 이날 잔칫집에서는 뭇국과 고깃반을 내놓는다. 그리고 결혼식 당일 결혼식장에는 당사자의 형제·친구·직장 동료·사돈집만 참석하게 된다. 어쩌다 뒤늦게 결혼식 당일에 참석하는 사람은 혼주에게 죄인처럼 변명을 하고 사과해야 했다.

예수님이 공생애 3년 동안에 첫 번째로 한 일은 가나라고 하는 동내 혼인집 잔치에 청함을 받고 참여한 일이다. 마침 잔칫집에서는 포도주가 떨어졌다. 예수님은 그 자리에서 포도주를 만들어 주신다. 혼인은 인륜지대사人倫之大事다.

한국에서는 옛날, 일반인이 관복을 입고 가마 탄다는 것은 상상할 수 없는 일이다. 그러나 일반인도 생애 두 번은 왕자님·공주님처럼 관복을 입고 연지 찍고 곤지 찍고 꽃가마를 탄다. 그날은 생전에 시집가는 날과 사후死後에 꽃상여를 타고 극락 가는 날이었다.

50여 년 전, 우리에게 기억되는 잔칫날은 돼지 잡는 어른들 옆에서 오줌풋게를 받고 즐겁게 뛰어놀던 날이다. 또한, 뭇국 한 사발에 고깃반을 받고 즐거워하던 날이다. 다시는 찾아보기 어려운 추억의 날들….2:1-11 John

애달픈 시절, 제주를 살린 것들

　1960~1970년대 제주도 농촌의 3대 환금작물還金作物이 있었는데, 유채·맥주맥·고구마였다. 1950년 중반에야 끝나는 4.3 사건과 6·25 동란 등으로 제주도는 그야말로 기아와 죽음이 이상하지 않을 정도로 어수선하였다.

　그때만 하여도 하루가 멀다 하고 대문도 없는 집으로 쳐들어온 상이군인(6·25 때)들은 갈코쟁이를 찬 팔을 드러내거나 목발을 짚고 나타나서 큰소리를 쳤다. 그러면 어린 나는 무서워서 재빨리 집 뒤로 들어가서 숨었었다.

　우리 집은 여느 집보다 살기가 조금 나았던 것 같았다. 그래서 사람들이 많이 나들었다. 보리 추수를 할 때면 표선면이나 남원면에 사는 사람들이 '자기들 동네에서는 농사가 안 되니 일할 게 없다'면서 우리 집 골방에 와서 여러 곳의 추수하는 일을 도와주고 보리쌀 몇 되씩을 품삯으로 얻어 갔다.

　가을 추수가 끝나면 우도섬 사람들이 세화포구로 들어와서는 길가나 낮은 오름에서 개모시풀이건 찔레건 쫴꽝나무건 망개넝쿨이건 닥치는 대로 베어서 큰 짐을 만들어 갯가에 세워둔 배(범선)로 실어 가곤 하였다.

　당시에 그렇게 어려운 제주를 살린 3가지 환금작물還金作物이 있었다. 그중 첫 번째는 유채였다. 1950년대 말부터 봄이 오는 제주를 환하게 꽃피워 내는 게 유채였다. 50년대 피눈물을 잊게 했던 유채는 겨우내 된장국을 끓여 먹고, 무쳐 먹었다. 또 꽃등이 서면 꽃동김치를 해 먹었다. 꺾고 또 꺾어도 곱게 피어나는 유채꽃은 슬픔을 잊으려는 우리에게 큰 위로가 되었다. 그러나 무엇보다 고마운 것은 까맣게 쏟아지는 유채씨가 돈이 되어 돌아올 때였다.

두 번째 고마운 작물이 맥주보리다. 유채꽃이 지고 유채가 열매 맺을 즈음에 맥주보리가 피어나 들판에 나부꼈다. 맥주보리의 춤추는 그 모습을 보지 못한 사람은 그 황홀한 제주의 봄을 상상하지 못한다.
얼마 전 가파도 청보리 축제에 가 보기도 하였지만, 그 옛날 고향 밭에 푸른 비단처럼 너울거리던 맥주보리의 물결과는 비교도 되지 않았다. 그러나 그 아름다움보다는 거칠지만 누런 금색의 곡식이 돈이 되어 돌아온다. 그 기쁨을 생각하며 농부들은 얼마나 많은 땀을 흘렸는지 모른다.

세 번째 고마운 작물이 고구마이다. 고구마가 전해진 기록은 1832년(순조 32년)~1834년(순조 34년)에 241대 함은호 목사 때이다. 제주도를 죽음으로 몰고 갔던 몇 차례의 흉년으로 도민들은 생사를 오가는 상황이었다. 그러나 그 이후에는 흉년의 기록이 없는 것은, 흉년이 정말 없어서가 아니라 고구마가 있어서 구황할 수 있었기 때문으로 여겨진다.
고구마는 중남미 원산이라고 하는데, 한국에는 일본을 거쳐서 전해진 것으로 보인다. 고구마가 전해진 것은 이제 300년에 이른다. 고구마는 모래땅, 자갈밭 그 어떤 땅도 가리지 않고 잘 자란다. 그래서 바닷가 모래밭, 돌짝이 많은 제주도 땅에 고구마만큼 합당한 작물은 없었을 것이다.

아마도 1960~1970년경은 제주도에서 가장 고구마를 많이 생산한 때일 것이다. 당시만 하여도 제주도 고구마는 식량과 공업을 주도한 양대 산맥이었다. 고구마는 팔아서 돈으로 바로 바꿀 수 있는 환금작물이 되었다. 제주도 고구마는 당대 한국 최다 생산지였고 제주 유일의 공업용 작물이기도 하였다.

유채·맥주맥·고구마 이 세 가지 농사가 당시, 제주 사람들에게는 유일한 소득원이 되었다. 이 세 가지는 또한 당대에 농업협동조합에서 공매하던 농산물이기도 하였다. 각 리 단위로 열리는 공판 날에는 온 동네가 소달구지·마차·손수레 할 것 없이 총동원하여 농협창고까지 끌고 나왔다.

이제는 고구마가 동남아에서 생산되는 파피오카로 대체되었다. 당시만 하여도 제주도 고구마는 공업 용도는 두 가지였다. 생고구마를 분리하여 전분을 빼거나, 포도당을 축출하는 것이었다. 50년 전만 하여도 한 읍면에 한두 곳씩 전분공장이 있어서 농가에서 생고구마를 사서 전분을 빼거나 썰어서 말린 절간고구마로 술을 만드는 주정을 빼었다.

고구마는 추운 날씨에는 금방 상해 버리기 때문에 따뜻하게 보관해야 했다. 농가에서는 삽자루 길이보다 조금 더 되게 땅을 파서 이삼

일간 습기를 뺀 고구마를 땅 속에 보관하였다. 이렇게 보관된 고구마는 겨울에 생으로 깎아 먹기도 하고 쪄서 먹기도 하였다.

어머니는 늦겨울에 땔감을 하러 간 우리에게 "어느 지경으로 가서 나무를 하고 있으면 오시겠다."라고 하셨다. 어머니는 고구마를 썰어 놓고 메밀로 범벅을 만들어 가지고 오셨다. 그때 어머니가 만들어 주시던 메밀 범벅 맛은 다시 맛볼 수 없는 추억의 맛이다. '고구마 메밀 범벅'은 어머니가 돌아가신 후 에는 다시 먹어 보지 못하였다.

"아무나 … 말씀을 듣고 깨닫지 못할 때는 악한 자가 와서 그 마음에 뿌리운 것을 빼앗나니 이는 곧 길가에 뿌리운 자요 돌밭에 뿌리웠다는 것은 말씀을 듣고 즉시 기쁨으로 받되 그 속에 뿌리가 없어 잠시 견디다가 … 환난이나 핍박이 일어날 때에는 곧 넘어지는 자요 가시떨기에 뿌리웠다는 것은 말씀을 들으나 세상의 염려와 재리의 유혹에 … 결실치 못하는 자요 좋은 땅에 뿌리웠다는 것은 … 결실하여 혹 백배, 혹 육십배, 혹 삼십배가 되느니라" 13:19-23 Matthew

Epilogue

문화는 자연·역사·삶의 바탕이다

필자는 중국에서 20여 년을 해양학과 문학을 가르쳤고, 타이완과 태국에서 10년간은 중국어로 한국어를 가르치던 중에 은퇴하였다. 그래도 감사하게도 은퇴 후에 계속 사역을 감당하게 하셨다. 그중에 하나는 『제주기독교신문』에서 「제주 인문학&교회」라는 기획작을 3년 동안 쓰게 해 주신 일이다.

제주도의 기후는 한반도의 대륙성 기후와 전혀 다른 해양성 기후이다. 또한, 제주도의 연평균 기온은 13℃이다. 놀라운 점은 이 온도는 여름이나 겨울에도 변하지 않는 동굴 온도와 같다는 사실이다. 광천의 새우젓이나 영동의 포도주를 숙성시키는 온도가 13℃이다.

제주도의 자연은 한반도와 전혀 다르다. 그래서 제주도는 북방식물의 남방한계선이요, 남방식물의 북방한계선에 있다. 전 세계적으로 보아도 이러한 자연환경을 가진 곳은 아주 희귀하기에 여기에 제주의 특이함이 있다. 그렇기에 자연 속에 피어나는 들꽃이나 나무 한 그루도 자연의 특이함을 보여 주는 것들이다.

제주도의 문화가 색다른 데에는 이유가 있다. 제주의 기후와 자연이

다르기 때문이다. 제주도는 문화적으로도 남방문화와 북방문화가 교차한다. 이는 원주민인 폴리네시안 문화에 기인한다. 즉 •타이완 •제주도 •오키나와 •오스트레일리아 •뉴질랜드 •마이크로네시아 •하와이와 같은 민족들이다. 선주민인 고양부 삼성은 만주에서, 700년 전 고려 때에는 몽골에서 이민 온 북방민족들이기에 문화적으로 색다르다.

제주도의 역사는 아직까지 한국사에 외면당해 왔다. 그 결과는 어떠한가? 고려시대에는 •삼별초의 난 •여몽연합군의 전쟁 •몽골의 직할지 •제주 인구 절반이 죽은 목호의 난이 있었다. 이조시대에는 •탐라왕국의 폐망 •귀양지로 전락 •200년 동안 출륙금지를 당하며 탐관오리들로부터 •과세당했다. 일제 강점기에는 •태평양전쟁의 방어진지 •제주 전역에 비행장을 건설했다. 해방공간에는 제주 인구 1/3이 죽었다는 •4.3 사건 등이 있었다. 이러한 역사에도 제주는 한국사에 한 줄도 나오지 않는다.

제주도의 소망은 좋은 •기후 •자연 •문화를 가지고 있기 때문이요 삼다·삼무 속에서 살아왔다. 그럼에도 불구하고 외세의 간섭과 침입으로 평안할 날이 없었다. 그래서 3년 치 양식을 주냥貯藏해야만 했다. 애기구덕에서부터 자연을 극복하는 법을 배우고, 쟁란爭亂이 일어나더라도 각개전투 하듯이 살아남기 위하여 핵가족으로 발전하였다. 그럼에도 협동하며 이어도理想鄕를 바라며 살아온 소망의 땅이다.

제주인은 제주에 살면서도 제주에 대해 잘 모른다. 필자 역시 다르지 않았다. 그것은 제주인의 무관심보다는 한국 역사에서 외면당해 온 결과이다. 한국사는 고구려-신라-백제의 삼국시대와 통일신라-고려-조선-한국을 중심으로 할 뿐이다. 변방의 바람 타는 섬 제주耽羅는 한국사에 단 한 줄도 나와 있지 않다. 이것이 제주의 현실이다. 그럼에도 문희주가 쏘아 올린 『제주문화 키워드』가 제주인의 가슴에 새겨지고 후손들에게 전해지기를 간절히 바라는 마음이다.

2024년 정초
태국에서

부록 1. 역대 탐라 성주·왕자의 사적표

왕의 명칭	재임연도	탐라·한국사·세계사의 비고
고을나(王)	B.C. 2337~2205년	2333년 단군조선 건국
건왕(建王)	2205~1766년	2070~1600년 중국 하왕조 상나라에 멸망
삼계왕(三繼王)	1766~1122년	1600년 중국 상나라 건국
일망왕(日望王)	1122~934년	1046년 중국 상나라 멸망, 주나라 건국
도제왕(島濟王)	934~770년	
언경왕(彦卿王)	770~618년	
보명왕(寶明王)	618~519년	618년 중국 당나라 건국 581년 중국 수나라 건국
행천왕(幸天王)	519~425년	
환왕(歡王)	425~314년	
식왕(湜王)	314~246년	256년 중국 주나라 멸망
욱왕(煜王)	246~206년	
황왕(惶王)	206~156년	202년 중국 한나라 건국 221년 중국 진나라 건국
위왕(偉王)	156~104년	108년 고조선 멸망
영왕(榮王)	104~57년	
후왕(厚王)	B.C.57~6년	B.C.37~19년 동명성왕(고구려건국) 재위 B.C.18~A.D.28년 온조왕(백제 건국) 재위
두명왕(斗明王)	6~A.D.44년	A.D.원년 예수그리스도 탄생
선주왕(善主王)	A.D.44~93년	A.D.18~44년 고구려 대무신왕 재위
지남왕(知南王)	93~144년	
성방왕(聖邦王)	144~195년	
문성왕(文星王)	195~243년	
익왕(翼王)	243~293년	
지효왕(之孝王)	293~343년	
숙왕(淑王)	343~393년	391~413년 고구려 광개토대왕 재위
현방왕(賢方王)	393~423년	
기왕(璣王)	423~453년	
담왕(聃王)	453~483년	478년 백제 문주왕 글을 바쳤다는 기록
지운왕(指雲王)	483~508년	498년 백제 속국이 됨
서왕(瑞王)	508~533년	
다명왕(多鳴王)	533~558년	

담왕(談王)	558~583년	
체삼왕(體參王)	583~608년	
성진왕(聲振王)	608~633년	
홍왕(鴻王)	633~658년	A.D.642~668 보장왕(고구려 멸망) A.D.641~660 의자왕(백제 멸망)
처량왕(處良王)	658~683년	
원왕(遠王)	683~708년	
표륜왕(表倫王)	708~733년	
형왕(逈王)	733~758년	
치도왕(致道王)	758~783년	
욱왕(勗王)	783~808년	
천원왕(天元王)	808~833년	
호공왕(好恭王)	833~858년	
소왕(昭王)	858~883년	
경직왕(敬直王)	883~908년	
민왕(岷王)	908~933년	
자견왕(自堅王)	933~938년	
서탐라성주(西耽羅星主)		
고말로(高末老)	938~1030년	938.12. 태자 말로가 고려에 입조하여 성주 왕자의 작위 받음 1105년 고려에 의해 탐라군으로 강등(?) 1011.9.15. 고려의 주州, 군郡이 됨 1012.8.7. 고려에 큰 배 두척을 바침 1019.9.15. 고려 초청, 송나라 흑수인 등 만남 1021.7.3. 고려에 방물 바침 1022.2.9. 고려에 방물 바침 1024.7.27. 고려 추장 주물周物 아들 고물대장군에 임명 1029.6.26. 세자 고오노가 대장군 임명
고조기(高兆基)	1088~1157년	1096.9.12. 고려 숙종 즉위를 하례. 1105년 고려국에 합병 1153년 고려 의종 7년, 탐라군 → 탐라현으로 고쳐 김녕리 비롯한 14현 설치

고정익(高挺益) 고적(高適) 고여림(高汝霖)	1157~1214년	1168.7.9. 거짓 반란 보고, 현령 교체 1202.10. 번석-번수 반란 진압, 수괴 처형 1211년 고려 원종 탐라군 → 제주군 개칭 1211년 고려 희종 7년, 석천촌을 귀덕현(한림)으로 변경 1270년 고려 원종 11년, 김통정이 삼별초를 이끌고 섬에 웅거(4년 후) 김방경에게 토벌당함
	1214~1270년	1259년 고려 원종 제24대(1259~1274년): 강화를 요청 위해 몽골갔다가 고종 사망하자 이듬해 귀국해 즉위. 무신들은 친몽정책과 개경환도를 계속 반대, 김준을 살해한 임연에게 폐위당하나 원의 도움으로 복귀 1266.11.28. 성주가 고려 국왕 현종 알현 1270년 삼별초 김통정장군 입도
	1270~1276년	1271.5.15. 김통정이 삼별초 이끌고 입도 1272년 일본에 앞서 탐라징벌 제안 1273.4.28. 김통정의 항파두리성 함락, 죽음 1274년 원나라가 제주에 목마장 경영 위해 1,400명 몽골인을 이주시킴. 목마를 책임진 좌형소 등의 대원 조씨가 한동 당올레 입주 마을 형성
고정간(高貞幹)	1276년~?	1276.8.25. 元 : 탑랄적 탐라 다루가치로 임명됨
고순(高巡)	?~?	1277년 충렬왕 3년, 元 : 목마장(말사육장 설치)
고복수(高福壽)	?~1281년	
고인단(高仁旦)	1281년~?	성주-고인단 왕자-문창우가 고려조정에 알림. 《연려실기술》 및 《동문광고》 1294.11.4. 탐라총관부 폐지 후 문창유 왕자는 이전 성주-고인단(高仁旦) 성주와 홍정(紅鞓)·상아·홀·모자·양산·신발을 받음
고수좌(高秀佐)	?~1318년	1287.11.7. 元 : 타자르 다루가치로 파견됨 1300년 기왕후가 탐라적을 보내어 소·말·양·약대·나귀 들여와 수산평에 방목. 도근천에 수정사창건
고석(高碩)	1318년~?	1294.5.5. 충렬왕이 탐라를 고려 환원 요청 　　　　　원나라 성종이 허락함 1295.4.9. 탐라를 제주라고 개칭함 　　　　　최서를 제주목사로 임명
고순량(高順良)	?~1357년	1298.5.24. 제주에서 원나라에 방물 바침 1301.5.12. 원나라에서 탐라총관부 폐지하고 　　　　　탐라만호부 설치 1318.2. 김성의란으로 성주와 목사 살해됨 안무사 송영에게 항복. 송영이 목사가 됨 1323.12.13. 탑랄적 아들 노열니타 다루가치로 임명됨 1336. 초적사용과 엄복의난 문공제가 진압
고순원(高順元)	1357년~?	1357.7.29. 성주가 고려에 말을 바치자 　　　　　성주에게 홍가죽·허리띠·씰 30석 하사

고명걸(高明傑)	?~1372년	
고신걸(高臣傑)	1372~1387	1373년 원의 목호가 탐라에 파견됨 말 200필 고려에 보냄. 최영 장군 입도-목호의난 진압
고봉례(高鳳禮)	1387~1411년	1396년 이숙번 탐라파견 평정시킴 1400년 제주목에 판관두고 교수 겸하게 함 1401년 안무사 겸 목사 겸직-본격 제주지배
동탐라성주(東耽羅星主)		
고청(高淸王子)		
양구미(梁具美王子)		
양두라(梁豆羅王子)		
양호잉(梁號仍王子)		
수운나(殊雲那王子)		1052.3.27. 매년 바치는 귤의 양을 정함 1053.2.17. 수운나가 아들을 고려에 보내 조공 바치고 하사품 받음
문착(文諎王子)	1194~?	문익점의 5대조 정탱의 동생, 고려 의종 14년(1160년) 출생, 명종 14년(1184년) 등과, 대제학 재임, 1194년 왕이 제주 파송함(고양부외에 제일 처음 입도함)
문양부(文陽夫王子)		
문영희(文永禧王子)		
문신(文愼王子)		충렬왕 원년(1275년) 원에서 다시 탐라라 부름 원에서 군민총관부 설치함(총관: 고인조, 부관: 탐아적, 동지총관: 문신 이원진 『남환박물지』)
문창우(文昌祐王子)		1270년 몽골이 국호를 원으로 개칭, 탐라왕자 1세(창우) 1271년 김통정이 탐라 침략. 고인조 문창우가 왕에게 고하니 1273년(3년 후) 김방경파견 정벌 명함(여명연합군참전 토벌함) 김수장군 탐라왕과 더불어 이문경 잡기를 논하여 출정, 김통정에게 패배 전사
문창유(文昌裕王子)	1294년	『연려실기술』『동문광고』 1294.11.4.(탐라총관부 폐지 후 문창유 왕자는 이전 성주-고인단성주와 동행 홍정(紅鞓)·상아·홀·모자·양산·신발을 받음. 고려는 탐라가 귀순했다 하여 하사함. 탐라는 여전히 많은 몽골인 목호들이 남아서 고려 멸망 전까지 반란 지속됨.『연려실기술』왕자 문창유는 충렬왕에 의해 탐라성주로 임명됨『동문광고』"왕자 문창유에게 성주의 칭호가 하사됐고, 그를 보좌하는 고인조 등이 장복 받음
문공제(文公淸王子)	1300년 1336년	태후 기황후가 1336년 고순량 목사 때 초적사용과 문공제가 목호의난(엄복의난) 진압
문승서(文承瑞王子)		

문신보(文臣補王子)	공민왕21년(1372년)	1372년 목호의난 발발 1373년 목호가 목사를 살해하여 왕자 문신보가 아우 문신필을 조정에 보내 알림 1375년(우왕원년) 차현우가 관청 불사르고 목사 마축사 등을 사살함
문충걸(文忠桀王子)	1375년	차현우난 진압, 왜적 6백여 명 침입을 방어함
문충세(文忠世王子)	1402년	태종 2년 성주 고봉례 왕자 문충세에게 직분 거두고 좌도지관 우도지관으로 변경. 『세종실록』, 『탐라지』, 『남환박물지』에 기록됨

부록 2. 제주목사(방어사)의 사적표

대	목사명	재임기간과 재임기의 사적
		고려시대
1	최 서	1294.11.4. 탐라총관부 폐지됨 1295년 충렬왕 21년, 원나라 다루가치 폐지 후 첫 목사
2	이백겸	청렴결백, 선정 베풂
3	송 영	청렴결백, 선정 해직
4	장윤화	1318년 가렴주구 1318년 도민들이 축출 파직 1300년 충렬왕 26년, 元 황태후가 직접 구마(廐馬: 말, 마구간)를 방목함. 기황후(?) 1305년 충렬왕 31년, 다시 고려에 예속됨. 1318년 충숙왕 5년, 초적(草賊: 풀을 먹이던 사람) 사용(士用)과 엄복(嚴卜)이 병사를 일으켜 반란을 강구하자, 왕자 문공제가 병사를 동원하여 처결당함
5	송 영	백성들 요청으로 복직. 외적방위, 선정
6	임 숙	1323년
7	박순인	1323년
8	조익청	1332년
9	정천기	1351년~1352년 충정 3년, 이제현의 탄핵으로 좌천 1352년 공민왕 1년, 엄복(목호)의 난에 연루되어 주살
10	이 권	1352년 공민왕 1년
11	장천년	1356년 공민왕 5년, 元나라 목호들에게 피살
12	윤시우	1356년 공민왕 5년 10월, 권문세족 기철(기황후) 일파, 목호들 처단 위해 부임하였으나 목호에 피살
13	이원황	공민왕 6년
14	박도순	1302년 공민왕 11년, 元-목호들이 제주성주-고복수를 사주하여 난을 일으킴, 원元이 보낸 만호(무관직)를 주살케 함
15	성준덕	1362년 공민11년, 부임 직후 제주성주-고복수난 평정, 선무사와 도민들을 안무. 원이 예속요청, 부추·문아단불화를 탐라 만호 삼아 고려인 금장노와 함께 제주로 보내 만호 박도손을 바다에 던짐. 공민왕 16년, 元이 제주를 내속시키자 당시 목호들이 강폭하여, 파견한 목사와 만호를 죽임, 김유가 토벌에 나서자 목호가 元에 만호부 설치호소를 요청하니 본국에서 서관(벼슬아치)을 임명, 목호가 기른 말 중에 좋은 것을 골라서 예전처럼 바칠 것을 주청하니 황제가 따름
16	박윤청	1369년 공민왕 18년 9월, 元이 파견한 제주목자 합적(哈赤)이 자기 힘을 믿고 날뛰며, 관리를 살해함
17	이용장	1372년 공민왕 21년, 明에 보낼 말을 고르려고 목사가 부임하였으나 원나라 목호들에게 오히려 피살당함
18	우인렬	1372년 공민왕 21년, 목호의 난 수습을 위해 부임

19	이하생	1372년 공민왕 21년 6월 부임~1374년 공민왕 23년-목호들에게 항복 권유 하려다가 피살됨 1374년, 공민왕 23년 8월, 최영 장군 파견하여 목호 토벌을 위하여 군인 25,000명을 제주도에 입도함
20	박윤청	1374년 공민왕 23년 9월 부임, 최영 장군을 협력하여 목호들을 토벌한 뒤 에 재임명됨. 그러나 10월에 차현유(목호)에게 피살됨
21	김중광	1375년 우왕 1년, 차현유난 진압, 8월, 임금이 도통사 최영을 보내어 목호 합적을 토벌함. 처형 후 다시 관리를 둠(이 일로 이성계가 조선 세움. 두무악(한라산) 꼭대기에 대지大池: 큰 연못(백록담)을 소개함
22	이영익	1377년 우왕 3년 재임
23	노성렬	1380년 우왕 6년 재임
24	이지부	1381년 우왕 7년 재임
25	박의용	1382년 우왕 8년 재임
26	김중광	1383년 우왕 9년~1385년 우왕11년 8월, 재부임. 말 100필 조정에 진상
27	박영무	1385년 우왕 11년 재임
28	옥상기	1388년 우왕 14년 재임
29	양달인	1389년 창왕 1년 재임
30	유구산	1391년~1393년 공양 2년 재임, 고려왕조의 멸망, 조선왕조의 개국 후까지 제주목사로 재임함
조선시대		
1	유구산	1393년 고려시대에서 다시 조선시대 첫 목사로 재임
2	여의손	1399(태초 2년)~태조 3년, 제주향교설립 4년 후 퇴임
3	이 침	1395(태조 3년)~태조 6년 4월까지 재임
4	김천신	1397(태조 6년)~정종 1년 7월까지 재임
5	전사민	1399(태종 1년 8월)~태종 1년 10월 재임
6	박덕공	1401(태종 1년)~태종 3년 12월. 중앙집권정책으로 제주 토착세력 최상급 성주(고씨), 차상급 왕자(문씨) 좌-우도지관 명칭 변경
7	이원황	1404(태종 6년 6월)~태종 6년, 제주를 침략하는 왜구를 격퇴함, 서귀포 법화사 동불을 명나라로 보내기 위해 육지로 이송당함
8	조 원	1406(태종 6년 9월)~태종 9년 4월, 동아막(성산-수산)서아막(한경-고산)목호, 원나라 통치 말 관리시설 철폐(아막은 道에 해당됨) 법화사 노비구조 조정하여 농시를 하게 함-제항에 쓸 곡식을 맡은 관청에 붙임
9	정 초	1409(태종 9년)~태종 10년 1월, 재임 중 각종 실정으로 파직
10	김정준	1410(태종10년)~태종 12년 4월, 재임 시 제주성 보수
11	윤 임	1414(태종 14년 8월)~태종 12년 제주향교 전임교수 세움. 효자열녀포상
12	오 식	1414(태종 14년 9월)~태종 17년 4월 재임하는 중에 정의현/동도-대정현/서도 설치함, 1목(제주), 2현(정이현, 대정현) 3읍 체제로 변경함

13	이 간	태종 17년 4월~세종 1년 6월까지 재임함
14	정을현	세종 1년 6월~세종 2년, 조정 내 자시-왕실 소용과 물자를 관장하는 중에 목사로 입도하여 제주도의 토지를 측량함
15	이 신	1420(세종 2년 5월)~11월 6개월 만에 사임
16	정 간	1420(세종 2년 11월)~1423(세종 5년 1월), 정의현청 이전(진사리/성읍)
17	김 소	1424년~1425년 세종 7년 3월까지 재임 1년
18	조희정	1425년(세종 7년)~세종 9월 재임. 관청물품들 개인소유로 빼돌려 적발당하여 파직
19	장우량	세종 9년 1월~세종 11년, 4월까지 재임
20	김 흠	1429(세종 11년 4월)~1431년 세종 13년 9월까지 재임
21	김 인	1431(세종 13년 9월)~1434년 세종 16년, 3월까지 재임 1433년 윤8월 왜구선박 1척 나포. 조선조 원숭이를 포획해 조정에 진상
22	이 붕	1434년(세종 16년), 모친상으로 사임
23	최해산	1434(세종 16년 2월)~1437년, 제주관청 화재 전소. 홍화각 건립 1436년 원숭이 한 쌍 조정에 진상
24	한승순	1437(세종 19년 2월)~세종 21년, 2월 제주 방어시설 정비
25	신처강	1441(세종 23년 10월)~세종 25년, 12월까지 재임
26	기 건	1443(세종 25년)~1445년 12월, 선정 베푼 청백리로 명성, 나병환자 위해 해변에 구료막 설치, 의생-스님들로 치료케 함. 힘겹게 전복 따는 걸 보고 가련히 여겨 조정 진상 못 하게 함
27	이홍문	1446(세종 28년 2월)~1447(세종 29년 4월) 목마 관리 부정, 파직
28	신숙청	1447(세종 29년 6월)~1449(세종 31년 7월), 관덕정 세움
29	이명겸	1449(세종 31년 10월)~1451(문종 1년, 9월) 재임 왜구침략방어 위해 제주목 30척, 정의현, 대정현 각각 10척의 군함 배치
30	홍익성	1451(문종 1년 1월)~1453(단종 11월) 재임
31	최수명	1454(단종 2년 5월)~1456(세조 2년 4월) 재임. 1454. 12월 지진 발생 인명피해 많음
32	장맹창	1456(세조 2년 4월)~1456(세조 2년 7월) 반역죄 연루 3개월에 파직 구속
33	설효조	1456(세조 2년 8월)~1459(세조 5년 1월) 재임
34	원지어	1459(세조 5년 3월)~1461(세조 7년 1월) 재임
35	최경래	1461(세조 7년 2월)~1462(세조 8년 7월) 탄핵받아 구속
36	복송리	1462(세조 11년 2월)~1465년 2월. 폐위된 단종영정을 제주신당에 그려 제사 지낸 혐의로 1465년 6월 모함당하나 무혐의로 풀림
37	문여량	1465(세조11년 2월)~1466(세조12년 3월) 재임 시 선정 펼쳐 칭송받음 청백리
38	이유의	1466(세조12년 3월)~1469(예종1년 2월) 재임. 제주향교 보수. 선정 베풂
39	김호인	1469(예종1년 2월)~1470(성종1년 10월) 토산물 과다 징수 빼돌리다 파직

40	이익종	1470(성종1년 10월)~1473(성종4년 8월) 조선 최고 손꼽힌 청백리 동사자 발생 한라산 산신제를 산천단서 지내게 함. 진상 힘든 앵무조개, 무화과 등 감해 줌 퇴임 후 가지고 간 물건 하나 없었음
41	이장손	1473(성종 4년 8월)~1476(성종 7년, 6월) 재임
42	정 형	1476(성종 7년 6월)~1478(성종 9년 8월) 모친상으로 사임
43	양 찬	1478(성종 9년 10월)~1481(성종 12년, 7월) 관덕정 보수. 1479년 유구에 표류했던 김비 등 8명이 제주로 귀환
44	최 전	1481(성종 12년 7월)~1484(성종 15년 1월) 재임
45	이거인	1484(성종 15년 4월)~1486(성종 17년 7월) 재임
46	이수생	1486(성종 18년 7월)~1487 재임 중 관청에서 첫 번째 병사
47	허 희	1487(성종 18년 11월)~1490(성종 21년 5월) 재임
48	이종윤	1490(성종 21년 8월)~1494(성종 25년 12월) 기건, 이약동과 더불어 청백리, 사법처리, 민원행정·신속·공정, 도민 유임청원, 재임 중 두 번째 병사
49	정인운	1495(연산 1년 4월)~1497(연산 3년 10월) 재임
50	미 휘	1498(연산 6년 2월)~1500(연산 6년 8월) 재임. 청백리
51	남궁찬	1500(연산 6년 7월)~1501 내섬시종-정회 1499년 일본표류, 1501년 1월 귀환『일본풍토기』저술
52	김 율	1503(연산 9년 8월)~1504(연산 10년 6월) 재임. 청백리, 관청서 세 번째 병사, 1504년 10월 류헌이 임사홍 탄핵 중 제주로 유배 옴
53	육 한	1505(연산 11년 4월)~1506(연산1 2년 8월)탐관오리로 폭정, 가렴주구로 파직 1506년 10월 대사간 류헌 등 해배 귀가 중 왜구기습으로 피살
54	방유녕	1507(중종 2년 1월)~1509(중종 4년 7월) 청백리 선정
55	이 전	1509(중종 4년 9월)~1510(중종 5년 7월) 재임. 1510년 6월 부산등-삼포왜란 발발, 문관출신으로 제주방어에 걸맞지 않다 판단하여 사임
56	장 림	1510(중종 5년 6월)~1510(12월) 재임 중 명월목성 구축. 1510년 우도 왜구 출몰이 잦아서 별방진(15세기 초 상당규모 마을형성) 으로 이전, 부정부패, 가렴주구 파직
57	김석철	1511(중종 6년 1월)~1513(중종 8년 6월) 재임. 왜구침략대비, 제주성 외곽 참호 팜 왜구침략방비, 1513.2.~2년(1515.4.) 서린판관: 사굴 뱀 죽이고 사망
58	성수재	1513(중종 8년 9월)~1515(중종10년 3월) 청백리 선정 재임 중 네 번째 사망
59	정 건	1515(중종 10년 5월)~151(중종 12년 9월) 관청기생과 불륜. 첩 질투하자 타살하여 구설수로 사임
60	이윤빈	1518(중종 13년 4월)~1520(중종 15년 8월) 재임 중 다섯 번째 사망
61	이 운	1520(중종 15년 9월)~1523(중종 18년 3월) 1520년 오현 중 1인, 충암 김정이 유배, 1521. 10월 사사됨. 재임 중 관청서 6번째 병사
62	김흠조	1513(중종 18년 4월)~1526(중종 21년 4월) 재임

63	이수동	1526(중종 21년 4월)~1528(중종 23년) 제주역사상 최고목사 중 1인, 삼성혈담장 쌓고 홍문을 세워 제사 지냄. 감귤공납 폐단시정, 별방·수산방소에 귤원 조성 충당케 함. 성내 우물 파서 식수·화재진압 산남 인구증가 정의·대정에 신현설치
64	송인수	1528(중종 23년 12월)~1531(중종 26년 6월) 재임. 오현단 귤암 송인수와 동명이인. 김녕지사는 옛 김녕현에 있고 제주에서 월계정사를 서재로 삼고 김녕정사를 동재로 삼아 향교유생을 나누어 근거리에서 글을 읽게 함
65	이희웅	1531(중종 26년 7월)~1534(중종 29년 3월) 재임
66	송인수	1534(중종 29년)~1534, 오현단 1인 규암 송인수. 1534년 김안로 탄핵 좌천돼 옴. 중종 29년 6월 풍토병으로 사임. 1682년 귤림서원 배향됨
67	시연원	1534(중종 32년 9월)~1537(중종 32년 6월)제주향교 명륜당 보수 향학당을 건립함
68	김수성	1537(중종 32년 6월)~1538(중종 33년 3월) 재임
69	권 진	1538(중종 33년 11월)~1540(중종 35년 8월) 왜구침략 극심할 때 부임, 왜구약탈로 큰 피해 봄. 이에 잘 대처하지 못해 파직
70	조사수	1540(중종 35년 11월)~1541(중종 36년 3월) 청백리로 선정유명
71	윤중형	1541(중종 36년)~1542(중종 37년 11월) 재임. 재임 중 일곱 번째 사망
72	김윤종	1543(중종 38년 3월)~1545년(인종 1년) 11월 재임
73	임형수	1545(인종 1년)~1546(명종 1년 10월) 벽지인재양성 위해 월계정, 김녕정사 건립, 교육진흥 적극 장려, 당시 조정의 대윤파로 지목돼 파직, 사약
74	김 숙	1546(명종 1년 10월)~1549(명종 4년 5월) 재임
75	한 흠	1549(명종 4년 5월)~1550년(명종 5년 7월) 직무태만으로 파직
76	김충렬	1550(명종 5년 7월)~1552(명종 7년 5월) 1552년 천미포(표선면) 왜변발발. 피해 책임으로 파직
77	남치근	1551(명종 7년 6월)~1555년 2월 천미포 왜구 재침략 격퇴 연안에서 왜구선박 2척 나포 성과
78	김수문	1555(명종 10년 3월)~1557(명종 12년10월) 1555년 왜구 1천여 명 침략, 70명 결사대로 격퇴, 1556년 왜구 재침략, 왜선 5척 침몰, 왜구 120명 참수, 제주목관아 망경루 창건
79	민응서	1557(명종 12년 10월)~1558(명종 13년 10월) 재임, 청백리 전임목사에 격파당한 왜구가 도망갈 여지 주었다 하여 비운의 파직
80	이 영	1558(명종 13년 10월)~1560년 12월(2년)
81	오 성	1561(명종 16년 1월)~1562(명종 17년, 10월) 재임
82	김우서	1562(명종 17년 10월)~1565(명종 20년, 9월) 재임
83	이선원	1565(명종 20년 9월)~1565(명종 20년 10월) 가렴주구·학정 1달 만에 파직
84	변 협	1565(명종 20년 10월)~1565(명종 20년 12월) 두 달 재임. 1565년 9월 제주로 유배 온 보우대사를 죽임. 부친상으로 사임
85	곽 흘	1565(명종 20년 12월)~1568(선조 1년 6월) 백성들 식수확보 위해 산지천-가락천을 성 안으로 끌어들임. 사찰폐문 억불숭유정책을 펼침

86	이 전	1568(선조 6년 7월)~1571(선조 4년 1월) 재임
87	소 흡	1571(선조 6년 3월)~1571년 6월, 3개월 재임
88	강 려	1573(선조 6년 6월)~1574(선조 7년 10월) 실정으로 파직, 종달리를 염전적지로 지목, 육지부로 제염술전수자 파견 장려, 김상헌 『남사록(1602)』에 종달해변 노지를 보고 도민들에게 해염생산법 가르쳐 생산하게 함
89	송중기	1574(선조 7년 12월)~1577(선조 10년 8월) 재임
90	임 진	1577(선조 10년 8월)~1579(선조 12년 10월) 청백리로 유명. 열녀-효부포상. 아들/임제 1577.10.~1578.3. 서귀포유람뒤 『남명소승』 집필
91	신 각	1579(선조 12년 11월)~1581(선조 12년 2월) 재임
92	김태정	1581(선조 15년 3월)~1582(선조 15년 8월) 제주향교를 가락천 부근으로 이전. 부친상으로 사임
93	최여림	1582(선조 15년 9월)~1583(선조 16년 9월) 재임. 실정으로 파직
94	김응남	1583(선조 16년)~1585(선조 18년 4월) 재임. 선정 베풂
95	임응룡	1585(선조 18년 4월)~1586(선조 19년 8월) 재임 중 병사
96	양사영	1586(선조 19년 11월)~1589(선조 22년 10월) 한라산 흰사슴(노루) 포획 진상
97	이 옥	1589(선조 22년 10월)~1592(선조 25년 3월) 조천진신축 서귀진 해안 이전
98	양대수	1592(선조 25년 3월)~1592(선조 25년 6월) 임진왜란 발발. 방어시설 순시 중 말에서 낙상하여 순직함
99	이경록	1592(선조 25년 9월)~1599(선조 32년 1월) 명월진 석축 수산진을 성산으로 이전 시도 중 사망
100	성윤문	1599(선조 34년)~1601, 제주성수리 홍예교건설, 소덕유, 길운절 역모적발 김상헌-안무어사로 1601년 8월 제주와 사건수습. 이때 경험바탕 『남사록』집필
101	조 경	1601(선조 34년 8월)~1602(선조 35년 7월) 재임
102	김명윤	1602(선조 35년 7월)~1604(선조 37년 8월) 재임
103	이 영	1604(선조 7년 10월)~1607(선조 40년 7월) 재임
104	이응해	1607(선조 40년 7월)~1608(선조 41년 6월) 광해군 즉위 뒤 류영경과 연관 있다는 이유로 파직됨
105	변양걸	1608(광해 1년 6월)~1610(광해 2년 2월) 재임. 기존의 현촌 제도를 폐지함, 방리(坊里) 설치, 좌면이라 칭함
106	이기빈	1610(광해 2년)~1611, 안남국 왕자가 일본항해 중 표류 일행 죽이고 재물 뺏고 왜구를 척살했다 조정에 거짓 보고가 들통나 파직, 유배
107	이 현	1611(광해 3년 9월)~1613(광해 5년 2월) 재임 중 송상인이 유배 옴
108	현 즙	1613(광해 5년 2월)~1616(광해 8년) 1614년 오현중 1인 동계정온 유배 옴.
109	이 괄	1616(광해 8년 5월)~1619(광해 11년 2월) 유명한 이괄의 난 주인공 1616년 인목대비 생모노씨 제주 유배
110	홍 걸	1619(광해 11년 2월)~1619(5월) 재임 중 5개월 만에 열 번째 병사
111	양 호	1619(광해 11년 10월)~1622(광해 14년) 인조반정 뒤 인목대비모친 노씨를 학대한 혐의로 사형당함

112	류순무	1622(광해 14년 11월)~1623(인조 1년 8월) 노씨부인, 동계정온 유배 풀림
113	민 기	1623(인조 1년 8월)~1624(인조 2년 6월) 재임 중 선정 베풂
114	성안의	1624(인조 2년 6월)~1627(인조 5년 4월) 재임.
115	박명부	1627(인조 5년 4월)~1629(인조 7년 6월) 1627년 9월 화란인 벨테브레(박연) 등, 식수 얻으려 출현(서양인의 제주 첫 출현)
116	이진경	1629(인조 10년 6월)~1632(인조 10년 2월) 재임
117	이 곽	1632(인조 13년 6월)~1634(인조 10년 2월) 재임
118	신경호	1634(인조 15년 9월)~1637(인조 13년 5월) 광해군 1637년 6.6. 행원리(어등포)로 유배 옴 강화에서 제주도로 이배 때 배 위에서 지은 시가 전해진다
119	성하종	1637(인조 16년 5월)~1638(인조 16년 6월) 재임
120	심 연	1638(인조 17년 8월)~1640(인조 18년 9월) 재임
121	이시방	1640(인조 18년 9월)~1642(인조 20년 8월) 재임. 1641년 7월 1일 광해군 서거. 화북포로 나아가 10월4일 경기도 양주 광해군묘에 묻힘
122	원 숙	1642(인조 20년 8월)~1645(인조 23년 4월) 재임
123	류정익	1645(인조 23년 5월)~1647 재임 시 가뭄·홍수로 흉년, 조정서 진휼곡 2,000석으로 구휼함
124	김여수	1647(인조 25년 5월)~1649(인조 27년 9월) 1647년 소현세자 아들 3형제가 제주로 유배 옴. 홍화각 보수
125	김수익	1649(인조 27년 9월)~1651(효종 2년 7월) 정의현감 안즙과 불화로 파직 1651년 4월 안핵어사 이경억 파견
126	이원진	1651(효종 2년 7월)~1653(효종 4년 10월) 대정향교 이전, 하멜 대정현에 표류. 1652년 차귀진 설치. 하멜 서울압송. 남수구, 북수구 등 보수. 『탐라지』집필 "고씨·양씨·부씨·문씨·정씨·김씨·이씨" 등을 기록. 1653(효종 4년) 밭 경계 없어 약자 토지 잠식하여 돌담 쌓고 경계 구분. 지역민원 수렴. 3성 9진 25봉수 38연대
127	소동도	1653(효종 4년 10월)~1655(효종 5년 9월) 최악의 흉년 닥침
128	구의준	1655(효종 6년 9월)~1658(효종 9년 4월) 재임
129	이 괴	1658(효종 9년 4월)~1660(현종 1년 5월) 삼도동에 장수당(귤림서원 시초 건립. 김진용 건의). 김대길 말 200필 기증. 산장감목관 배치, 관리케 함
130	이지형	1660(현종 1년 5월)~1662(현종 3년 8월) 재임
131	이익환	1662(현종 3년 8월)~1663(현종 4년 3월) 제주戰船수리비리, 민폐가 많아 혁파할 것 건의함
132	이중신	1663(현종 4년 3월)~1665(현종 6년 11월) 제주수군의 비리조사, 수군 폐지
133	홍유량	1665(현종 6년 11월)~1667(현종 8년 5월) 제주성 동서남문 누각 보수 북쪽 물길에 홍예문 세움
134	이 인	1667(현종 8년 6월)~1669(현종 10년 9월) 제주항교 이전(가락천서 쪽) 망경루 보수. 제주목 별방진-명월진에 진휼창고 설치. 재임 중 순직
135	노 정	1669(현종 10년 9월)~1672(현종 13년 5월) 대흉년 강타, 진휼에 힘 쏟음

136	윤 계	1672(현종 13년 5월)~1672년 열 달 재임 도적 8명 붙잡아 자복 받고 조정조치 없이 효수한 혐의로 파면
137	김홍문	1672(현종 13년 10월)~1675(숙종 1년 6월) 1674년 가을 최악 흉년 강타. 구휼하는 데 힘 쏟음
138	소두산	1675(숙종 1년 6월)~1676(숙종 2년 2월) 재임
139	윤창현	1676(숙종 2년 2월)~1678(숙종 4년 8월) 동해진 모슬포 이전
140	최 관	1678(숙종 4년 8월)~1680(숙종 6년 5월) 화북진 설치. 신병으로 자진사직
141	원 상	1680(숙종 4년 5월)~8월, 재임 3개월
142	임흥만	1680(숙종 6년 8월)~1681(숙종 7년 12월) 제주향교 책고 설치, 사서삼경 등 편찬. 신병으로 자진사임
143	신경윤	1681(숙종 7년 12월)~1684(숙종 10년 4월) 운주당 보수, 귤림서원에 배향(규암송인수, 동계정온, 청음김상헌등 3위)
144	김세구	1684(숙종 10년 4월)~1685(숙종 11년 1월) 재임 중 순직
145	간세구	1685(숙종 11년 4월)~1885(10월) 재임 6개월. 공마부진 비운의 파직
146	이상천	1685(숙종 11년 10월)~1688(숙종 14년 4월) 사서삼경 간행
147	이희룡	1688(숙종 14년 4월)~1689(숙종 15년 5월) 재임
148	이무항	1689(숙종 15년 5월)~1691(숙종 17년 12월) 1689년 2월 우암 송시열 유배 와서 6월에 사사됨
149	윤정화	1692(숙종 18년 1월)~1693(숙종 19년 4월) 재임
150	이기하	1693(숙종 19년 4월)~1694(숙종 20년 7월) 재임
151	이익태	1694(숙종 20년 7월)~1696(숙종 22년 9월) 수정사 헐고 건입동 연무정 보수. 우암송시열 귤림서원 배향(5현 중 4현 배향) 『지영록』 집필
152	류한명	1696(숙종 22년 10월)~1699년(숙종 25년 5월) 1698년 삼을나 묘 세움, 우도에 말 200필 방목 시작
153	남지훈	1699(숙종 25년 5월)~1701(숙종 27년 9월)『관풍안』저술, 종루 중수, 탐라포정사 현판 초시 개설
154	박성석	1701(숙종 27년 9월)~1702(숙종 28년 6월) 숙종의 환국정치로 남인 오시복이 제주로 유배 옴
155	이형상	1702(숙종 27년 6월)~1703(숙종 29년 6월) 1703년 『탐라순력도』 제작. 120여 신당 철폐, 무당들 농사짓고 과세함. 포작인-노비, 백성들 고역 감함. 남인: 오시복 보살핀 혐의 비운의 파직, 고위관직 임용, 1796년(정조20) 청백리 녹선
156	이희태	1703(숙종 29년 6월)~1704(숙종 30년 10월) 해적선을 적선으로 과장보고 파직. 관청기생을 곤장 쳐 죽인사건으로 구설수 유배당함
157	송정규	1704(숙종 29년 10월)~1706(숙종 32년 9월) 국가주둔 목장10여 곳 두고 정비, 제주성 정원루 보수
158	이규성	1706(숙종 32년 9월)~1709(숙종 35년 5월) 영주관 보수
159	최계용	1709(숙종 35년 5월)~1710(숙종 36년 12월) 서인 노론 김춘택의 방면을 조정에 건의했다 파직됨. 1709년『탐라지도』제작

160	백시구	1710(숙종 36년 12월)~1711(숙종 37년 5월) 전임지서 세금과다 혐의로 체포됨
161	이익환	1711(숙종 37년 5월)~1713(숙종 39년 7월) 우암남구명이 1712년 10월 ~1715년 5월 제주판관(2년 7개월) 재임, 제주산천·형상·풍속·신앙·기후·풍토·육지와 교통로(육로-해로)·흉년상세기록 4대손이 1860년 목판본 간행. 시문집『우암문집』, 1712(숙종38년)에 제주판관에 제수되어 9월 16일, 강진 도착. 날씨 배 타고 10월 4일 제주관아도착, 뱃길 험난, 1713년-뒷 심한 흉년 제주백성 요구로 1년 더 재직
162	변시태	1713(숙종 39년 7월)~1716(숙종 42년 3월) 대흉년 강타 대처 못해 파직
163	홍중주	1716(숙종 43년)~1717 구휼소홀 직무태만 혐의로 파직
164	정석빈	1717(숙종 43년 9월)~1719(숙종 45년 6월) 선정. 백성구휼에 힘씀. 병사
165	정동준	1719(숙종 45년 6월)~1720(숙종 46년 6월) 재임
166	민제장	1720(숙종 46년 7월)~1721(경종 1년 8월) 재임
167	정사효	1721(경종 1년 8월)~1722(경종 2년 4월) 재임
168	최 완	1722(경종 2년 4월)~1723(경종 3년 5월) 세금공납 1년 1회 조치 민폐 줄여 선정 베품. 재임 중 순직
169	신유익	1723(영조 1년)~1725년 1724.1월 제주성 큰 화재 향교소실 고령전 신축
170	한석범	1725(영조 1년 6월)~1727(영조 3년 10월) 선정
171	정계장	1727(영조 3년 10월)~1729(영조 5년 7월) 1728년 이인좌난 발발 관청서 순직
172	이수신	1729(영조 5년 10월)~1731(영조 7년 9월) 재임
173	정필녕	1731(영조 7년 9월)~1733(영조 9년 8월) 흉년 강타. 구휼 힘씀
174	정도원	1733(영조 9년 8월)~1734(영조10년 9월) 절제사인 제주목사 → 방어사 직위로 바뀜. 관청에서 순직
175	김 정	1735(영조 11년)~1737년, 오현 마지막 충암 김정. 삼천서당 건립서민교육에 힘씀. 화북포 수축 힘씀-몸소 돌을 나르고 일하다 순직
176	이희하	1737(영조 13년 9월)~1738(영조 14년 10월) 재임
177	홍중징	1738(영조 14년 10월)~1739(영조 15년 9월) 굶주린 백성 구휼 힘씀. 선정 베품. 신병으로 사직
178	조동점	1739(영조 16년)~1740년, 제주성 서문 백호루 보수
179	안경운	1740(영조 16년 9월)~1743(영조 19년 3월) 재임
180	김 윤	1743(영조 19년 3월)~1744(영조 20년 9월) 효자-열녀등 포상
181	윤 식	1744(영조 20년 9월)~1745(영조 21년 9월) 진상한 청색 귤이 썩었다는 이유로 파직된 비운의 목사
182	류징구	1745(영조 21년 9월)~1746(영조 22년 3월) 전임지 혐의로 파직당함
183	한억증	1746(영조 22년 3월)~1747(영조 23년 11월) 연무정 동문밖 이전 선정함
184	박태신	1747(영조 23년 11월)~1749(영조 25년 10월)탐관오리 가렴주구 파직
185	정언유	1749(영조 25년 10월)~1751(영조 27년 8월) 진상한 귤부패 공마부진혐의 파직
186	윤구연	1751(영조 27년 8월)~1752(영조 28년 12월) 재임

187	김몽구	1752(영조 28년 12월)~1754(영조 30년 10월)1753년 관덕정 보수, 제주성 동서남문 돌하르방 세움. 영조탄신 축하전문 안 올렸단 이유로 경질
188	홍태두	1754(영조 30년 10월)~1756(영조 32년 9월) 제주향교 광양이전 유배죄인 동태보고 문제로 경질
189	이윤성	1756(영조 32년 9월)~1757(영조 33년 10월) 재임
190	조위진	1757(영조 33년 11월)~1759(영조 35년 5월) 재임
191	허 유	1759(영조 35년 5월)~1760(영조 36년 7월) 전임지에서 실수로 파직
192	이창윤	1760(영조 36년 7월)~1761(영조 37년 7월) 재임
193	신광익	1761(영조 36년 7월)~1763(영조 39년 5월) 백성 구휼정책 힘씀
194	이 달	1763(영조 39년 5월)~1763(7월) 군사를 제멋대로 끌고 다닌 혐의로 경질
195	이명운	1763(영조 39년 7월)~1765(영조 41년 6월) 재임
196	류진하	1765(영조 41년)~ 백성구휼 잘못하여 파직
197	윤시동	1765(영조 41년 8월)~1766(영조 42년 6월) 별방진 명월진에 진휼창고 설치 보민고 설치, 민원을 경청하여 선정
198	안 표	1766(영조 42년 6월)~1767(영조 43년 2월) 재임 옥의 죄인 사망하여 경질
199	남익상	1767(영조 43년 2월)~1769(영조 45년 7월) 재임 진휼곡을 필요 이상 조정에 요청하여 안핵사에게 적발돼어 경질
200	안종규	1769(영조 45년 7월)~1771(영조 47년 1월) 재임 영조탄신일에 제주 순력 출발이유로 경질
201	양세현	1771(영조 47년 1월)~1773(영조 49년 3월) 재임 삼성묘 중수·위토 삼성혈 담장 쌓음 죄인비호를 이유로 파직
202	박성협	1773(영조 49년 3월)~1774(영조 50년 5월) 재임 중 순직함
203	신경준	1774(영조 50년 7월)~1775(영조 51년 2월) 순무어사 홍상성이 제주 입도 시 어사가 기생 데려온 것에 시비 걸다 어사와 함께 경질됨
204	류 혁	1775(정조 1년)~1777년 3월까지 재임
205	황최언	1777(정조 1년 3월)~1778(정조 2년 12월) 재임 정의서당 세움. 삼읍에 학전 마련해 교육장려. 관덕정 보수
206	김영수	1778(정조 2년 12월)~1781(정조 5년 3월) 재임 운주당, 연무정 보수 산지천 서안으로 축성
207	김시구	1781(정조 5년 3월)~1781(당년 7월) 재임 4개월 어사 파견, 석 달간 진상조사, 의녀 홍윤애 죽임으로 목사·제주판관·대정현감·정의현감 등 모두 갈림
208	이양정	1781(정조 5년 7월)~1782(정조 6년 1월) 재임
209	이문혁	1782(정조 6년 1월)~1783(정조 7년 4월) 재임
210	엄사만	1783(정조 7년 6월)~1785(정조 9년 5월) 1785년 2월 삼성사가 사액됨
211	윤득구	1785(정조 9년 5월)~1786(정조 10년 4월) 진상한 귤이 부패이유로 경질
212	이명준	1786(정조 10년 4월)~1788(정조 12년 3월) 1787년 흉년 강타. 구휼에 힘씀

213	홍인묵	1788(정조 12년 3월)~1788(10월까지) 재임 7개월
214	이철모	1788(정조 12년 10월)~1790(정조 14년 7월) 재임, 1790년~1794년(5년간) '갑인년 흉년 당시 인구 65,000여 명' 부황증으로 죽음
215	이홍운	1790(정조 14년 7월)~1791(정조 15년 8월) 유배인 자녀들을 제대로 단속하지 못했다는 이유로 경질됨
216	이운빈	1791(정조 15년 8월)~1792(정조 16년 3월) 재임
217	이철운	1792(정조 16년 3월)~1793(정조 17년 12월) 재임 흉년 강타. 구휼 소홀, 직무태만 혐의로 경질, 압송당함
218	심낙수	1793(정조 18년)~1794 안핵어사로 부임했다가 목사가 됨. 전임목사 이철운의 부정탄핵. 1794년 큰 흉년을 조정에 보고 구제토록 함
219	이우현	1794(정조 18년 10월)~1796(정조 20년 4월) 연이은 흉년 최대위기 1795년 봄 여상 김만덕이 곡식 사들여 백성 구휼
220	류사모	1796(정조 20년 4월)~1797(정조 21년 7월) 재임, 출륙금지령 국법으로 여자는 한양에 갈 수 없으나, 정조의 어명으로 김만덕만이 예외로 1796년 왕을 만나게 됨
221	조명즙	1797(정조 21년 6월)~1799(정조 23년 7월) 궐진상 못 하게 한 혐의로 경질
222	임시철	1799(정조 23년 7월)~1799(12월) 반년 재임, 전임지서 죄인죽인 혐의 경질
223	정관휘	1799(정조 23년 12월)~1802(순조 2년 3월) 재임 국둔마 1500여 필 흉년으로 폐사했는데 강성익의 도움으로 처벌을 면함
224	이연필	1802(순조 2년 3월)~1803(순조 3년 7월) 순직함
225	류 경	1803(순조 3년 9월)~1804(순조 4년 9월) 재임 중 공마폐사로 경질당함
226	박종주	1804(순조 4년 9월)~1807(순조 7년 3월) 망경루 귤림당 책고 보수
227	한정운	1807(순조 7년 3월)~1809(순조 9년 1월) 재임 연상루 공신정 군기로 중수
228	이현택	1809(순조 9년 1월)~1811(순조 11년 6월) 운주당 보수
229	조정철	1811(순조 11년 6월)~1812(순조 12년 6월) 연대(봉수대) 36개소 중 8개소 철폐. 1812년 3월 홍경래의 난 발발
230	김수기	1812(순조 14년 6월)~1814(순조 14년 4월) 재임
231	허 명	1814(순조 14년 5월)~1815, 오랜만에 청백리 등장. 청렴하고 백성들 위한 선정 베품
232	윤구동	1815(순조 15년)~1817, 청렴하게 선정 베품
233	조의진	1817(순조 17년 10월)~1820(순조 20년 3월) 이형상과 204대 목사 충암 김정을 이도1동(중앙로 부근) 영혜사에 배향함
234	한상묵	1820(순조 20년 3월)~1820(12월). 9개월 재임 화북포에 해신사 사당(배의 안전을 기원하는 사당)을 세움
235	백연진	1821(순조 21년 1월)~(1821년 10월) 9개월 재임
236	이원팔	1822(순조 22년)~1824, 2년 이상 재임, 호적소 정식조례 제정
237	임성고	1824(순조 24년 1월)~1826(순조 26년 6월) 재임

238	심영석	1826(순조 26년 6월)~1827(순조 27년 8월) 민폐 덜고 선정, 격식 어겨 경질됨 (*고려·조선조의 경외관원 근무고과조사) 1826년『감시절목』출판
239	이행교	1827(순조 27년 8월)~1830(순조 30년 3월) 향교이전(현 제주중학교 옆) 선정
240	이예연	1830(순조 32년)~1832 관학으로 삼읍향교, 사학으로 학당, 서원, 서당이 있었다. 학당 (명월, 김녕 두 정사) 시초로 서재와 동재로 불리다가 1831년 구좌면 세화리 좌학당과 한림면 명월리 우학당으로 바꿈
241	함응호	1832(순조 32년)~1834(순조 34년) 대정현감 강계우(유수암 태생) 등 제주유학자들 건의로 오등촌 남학당-상가촌 북학당 세우고, 관덕정 보수. 고구마를 처음으로 보급
242	박장복	1834(순조 34년 7월)~1836(헌종 2년 3월) 재임 대정향교 보수. 제사용 귤 진상 못 했다는 이유로 경질당함
243	조유석	1836(헌종 2년 3월)~1837(헌종 3년 11월) 재임
244	이원달	1837(헌종 3년 11월)~1839(헌종 5년 3월) 환곡장부 조사, 민폐 없도록 노력했던 선정한 목사
245	구재룡	1839(헌종 5년 3월)~1841(헌종 7년 3월) 1840년 9월 추사 김정희 대정 유배 옴. 선정 베풂 영국군함 가파도 약탈. 대처 못 한 이유로 경질당함
246	이원조	1841(헌종 7년 3월)~1843(헌종 9년 6월) 향현사 세워 고득종. 김진용 등 배향. 가파도 우도개간(189년) 시작함, 처음으로 제주오름을 체계적으로 정리한『탐라지초본』을 출판한 것으로 유명한 목사
247	이용현	1843(헌종 9년 6월)~1844(헌종 10년 8월) 진상문제로 경질
248	권 직	1844(헌종 10년 12월)~1846(헌종 12년 2월) 환해장성 재보수, 1845년 영국군함 사마랑호 제주해안선 탐험 시 해안선에 쌓은 환해장성 보고
249	이의식	1846(헌종 12년 2월)~1848(헌종 14년 3월) 제주성 북쪽수구를 물려 쌓고 천일정 세움. 헌종 12년, 남-서-우학당 폐쇄 강으로 시험, 도태하여 천역에 종사하게 함. 이때 좌학당만 남김. 불편부당함에 대처방책으로 하나만 남김. 탐욕스럽고 포악하여 백성의 눈에는 마치 호랑이처럼 보였다 함
250	장인식	1848(헌종 14년 3월)~1850(철종 1년 6월) 삼성사 숭보당 세움 무주포리를 1850년대 한학자 원봉(화북 출신) 선생이 테우를 타고 바다로 나갔는데 달이 밝고 하늘은 맑아 무주리가 반월형처럼 보여 월정리라 함
251	이현공	1850(철종 1년 6월)~1851(철종 2년 7월) 관덕정 보수. 전임지 문제로 파직
252	백희수	1851(철종 2년 7월)~1853(철종 4년 12월) 기민 구휼에 노력
253	목인배	1853(철종 4년 12월)~1855(철종 6년 8월) 향교 계성사 건립
254	채동건	1855(철종 6년 8월)~1857(철종 8년 6월) 재임
255	임백능	1857(철종 8년 6월)~1858(철종 9년 12월) 재임
256	정우현	1858(철종 9년 12월)~1860(철종 11년 3월) 재임중 횡포 부리다 암행어사 심동신에 적발되어 경질
257	강면규	1860(철종 11년 3월)~1861(철종12년 2월)
258	신종의	1861(철종 12년 2월)~1862(철종 13년 2월) 목관아 망경루 보수
259	임헌대	1862(철종 13년 2월)~1863(철종 14년 1월) 강제검의 난 책임으로 경질

260	정기원	1863(고종 1년)~1864, 찰리어사 이건필이 강제검의 난 수습
261	양헌수	1864(고종 1년)~1866, 삼성사 제전마련, 『훈민편』 편찬 효자-열녀포상 각종 세금폐단 줄여 선정 칭송받음 1866년 병인양요 때 프랑스군 격퇴한 영웅이 됨
262	이후선	1866(고종 3년 8월)~1868(고종 5년 10월)
263	조희순	1868(고종 5년 10월)~1872(고종 9년 5월) 1871년 대원군의 서원철폐령으로 귤림서원과 삼성사 철폐
264	이복희	1872(고종 9년 5월)~1874(고종 11년 7월) 1873년 11월 대원군 탄핵혐의로 면암 최익현이 유배 옴. 1873년 제주목 좌면을 신좌-구좌면 분립(동서김녕, 연평리 등 14개리) 1872년 정의군 지도에 종달리해안 염전 표기, 염전효시, 주생산지 1900년대 초 종달 353호 중 160명이 소금종사 함, 생산가마 46개가 있었음
265	이희충	1874(고종11년 7월)~1877(고종 147년 1월) 유교공부 전당인 경신재 세움
267	백낙연	1877(고종 14년 1월)~1881(고종 18년 5월) 제주목사 중 가장 장기재임(5년) 흉년 구휼에 힘씀
268	박선양	1881(고종 18년 5월)~1883(고종 20년 5월) 관덕정 보수
268	심현택	1883(고종 20년 5월)~1884(고종 21년 12월) 재임
269	홍 규	1884(고종 21년 12월)~1886(고종 23년 5월) 목관아 연희각을 보수. 환해장성(環海長城)이란 단어를 김석익(1885-1956)이 편찬한 『탐라기년』에서 처음 사용
270	심원택	1886(고종 23년 5월)~1888(고종 25년 7월) 재임 중에 대홍수 발생. 일본인이 가파도 침략 가축 등을 뺏어 감
271	송구호	1888(고종25년 7월)~1890(고종 27년 4월) 재임
272	조균하	1890(고종 27년 4월)~1891(고종 28년 8월) 재임
273	정용기	1891(고종 28년 8월)~1899(고종 28년 9월) 1달간 재임
274	이규원	1891(고종 28년 9월)~1894(고종 31년 9월) 재임
275	이봉헌	1894(고종 31년 9월)~1895(고종 32년 8월) 방어사(목사) → 관찰사, 판관 → 참서관 (부지사격) 현감 → 군수로 바뀜. 현금납세 공마 봉수-연대 철폐
276	오경림	1895(고종 32년 8월)~1896(건양 1년 5월) 관찰사 → 제주재판소판사 겸임. 참서관(판관) → 검사 겸임
277	이병휘	1896(건양 1년 5월)~1898(광무 2년 3월) 1896년 8월 관찰사 → 다시 목사, 제주 목 최초 군수를 둠. 군수(시장격). 방성칠의 난 책임 경질
278	박용원	1898(광무 2년 3월)~1899(광무 3년 10) 찰리사로 부임, 방성칠의 난 평정 후 스스로 사임
279	이상규	1899(광무 3년 10월)~1901(광무 5년 1월) 전형적 탐관오리 봉세관 강봉헌과 결탁-횡포, 이재수의 난 촉발, 암행어사 이도재가 적발-파직
280	이재호	1901(광무 5년 5월)~1902(광무 6년) 1901년 황기연과 함께 이재수의 난 진압. 이재수-오대현-강우백 서울로 압송, 강봉헌을 구속
281	윤석인	1902(광무 6년 8월)~1902, 2달 근무 중 순직
282	홍종무	1903(광무 7년 1월)~1905(광무 9년 4월). 황사평성지에 천주교인들 묻음.관아 망경루 보수, 1894년 갑신정변 주역 김옥균 암살함. 세금 과다징수로 원성을 사고 1905년 면직

| 283 | 조종환 | 1905(광무 9년 7월)~1906년 제주목사제 폐지
1906년 통감부 설치 군수제, 1909년 제주의병 일어남 |

일제 침략기